D1750771

**Dortmunder Arbeiten zur Schulgeschichte
und zur
historischen Didaktik**

herausgegeben von Klaus Goebel und Hans Georg Kirchhoff

Band 21/2

6. Israelitische Schulen	579
7. Forschungsgegenstand Schulgeschichte	583
8. Varia	587
II. Biographisches	595
III. Sigelverzeichniss	813
IV. Register	849
1. Autorenregister	849
2. Ortsregister	903
3. Personenregister	947
V. Ortskonkordanz	975

SCHULGESCHICHTE IN REGIONALEN ZEITSCHRIFTEN

Kommentierte Bibliographie der Aufsätze zur Schulgeschichte in Nordrhein-Westfalen 1784-1982

Ulrich Lemke

Teil II

Universitätsverlag Dr. N. Brockmeyer
Bochum 1993

Die Deutsche Bibliothek – CIP-Einheitsaufnahme

Lemke, Ulrich:
Schulgeschichte in regionalen Zeitschriften : kommentierte Bibliographie der Aufsätze zur Schulgeschichte in Nordrhein-Westfalen 1784-1982 / Ulrich Lemke. – Bochum : Brockmeyer.
  (Dortmunder Arbeiten zur Schulgeschichte
  und zur historischen Didaktik ; Bd. 21)
  1992
  ISBN 3-8196-0107-4

NE: HST; GT
Teil 2 (1993)

Anschriften:

Historisches Institut der Universität Dortmund
Emil-Figge-Straße 50
4600 Dortmund 50 (Barop)

Universitätsverlag Dr. N. Brockmeyer
Uni-Tech-Center, Gebäude MC, 4630 Bochum 1

ISBN 3-8196-0107-4
Alle Rechte vorbehalten
© 1993 by Universitätsverlag Dr. N. Brockmeyer
Uni-Tech-Center, Gebäude MC, 4630 Bochum 1
Gesamtherstellung: Druck Thiebes GmbH Hagen
Gedruckt auf Recyclingpapier chlorfrei gebleicht

Inhaltsverzeichnis:

Einleitung

Einführung

I. Schulwesen

  1. Übergreifende Darstellungen

  2. Niederes Schulwesen

    2.1 Örtliche und regionale Schulgeschichte

    2.2 Lehreranstellungsangelegenheiten

    2.3 Lehrervereine

    2.4 Lehrerausbildung

    2.5 Entwicklung des Lehrerstandes

    2.6 Unterricht und Schulleben

  3. Mittleres und Höheres Schulwesen

    3.1 Örtliche und regionale Schulgeschichte

    3.2 Lehrer

    3.3 Unterricht und Schulleben

  4. Berufsbildendes Schulwesen

  5. Besondere Schultypen

II. Biographisches

(3353) "Bildungsnotstand" Anno 1869. / W. F.
In: Hbll Glocke 1968, Nr. 198, S. 792
1869; Lehrerkandidaten, die in diesem Jahre im Kreis Beckum mit ihrer Tätigkeit begannen.

(3354) Die Brühler Geistlichkeit im Lichte der kirchlichen und örtlichen Ereignisse. 3. Die Unterrichtsanstalten.
In: Brühler Hbll 2. Jg. 1921, Nr. 5, S. 22-23. Nr. 6, S. 25-26
19. Jh.; Biographien von Direktoren, Lehrern des Lehrerseminars und Geistlichen der Bürgerschule und des Gymnasiums.

(3355) Bodelschwingh nahm Abschied von seinem alten Lehrer.
In: Kultur Heimat (Castrop-Rauxel) 23. Jg. 1971, Nr. 1/2, S. 55-57, 2 Abb.
Geb. 1872, gest. 1970; Nachruf, enthält Kurzbiographie eines Volksschulrektors in Dortmund-Bodelschwingh.

(3356) Als Schulmeister hinten in der Heide. / J. R.
In: Kiepenkerl (Bielefeld) 1956, Nov.-Dez., [S. 4]
Um 1914; autobiographische Erinnerungen an die ersten Jahre als Lehrer in Gütersloh-Spexard.

(3357) Sellmann, Adolf: "Hagener Gedächtnishalle". Sieben Teile mit rund 300 Namen und etwa 50 Bildern.
In: Westfalenland (Hagen) 1935, Nr. 3, S. 33-40, 5 Abb. Nr. 4, S. 49-59, 8 Abb. Nr. 5, S. 68-78, 11 Abb. Nr. 6, S. 86-95, 9 Abb. Nr. 7, S. 97-112, 11 Abb. Nr. 8, S. 120-122, 1 Abb.
Vorwiegend 18.-20. Jh.; Hagener Persönlichkeiten, darunter Pädagogen und Schulpolitiker.

(3358) Hoffknecht, M.: Lehrer an der Schule zu Holtheim, Kreis Büren. Ein Beitrag zum Lehrerstand unserer Heimat.
In: Warte 18. Jg. 1957, H. 10, S. 145-146
1655-1868; Lehrerverzeichnis mit biographischen Daten aus Lichtenau-Holtheim.

(3359) Kleine Mitteilungen. Lehrerjubiläen. / x
In: Bll lipp Hkunde 1. Jg. 1900, Nr. 12, S. 96
Um 1900; Statistik und Auswertung: Lehrer der evangelischen Volksschulen in Lippe nach Dienstalter.

(3360) Aus dem Leben unserer aus dem Amte scheidenden lippischen Volksschullehrer. / W.
In: Vaterländische Bll 1924, Nr. 9, [S. 2-3]
2. Hälfte 19. Jh.; Kurzbiographien von 11 Lehrern.

(3361) Heimgegangene lippische Schulmänner.
In: Lipp Kal 1957, S. 39-40
Um 1956; Kurzangaben zu Volksschul- und Gymnasiallehrern.

(3362) Laumanns, Carl: Die älteste Nachricht über Lippstädter Lehrer.
In: Hbll Lippstadt 25. Jg. 1943, Nr. 2, S. 7
13., 14. Jh.; Nachweise zu drei Lehrern.

(3363) Ein Mülheimer Lehrer-Veteran.
In: Vaterstädtische Bll (Mülheim) 8. Jg. 1912, Nr. 10, S. 3, 1 Abb.
Geb. 1850, gest. 1912; Leiter der kath. Volksschule in Mülheim-Speldorf, biographische Angaben.

Biographisches

(3364) Hoffknecht, Meinolf: Akademisch vorgebildete Volksschullehrer des Hochstiftes Paderborn im Barock.
In: Hborn Paderborn 20. Jg. 1940, Nr. 3, S. 11-12. Nr. 4, S. 14-15
1648-1850; Lehrerverzeichnis aus dem Raum Paderborn.

(3365) Hoffknecht, M.: Älteste Lehrergenerationen in Neuenbeken. Zur Geschichte des Lehrerstandes.
In: Warte 18. Jg. 1957, H. 8, S. 113-114, 1 Abb.
Mitte 17. Jh.; Lehrerverzeichnis aus Paderborn-Neuenbeken.

(3366) Vogt, P.: Ein Leben als Erzieher.
In: Hk Krs Rees 1956, S. 139-141; 1957, S. 206; 1958, S. 159; 1959, S. 179
1947-1958; Liste der Lehrer, die seit 1947 im Kreis Rees in den Ruhestand getreten sind mit Angaben zu Dienstjahren.

(3367) Flaskamp, Franz: Die Schulvikare zu Wiedenbrück.
In: Hbll Glocke Nr. 100. 1960, S. 400
Um 1800 - 1886; Lehrerverzeichnis, Rheda-Wiedenbrück.

(3368) Hell, Fritz: Einwohner Schlangens um 1700. A: Staatsdiener.
In: Gemeindebote (Schlangen) H. 49. 1975, S. 3-9
1700 - Mitte 18. Jh.; Verzeichnis und Kurzbiographien von Lehrern in Schlangen und Kohlstätt.

(3369) Hinrichs, Fritz: Lehrer, die vor 100 Jahren unterrichteten.
In: Heimat Solingen 29. Jg. 1963, Nr. 1, S. 1, 1 Abb.; Nr. 2, S. 8, 1 Abb.
17.-19. Jh.; Lehrer an Elementarschulen im Raume Solingen.

(3370) Herwig, Willi: Gräfrather Schullehrer des 17. und 18. Jahrhunderts.
In: Heimat Solingen 18. Jg. 1952, Nr. 11, S. 31-32
17.-18. Jh.; Verzeichnis der Elementarschullehrer aus Solingen-Gräfrath.

(3371) Dittgen, Willi: Abschied von einem lieben Freund und Mitarbeiter.
In: Hk Krs Dinslaken 1961, S. 109, 1 Abb.
Geb. 1881, gest. 1960; Kurzbiographie des Hauptlehrers in Voerde (Niederrh.).

(3372) Auch im Winter barfuß zur Schule. Der Dorfschullehrer war vor 150 Jahren Lehrer, Arzt, Apotheker und Berater in allen Lebenslagen. / J. R.
In: Kiepenkerl (Bielefeld) 1960, Dezember, [S. 4]
Um 1820; Auszüge aus einer Lehrerautobiographie (Verfasser ungenannt) aus Westfalen.

(3373) Drathen, Katharina: Hauptlehrer Hubert Abel zum Gedächtnis.
In: Hbote Amern Dilkrath 1980, H. 2, S. 16-17, 2 Abb.
Geb. 1895, gest. 1935; Erinnerungen einer ehemaligen Schülerin (1919-1935) an den Lehrer in Schwalmtal-Amern (Niederrh.).

(3374) Friedrich Achelpöhler.
In: Minden-Ravensberger 39. Jg. 1967, S. 134, 1 Abb.
Geb. 1903, gest. 1966; Volksschulrektor in Herford.

(3375) Köppen, Ernst: Wilhelm Aerts (1885-1964) Schulmann und Naturforscher.
In: Heimat Krefeld 52. Jg. 1981, S. 26
Geb. 1885, gest. 1964; tätig in Krefeld und Moers.

(3376) Bub, -: Paul Aler. Zur Erinnerung an die 200. Wiederkehr seines Todestages am 2. Mai 1727.
In: Hbll Düren 4. Jg. 1927, S. 92
Geb. 1656, gest. 1727; Kurzbiographie des Jesuiten und Gymnasiallehrers, u.a. tätig in Köln.

(3377) Lentz, Heinrich: Heinrich Alken, Maler, Bildhauer und Schulmeister.
In: Eifel Jb 1939, S. 49-52, 2 Abb. [hierzu: E. Nick, Nachwort, ebd. S. 52-54, 1 Abb.]
Geb. 1753, gest. 1827; hauptsächlich zur künstlerischen Tätigkeit Alkens in Mayen, kaum schulgeschichtliche Angaben.

(3378) Peters, Leo: Heinrich Simon van Alpen.
In: Hb Kempen-Krefeld/Viersen 1969, S. 87-97, 2 Abb.
Geb. 1761, gest. 1830; Biographie des Aufklärers aus Nettetal-Kaldenkirchen und Würdigung seiner Veröffentlichungen, u.a. der Schriften zum Religionsunterricht.

(3379) Karl Altenbernd.
In: Minden-Ravensberger 41. Jg. 1969, S. 131, 1 Abb.
Geb. 1887, gest. 1967; Rektor und Bildhauer in Bielefeld.

(3380) Melchers, Paul: Praeceptor Ammon geht nach Arnheim. Ein Klever Gymnasiallehrer will sich verbessern.
In: Kal Klever Land 1964, S. 104-106
Um 1700 - 1778; biographische Angaben über den Konrektor der Lateinschule.

(3381) Angermann, Gertrud: Heinrich Angermann. Rektor in Jöllenbeck 1936-1956.
In: Jöllenbecker Bll 4. Jg. 1972, Nr. 14, S. 483-489, 10 Abb.
1906-1956; biographische Daten, von der Ausbildung Angermanns bis zu seiner Rektorentätigkeit in Bielefeld-Jöllenbeck.

(3382) Bongartz, Helmut: Willi Aretz zum Gedächtnis.
In: Hbote Amern Dilkrath 1982, H. 3, S. 39-40, 1 Abb.
Geb. 1917, gest. 1982; Kurzbiographie des Volksschulrektors, tätig in Schwalmtal.

(3383) Brepohl, W.: Helmuth Aßmann.
In: Minden-Ravensberger 49. Jg. 1977, S. 144-145, 1 Abb.
Geb. 1895, gest. 1976; Gymnasiallehrer in Berlin, Minden.

(3384) Kamp-Aufderheide, Ingrid: Aus dem Leben eines Jöllenbecker Schulmeisters im 19. Jahrhundert. J. Fr. W. Aufderheide, 1807-1886.
In: Ravensberger Bll 1982, H. 1, S. 22-35
Geb. 1807, gest. 1886; Biographie mit Dokumenten: selbstverfaßte Chronik, Schulinspektor-Bericht, Berufsurkunde, Briefe u.a.

(3385) Sax-Demuth, Waltraut: Schulmeister auf dem Dorf - eine Nachfahrin erzählt. Vor Genealogen: Lehrer Aufderheide in Jöllenbeck.
In: Jöllenbecker Bll 13. Jg. 1981, Nr. 38, S. 1294, 1 Abb.; [auch in: Westfalen-Blatt v. 13.2.1981]
Geb. 1807, gest. 1886; Biographie des Landschullehrers Johann Friedrich Aufderheide.

(3386) Schnase, Dieter: Chroniken führen ins nahe Werther.
In: Jöllenbecker Bll 13. Jg. 1981, Nr. 38, S. 1294-1295, 1 Abb.; [auch in: Westfalen-Blatt v. 21.2.81]
Geb. 1807, gest. 1886; Lehrer Joh. Friedr. Wilh. Aufderheide in Bielefeld-Jöllenbeck.

(3387) [Aulke, Anton]: Anton Aulke 85 Jahre.
In: Warendorfer Schriften H. 2. 1972, S. 37-38, 1 Abb.
Geb. 1887; Autobiographisches. Studienrat in Warendorf.

(3388) Homann, Hermann: Freundschaft mit Anton Aulke.
In: Warendorfer Schriften H. 6/7. 1976/77, S. 193-201, 1 Abb.
Geb. 1887, gest. 1974; Erinnerungen an den Warendorfer Studienrat und Schriftsteller.

(3389) Ring, -: Prof. Dr. phil. h.c. Heinrich Averdunk, Duisburg +.
In: Gesch Landeskde 1927, Nr. 1, S. 12
Gest. 1927; Gymnasiallehrer in Duisburg von 1868-1911.

(3390) [v. Roden, Günter]: Heinrich Averdunk, der Begründer des Duisburger Heimatmuseums.
In: Heimat Duisburg [1. Jg.] 1959, S. 69-71, 1 Abb.
Geb. 1840, gest. 1927; Biographie des Gymnasiallehrers, der von 1865 bis 1866 in Kleve und von 1868 bis 1911 in Duisburg tätig war.

(3391) Reuter, K.: Im Lebenswandel unanstößig, ehrbar und christlich - Die Vokation des Conrad Heinrich Bährens.
In: Meinhardus 2. Jg. 1968, S. 20-21
1762; Abdruck der Berufsurkunde und biographische Angaben zu dem Sohn des Rektors Joh. Conrad Bährens aus Meinerzhagen.

(3392) Kleff, -: Magister Bährens und die Alchemie.
In: Meinhardus 5. Jg. 1971, S. 10-11, 34
Um 1797 - 1802; Aufsätze des Pädagogen in Meinerzhagen über Alchemie.

(3393) ek [Muschalek, K.-M.]: Magister Bährens und das Hülloch.
In: Meinhardus 1973, H. 4, S. 80-82, 1 Abb.
1790; zu naturkundlichen Forschungen des Pädagogen in Meinerzhagen.

(3394) ek [Muschalek, K.-M.]: Vor 140 Jahren starb Joh. Chr. Fr. Bährens.
In: Meinhardus 1973, H. 4, S. 83-84, 1 Abb.
1833; Abdruck des Entwurfes der Todesanzeige und Kurzbiographie des Pädagogen in Schwerte und Meinerzhagen.

(3408)   Busse, Adolf: Max Baur im Ruhestand.
In: Quadenhof 27. Jg. 1976, H. 2, S. 45-46, 1 Abb.
Geb. 1911; Studiendirektor in Düsseldorf-Gerresheim, biographische Daten.

(3409)   Heinze, Gustav: Abschiedsbrief des Lehrers Ernst Becher aus dem Jahre 1915.
In: Heimat spricht (Remscheider GA) 27. Jg. 1960, Nr. 5, [S. 3]
1915; aus der Schulchronik der Brucher Schule, Angaben zur Pensionierung des Lehrers in Remscheid.

(3410)   Meyer, Christian: Ernst Becher und seine Familie.
In: Heimat spricht (Remscheider GA) 27. Jg. 1960, Nr. 4, [S. 2-4], 1 Abb.
Geb. 1851, gest. 1924; Lehrer in Remscheid.

(3411)   Jux, Anton: Der Overather Heimatforscher Franz Becher.
In: Rheinisch-Bergischer Kal 30. Jg. 1960, S. 98-99, 1 Abb.
Geb. 1884; Biographie des Lehrers in Bergisch Gladbach-Moitzfeld u.a.

(3412)   Becker zu Paderborn.
In: Westph Mag 1798, S. 279-280
Ende 18. Jh.; Hinweis auf eine Veröffentlichung zu dem Paderborner Pädagogen.

(3413)   Krämer, Friedrich: Der Privatgelehrte von Dhünn.
In: Land Wupper Rhein 1958, S. 178-180, 1 Abb.
Geb. 1860, gest. 1941; Lehrer Friedrich Peter Becker in Wermelskirchen und Wermelskirchen-Dabringhausen.

(3414)   Dr. Heinrich Becker.
In: Minden-Ravensberger 46. Jg. 1974, S. 136, 1 Abb.
Geb. 1881, gest. 1971; Lehrer an der Oberrealschule in Bielefeld.

(3415) Flaskamp, Franz: Joseph Becker zum Gedenken.
In: Hbll Glocke 1959, Nr. 90, S. 358-359
Geb. 1887, gest. 1914; Gymnasiallehrer für Griechisch in Warendorf.

(3416) [Sonnenschein, -]: Mathias Behmer aus Hatnegen wird 1697 als erster Lehrer nach Linden berufen.
In: Uns Heimat (Hattingen) 1922, S. 40-41 [Aus: Sonnenschein, -: Linden-Dahlhausen und benachbarte Bezirke in verklungenen Tagen, o.J.]
1697; Lehreranstellung und Lehrergehalt, Auszug aus der Kirchenchronik in Bochum-Linden.

(3417) Flaskamp, Franz: Karl Behrens - ein westfälischer Naturfreund.
In: Hbll Glocke 1962, Nr. 122, S. 486, 1 Abb.
Geb. 1860, gest. 1931; Biographie des Mittelschullehrers aus Bielefeld.

(3418) Schoneweg, -: Konrektor Behrens 70 Jahre alt.
In: Ravensberger Bll 30. Jg. 1930, Nr. 8, S. 61-62, 1 Abb.
Geb. 1860; Lehrer in Bielefeld.

(3419) Hermann Belke. Lehrer an der Bauerschaftsschule Beller, Harsewinkel, von 1825-1877. / M. E. v.
In: Heimat Wort Bild Nr. 73. 1934, [S. 4]
Geb. 1805, gest. 1881; biographische Angaben, Einkünfte.

(3420) Joh. Bendel, Geschichtsschreiber des alten Kreises Mülheim a. Rh.
In: Ruhmreiche Berge (Berg Landesztg) 1950, F. 10, [S. 1-4]
Geb. 1863, gest. 1947; tätig in Kornelimünster am Lehrerseminar und in Mülheim (Ruhr).

(3421) Ventzke, Karl: Der Dürener Pädagoge Hermann Eugen Benrath (1812-1893). Ein Beitrag zur Entwicklung des evangelischen Schulwesens in Düren im 19. Jahrhundert.
In: Dürener Geschbll Nr. 69. 1980, S. 62-82, 1 Abb., Anhang
Geb. 1812, gest. 1893; Biographie des Rektors der Bürgerschule sowie Übersicht über Schulgeschichte im 19. Jh., Elementarschule, höhere Bürgerschule; Anhang enthält Zeugnis und Berufsschein.

(3422) Benzler, Max: Eine Lehrerfamilie in Niederhemer vor 200 Jahren.
In: Schlüssel 12. Jg. 1967, H. 3, S. 22-29, 2 Abb.
1695 - Ende 18. Jh.; Lehrergeneration aus Hemer-Niederhemer; Johann Eberhard Benzler und Sohn Eberhard Benzler (1735-1806).

(3423) Middell, Gertrud: Der Tannisberg heißt nach dem Lehrer Montanus.
In: Medamana 15. Jg. 1968, Nr. 3, S. 27
1. Hälfte 17. Jh.; Angaben zu dem Lehrer und späteren Bürgermeister Hermann Berg (Montanus) aus Mettmann.

(3424) Bauermann, Otto: Lehrer, Schriftsteller und Dichter: Johann Wilhelm Berger.
In: Heimat Solingen 28. Jg. 1962, Nr. 3, S. 10
1747-1829; Privatlehrer, Landlehrer und Sprachlehrer für Französisch in Mülheim und Solingen.

(3425) Reurik, H.: Der Schulmeister von Eilpe und sein Sohn.
In: Westfalenland (Hagen) 1929, Nr. 5, S. 75-79
Ende 18. - Anf. 19 Jh.; über eine Autobiographie und ihren mutmaßlichen Verfasser (Heinrich Berghaus), dessen Vater Johann Isaak Berghaus Lehrer in Hagen-Eilpe war.

(3426) Rektor Wilhelm Bergmann 30 Jahre Dirigent des Männergesangvereins Warendorf.
In: Warendorfer Bll 1929, Nr. 1, [S. 2], 1 Abb.
1892-1928; seit 1892 in Warendorf tätig.

(3427) Wilhelm Bers.
In: Beitrr Jülicher Gesch Nr. 39. 1972, S. 30-31, 1 Abb.
Geb. 1889, gest. 1972; Studienrat, Pfarrer und Geschichtsforscher in Siegburg u.a.

(3428) Dr. Ludwig Bette zum Gedenken.
In: Gladbeck 1973, Nr. 2, S. 7-8, 1 Abb.
Geb. 1863, gest. 1958; Oberstudienrat in Gladbeck, Heimatgeschichtler.

(3429) Freitag, Hans-Ulrich: 400 Jahre Reformation in Meinerzhagen.
In: Meinhardus 1973, H. 3, S. 49-67, 3 Abb.
16. Jh. (geb. 1536); Untersuchungen zu Tätigkeiten Friedrich Beurhaus', Lehrer in Soest, Unna, Rektor in Dortmund, während der Reformation in Meinerzhagen.

(3430) Thoene, Walter: Friedrich Beurhaus und Soest.
In: Soester Z H. 74. 1961, S. 45-61
2. Hälfte 16. Jh.; über die Tätigkeit von Friedrich Beurhaus an den Gymnasien von Soest, Unna und Dortmund.

(3431) Jubelfeier.
In: Hermann 1828, Beil. zu Nr. 50, [S. 1-2]
1828; Bericht über die Amtsentlassungsfeier des Werdohler Lehrers J. H. Bierhoff.

(3432) Consten, Wilh.: Söhne des Jülicherlandes.
In: Rur-Blumen 1939, S. 106-107
Ca. 1578-1641; Biographie des Professors Severin Binius am Gymnasium Laurentianum in Köln.

(3433) Hermes, Jakob: Der Kempener Schulreformator Joseph Bister.
In: Hb Kempen-Krefeld/Viersen 1974, S. 177-181, 3 Abb.
1802-1843; Neugestalter des Collegiums (später Gymnasium), biographische Daten.

(3434) Nicolaus Blancard, ein fast unbekannter Lehrer der Steinfurter Hohen Schule. / Fr. H.
In: Steinfurter Hbote 1952, Nr. 2, S. 8, 2 Abb.
Geb. 1624, gest. 1703; Kurzbiographie, Professor für Philosophie und Geschichte.

(3435) Voigt, Günther: Zur Erinnerung an zwei Langerfelder Lehrer.
In: Hgruß (Langerfeld) Nr. 31. 1962, S. 7, 2 Abb.
19. Jh.; zwei Kurzbiographien der Volksschullehrer Friedrich Blanke und Christian Sander aus Wuppertal-Langerfeld.

(3436) Voigt, Günther: Einst kannte sie jeder im Ort. Erinnerungen an bekannte Langerfelder.
In: Langerfeld Wandel Jahrhunderte H. 10. 1964, S. 24-30, 12 Abb.
19. Jh.; enthält u.a. Kurzbiographien der Lehrer Friedrich Blanke und Christian Sander aus Wuppertal-Langerfeld.

(3437) Jux, Anton: Alois Blome, Lehrer und Heimatforscher in Offermannsheide.
In: Rheinisch-Bergischer Kal 30. Jg. 1960, S. 50-52
Geb. 1831, gest. 1908; Kurzbiographie des Volksschullehrers und Heimatforschers in Kürten-Offermannsheide.

(3438) Lehrer Wilhelm Blotenberg.
In: Minden-Ravensberger 26. Jg. 1954, S. 118, 1 Abb.
Geb. 1879, gest. 1952; Nachruf auf den Lehrer in Niederdornberg-Deppendorf.

(3439) Oppenberg, Ferdinand: Ein Dichter wird 70 Jahre. Erich Bockemühl zum Geburtstag.
In: Ruhrländisches Hbuch 1955, S. 86-88
Geb. 1885, gest. 1968; Biographie des Lehrers und Heimatschriftstellers in Hünxe-Drevenack.

(3440) Bockemühl, Erich: Dank und Gedenken.
In: Tor (Düsseldorf) 34. Jg. 1968, S. 114-115, 1 Abb.
Abdruck einer kurzen Autobiographie des Lehrers und Schriftstellers E. Bockemühl, Lehrer in Hünxe-Drevenack.

(3441) Dittgen, W.: Dem Dichter Erich Bockemühl zum Gedächtnis.
In: Uns Niederrhein 11. Jg. 1968, Nr. 2, S. 15, 1 Abb.
Geb. 1885, gest. 1968; Nachruf auf den Lehrer und Dichter, Hünxe-Drevenack, Mönchengladbach.

(3442) Dittgen, W.: ... unverlierbar zur Heimat geworden. Dem Dichter Erich Bockemühl zum Gedächtnis.
In: Hk Krs Dinslaken 1969, S. 138-139, 1 Abb.
Geb. 1885, gest. 1968; Kurzbiographie des Volksschullehrers, Rektors und Dichters in Nachrufform.

(3443) Jenssen, Christian: Erich Bockemühl, ein Dichter der inneren Heimat. Zu seinem Geburtstag am 12. Juni 1960.
In: Hk Krs Rees 1960, S. 63-64, 1 Abb.
Volksschullehrer und Schriftsteller, Hünxe-Drevenack.

(3444) Oppenberg, Ferdinand: Ein Dichter wird 70 Jahre alt. Erich Bockemühl zum Geburtstag.
In: Hk Krs Dinslaken 1955, S. 102-104, 1 Abb.
Enthält biographische Angaben zu dem Lehrer und Dichter.

(3445) Pankok, Hulda: Erich Bockemühl. Zum 80. Geburtstag des Lehrers und Dichters vom Niederrhein.
In: Hk Krs Rees 1965, S. 141-145, 1 Abb.
o.Z.; Erinnerungen an eine Episode aus der Lehrertätigkeit Bockemühls, Angaben zum schriftstellerischen Werk.

(3446) Scholten, Alfred-Wilhelm: Dichter und Deuter des Niederrheins. Erich Bockemühl im Alter von 83 Jahren heimgegangen.
In: Hk Krs Rees 1969, S. 133-138, 1 Abb.
Gest. 1968; Nachruf, Biographie und Vorstellung des dichterischen Werkes.

(3447) Kohl, R.: Friedrich Böckelmann.
In: Minden-Ravensberger [9. Jg.] 1934, S. 62-63, 1 Abb.
Geb. 1860, gest. 1933; Gründer des "Herforder Heimatblatts", Bielefeld.

(3448) Pflegt das "Ihr"!
In: Wittekind 10. Jg. 1934, S.72-73, 1 Abb.
Gest. 1933; Gymnasiallehrer Friedrich Böckelmann in Herford.

(3449) Sander, [Heinrich]: Professor Fritz Böckelmann zum Gedächtnis.
In: Herforder Hbl 12. Jg. [1933], Nr.1, S.1
Gest. 1933; Nachruf auf den Herforder Gymnasiallehrer mit Angaben zu seinen heimatpflegerischen Tätigkeiten.

(3450) Haase, R[obert]: Erinnerungen aus Alt-Herringen (II). Lehrer Böckmann war ältester Schüler von Adolf Diesterweg.
In: Heimat Hellweg (HA) 1969, F. 43
Geb. 1802, gest. 1892; biographische Angaben: Wilhelm Böckmann, Lehrer in Hamm-Herringen.

(3451) Rees, Wilhelm: Ein oberbergischer Dorfschullehrer.
In: Oberbergische Heimat 1./2. Jg. 1947/48, S. 37
Gest. 1671; biographische Daten zu Lehrer Abraham Boeddinghaus, der an der Lateinschule in Remscheid-Lennep tätig war.

(3452) Zum Gedächtnis. August Bödeker, Lehrer zu Lüdenhausen. / R.
In: Lipp Dorfkal N. F. 1919, Nr. 4, S. 64, 1 Abb.
Geb. 1880, gest. 1917; Nachruf auf den Volksschullehrer in Kalletal-Lüdenhausen.

(3453) Breitenbürger, August: Er sammelte Träume seiner Landsleute (Heinrich Bögekamp).
In: Ravensberger Heimat 1962, Nr. 10, S. 40
Geb. 1823; biographische Angaben zu Gymnasiallehrer Heinrich Bögekamp, 1852-1855 in Wuppertal-Elberfeld tätig.

(3454) P. L. [Paul Leidinger]: Dr. Gerhard Böhmer.
In: Warendorfer Schriften H. 4/5. 1974/75, S. 122-123, 1 Abb.
Geb. 1895; Studienrat in Mülheim (Ruhr) und Warendorf. Anlaß des Artikels: Verleihung des Mecklenburger Kulturpreises 1974.

(3455) Geheimer Studienrat Prof. Dr. Wilhelm Böhmer.
In: Warburger Kreiskal 1926, S. 17, 1 Abb.
Geb. 1849, gest. 1922; Gymnasiallehrer in Warburg.

(3456) Stolte, H.: Jobst Hermann Bökenkamp, der Gründer des Taubstummenunterrichts in Minden-Ravensberg.
In: Ravensberger Bll 26. Jg. 1926, Nr. 11/12, S. 51-52
Geb. 1814, gest. 1881; Bökenkamp wurde am Lehrerseminar in Soest ausgebildet, dem eine Taubstummenschule angeschlossen war.

(3457) Haase, -: Hermann Jobst Bökenkamp. Ein Lebensbild. Er nahm sich als erster der taubstummen Kinder an.
In: Kiepenkerl (Bielefeld) April 1963, [S. 2]
Geb. 1814, gest. 1881; u.a. Lehrer an der Taubstummenschule in Petershagen.

(3458) Bönneken, Ernst: Das Geschlecht der Pastoren und Lehrer. Aus der Geschichte der Hünxer Familie Bönneken.
In: Hk Krs Dinslaken 1969, S. 86-91
17.-20. Jh.; Kurzbiographien.

(3459) Oberstudienrat a. D. Dr. h. c. Hermann Böttger. / W.
In: Siegerländer Hk 1955, S. 52, 1 Abb.
Geb. 1884, gest. 1957; Angaben zu heimatkundlichen Aktivitäten des Lehrers.

(3460) Novak, Hugo: Zum Gedenken an Hermann Böttger.
In: Siegerland Bd. 34. 1957, S. 69-70, 1 Abb. auf Taf.
Geb. 1884, gest. 1957; Studienrat an der Oberrealschule in Siegen-Weiden.

(3461) Mummenhoff, Wilhelm: Heinrich Bone, Direktor des Gymnasiums zu Recklinghausen (1856-1859).
In: Alt-Recklinghausen 6. Jg. 1925, Sp. 88-94
Geb. 1813, gest. 1893; Biographie des Gymnasialdirektors, der auch in Düsseldorf und Mainz tätig war.

(3462) Dirkmann, Anna Antonia: Dichter und Pädagoge Heinrich Bone.
In: Auf Roter Erde (Münster) 36. Jg. 1980, Nr. 230, S. 13-14, 2 Abb.
Geb. 1813, gest. 1893; Gymnasiallehrer, u.a. auch in Düsseldorf, Köln und Mainz.

(3463) Hesse, Josef: Professor Heinrich Bone.
In: De Suerlänner 1958, S. 11, 1 Abb.
Geb. 1813, gest. 1893; Kurzbiographie des Gymnasialdirektors in Recklinghausen.

(3464) Kaulard, Johann: Aus den Aufzeichnungen des Lehrers und Küsters Gerhard Bongard in Eicherscheid.
In: Eremit Venn 16. Jg. 1941, S. 100-107
Geb. 1785, gest. 1853; familiengeschichtliche und landwirtschaftliche Aufzeichnungen aus Simmerath-Eicherscheid.

(3465) [Direktor Friedrich Bonn]
In: Hürther Heimat Nr. 23/24. 1970, S. 65, 1 Abb.
20. Jh.; Angaben zur Pensionierung des Realschullehrers aus Hürth-Hermülheim und biographische Daten.

(3466) Steffen, Karla: Wenn die Dorfmusik spielt. 15. Brotnot und ein Kohlgrubentanz.
In: Wittgenstein 47. Jg. Bd. 23., 1959, H. 4, S. 205-211
Ende 19. Jh.; Engagement des Lehrers Peter Bornfeld in kommunalen Angelegenheiten in Bad Berleburg-Dotzlar (erzählender Stil).

(3467) Lentmann, [Otto]: [Willy Bosem]
In: Letmather Heimatschau 1961, H. 1, S. 45, 1 Abb.
Geb. 1806; u.a. tätig als Volksschullehrer in Iserlohn.

(3468) Karl Heinz Bott wurde 60 Jahre. / -ss-
In: Quadenhof 26. Jg. 1975, H. 2, S. 37, 1 Abb.
Geb. 1915; biographische Daten, Studiendirektor in Düsseldorf-Gerresheim.

(3469) [Braeger, Ernst]: Lebenserinnerungen.
In: Ravensberger Hscholle 1. Jg. 1930, S. 92, 97, 101
Anf. 19. Jh.; Auszüge aus Aufzeichnungen des Schulrats über die Schulzeit seiner Mutter in Spenge-Wallenbrück.

(3470) Irle, Albert: Ein verdienter Marienborner Schulmann.
In: Heimatland (Siegen) 3. Jg. 1928, S. 44-46
Geb. 1815, gest. 1882; biographische Angaben und Hinweise zur literarischen Tätigkeit des Lehrers Theodor Braeucker in Gummersbach-Derschlag.

(3471) Jung, R.: Ein verdienstvoller Marienborner Schulmann.
In: Heimatland (Siegen) 2. Jg. 1927, S. 206
Gest. 1882; Nachruf und biographische Angaben: Lehrer Theodor Braeucker in Gummersbach-Derschlag.

(3472) Heinrich Brambrink 75 Jahre.
In: Krs Coesfeld Jb 1980, S. 58
Geb. 1903; Lehrer in Coesfeld und Reken (Realschule).

(3473) Gymnasiallehrer Franz Joseph Brand zum Gedenken.
In: Hbote (Paderborn) [N. F.] 2. Jg. 1929, Nr. 8, [S. 2]
Geb. 1790, gest. 1869; Brand war auch Leiter der Handwerkersonntagsschule in Paderborn.

(3474) Völker, Christoph: Vom Paderborner Ziegeleigewerbe in alter Zeit, vom Bau der St. Michaelskirche und vom Gymnasiallehrer Brandt [richtig: Brand].
In: Warte 6. Jg. 1938, H. 9, S. 153-154, 1 Abb.
Geb. 1790, gest. 1869; Angaben zu dem Paderborner Lehrer.

(3475) Limberg, F.: Franz Joseph Brand, ein Heimatfreund aus dem vorigen Jahrhundert.
In: Warte 6. Jg. 1938, H. 8, S. 121-123, 2 Abb.
1790-1869; Gymnasiallehrer in Paderborn.

(3476) Sardemann, G.: Johannes Brantius, Rector an der höheren Schule in Wesel. 1584-1620.
In: Z Berg GV 4. Bd. 1867, S. 115-208 [mit Nachtrag]
1584-1620; Biographie mit kirchengeschichtlichen Schwerpunkten und Ausführungen zum Weseler Gymnasium.

(3477) Ortmann, -: Rektor Wilhelm Braß +.
In: Heimat Düssel 1. Jg. 1950, H. 12, S. 11, 1 Abb.
Geb. 1888, gest. 1950; Kurzbiographie des Volksschullehrers in Düsseldorf-Eller.

(3478) Rees, Wilhelm: Johann Wilhelm vom Braucke.
In: Oberbergische Heimat 1./2. Jg. 1947/48, S. 25
Geb. 1780, gest. 1831; Musiklehrer in Gummersbach, Remscheid-Lennep und Lüdenscheid.

(3479) Esser, Peter: Vom Gerberssohn zum Ritter des Leopoldordens. Thomas Braun aus Kommern reformiert das Belgische Schulwesen.
In: Zw Eifel Ville 3. Jg. 1949, S. 2-3
Geb. 1814; Lehrer an Taubstummenschule und Volksschule in Köln; später Seminarleiter in Nevilles (Belgien).

(3480) Kohl, R.: Der Magister Conrad Bredebach aus Herford und David Chyträus.
In: Ravensberger Bll 37. Jg. 1937, Nr. 2, S. 11-12
16. Jh.; zu einer Schrift, die von dem aus Herford gebürtigen Lehrer in Rostock herausgegeben wurde.

(3481) Mertens, -: Der Emmericher Humanist Matthias Bredenbach als Schulmann.
In: Niederrh Hbll 1. Jg. 1921, Nr. 11, [S. 2-4]. Nr. 12, [S. 2-3]. Nr. 13, [S. 2-3]. Nr. 14, [S. 3-4]
Geb. 1499, gest. 1559; Biographie mit besonderer Berücksichtigung der schulreformerischen Tätigkeiten Bredenbachs.

(3482) W. D. [Dittgen, Willi]: Heinrich Breimann +.
In: Hk Krs Dinslaken 1964, S. 159, 1 Abb.
Geb. 1876, gest. 1963; Kurzbiographie des Rektors in Dinslaken-Hiesfeld.

(3483) Lehrer i. R., Organist und Kantor Paul Brettschneider.
In: Minden-Ravensberger 27. Jg. 1955, S. 152, 1 Abb.
Geb. 1881, gest. 1954; tätig im Kreis Minden.

(3484) Ein Neußer Lehrer-Jubilar.
In: Hvolk (Neuss) 8. Jg. 1929, Nr. 6, [S. 1]
Geb. 1806, gest. 1892; Lehrer Adam Josef Breuer, tätig in Oberdollendorf.

(3485) Breuer, Karl Hugo: Rektor Carl Breuer. Ein Leben im Wirkfeld von Heimat und Erziehung. (1869-1953).
In: Uns Porz H. 4. 1962, S. 52-62, 1 Abb.
1869-1953; Hauptlehrer und Rektor u.a. in Köln-Porz.

(3486) Breuer, Konrad: Ein Päckchen Humor aus dem Schulranzen.
In: Hk Krs Jülich 1959, S. 122-123
Ca. 1893; enthält autobiographische Notizen des Volksschullehrers, tätig im Jülicher Land.

(3487) Gerke, Fritz: Besuch bei Konrad Breuer in Schlebusch.
In: Land Wupper Rhein 1961, S. 122-124, 1 Taf.
Geb. 1873; Volksschullehrer u.a. in Jülich.

(3488) Gerke, Fritz: Besuch bei Konrad Breuer aus Gevelsdorf.
In: Hk Krs Jülich 1962, S. 89-90, 1 Abb.
Geb. 1873; Teilbiographie des ehemaligen Jülicher Volksschullehrers.

(3489) Brinkmann, Martin: Alltagsnotizen aus einem Lehrerleben und Erinnerungen an die Oerkenschule in Jöllenbeck.
In: Jöllenbecker Bll 11. Jg. 1979, Nr. 33, S. 1118-1121, 10 Abb.
1933-1960; Erinnerungen des Volksschullehrers aus Bielefeld-Jöllenbeck.

(3490) Konrektor Wilhelm Brinkmann.
In: Minden-Ravensberger 21. Jg. 1949, S. 36-37, 1 Abb.
Geb. 1871, gest. 1945; tätig in Bielefeld.

(3491) Bers, Wilhelm: Noch einmal:"Peter Wilhelm Brochhagen - 1. Preußischer Elementarlehrer in Siegburg."
In: Hbll Rhein-Siegkrs 33. Jg. 1965, Nr. 3, S. 138-139
Geb. ca. 1774; Revisionsbericht über den Lehrer.

(3492) Brockhoff, Friedrich: Meine Lebenserinnerungen. Aus der Feder eines Dorfschulmeisters.
In: Emscherbrücher 1971, H. 1, S. 16-27, 6 Abb.; 1974, H. 1, S. 6-14, 5 Abb.
1845-1924; Erinnerungen (verfaßt 1924) des Volksschullehrers Friedrich Brockhoff in Herne-Crange, wenig Schulgeschichte.

(3493) Berufsschuldirektorin Brockmeyer +.
In: Warte 18. Jg. 1957, H. 5, S. 74
Geb. 1889, gest. 1957; Rektorin der Paderborner Mädchenberufsschule.

(3494) Schumann, Willy: Ein Soldat wird Schulmeister.
In: Minden-Ravensberger 43. Jg. 1971, S. 106-107
18. Jh. - 1818; Entlassung des Johann Henrich Brojer aus der Armee, um ihn als Lehrer einsetzen zu können.

(3495) Schiffers, H.: Der erste Mathematiklehrer des Dürener Gymnasiums.
In: Hbll Düren 12. Jg. 1935, S. 57-58
Geb. 1767, gest. 1843; Gymnasiallehrer Franz Xaver Brosius, Abdruck eines Nachrufes von 1843.

(3496) Vormbrock, Karl: Lehrer Friedrich Bruck.
In: Minden-Ravensberger 29. Jg. 1957, S. 127, 1 Abb.
Geb. 1903, gest. 1956; Volksschullehrer in Enger.

(3497) Feuerstein, Walter: Friedrich Brücker, ein Künder unserer Heimat.
In: Niederrh Jahrwciscr 1938, S. 28-29, 1 Abb.
Geb. 1864, gest. 1920; Lehrer u.a. in Krefeld und Duisburg-Rheinhausen, Heimatdichter.

(3498) Hofmann, Otto: Friedrich Brücker, ein Dichter unserer Heimat.
In: Hk Krs Moers 1965, S. 84-87, 1 Abb.
Geb. 1864, gest. 1920; Biographie, enthält Auszüge aus der Autobiographie des Volksschullehrers, tätig im ehemaligen Kreis Moers.

(3499) Ticheloven, Anton: Lehrer-Poet und Heimatfreund. Friedrich Brücker, ein verdienter Sohn Straelens.
In: Geldrischer Hk 1962, S. 61-62, 1 Abb.
Geb. 1864, gest. 1920; Kurzbiographie des Volksschullehrers in Straelen.

(3500) Friedrich Brückner zum Gedächtnis.
In: Uns Heimat Rheinhausen 1. Jg. 1935, Nr. 4, [S. 3-4]. Nr. 5, [S. 1-2]
Geb. 1865, gest. 1920; Nachruf auf den Rektor der katholischen Volksschule in Duisburg-Hochemmerich.

(3501) Die sieben Brüder Brüll. Söhne einer Boslarer Lehrerfamilie.
In: Rur-Blumen 1935, S. 60-61
Ende 19. Jh.; vier Brüder wirkten als Gymnasiallehrer in Düren, Köln-Mülheim und Heiligenstadt.

(3502) Eine Lehrerfamilie im Kreise Jülich. Zum 75. Geburtstag des Geheimrats Dr. Felix Brüll aus Boslar.
In: Rur-Blumen 1929, Nr. 23, [S. 5-6]
Geb. 1854; u.a. Lehrer am Kaiser-Wilhelm-Gymnasium in Köln.

(3503) Rembert, Karl: Aus einem Krefelder Lehrerleben während der Franzosenzeit.
In: Heimat Krefeld 12. Jg. 1933, S. 154-159, 3 Abb.
1807, 1813, 1819; Wohnungs- und Gehaltsangelegenheiten, Diensteid des Lehrers Samuel Buchmüller (geb. 1782, gest. 1848) in kommentierten Dokumenten.

(3504) Rembert, K[arl]: Zur Krefelder Schulgeschichte.
In: Heimat Krefeld 9. Jg. 1930, S. 116-117
Um 1870; kommentierter Abdruck eines Briefes mit Erinnerungen einer ehemaligen Schülerin an den Schuldirektor Dr. Buchner (verfaßt 1930).

(3505) Fleitmann, Wilhelm: Dechant Buck und die Schule.
In: Gladbecker Bll 8. Jg. 1919, Nr. 1/2, S. 9-11. Nr. 3/4, S. 26-28. Nr. 5/6, S. 39-42
Geb. 1850, gest. 1918; Lehrer in Klein-Reken von 1845-1883, Rektoratschullehrer in Emsdetten, ausführlich über seine Tätigkeit als Ortsschulinspektor in Gladbeck ab 1899.

(3506) Meine Erinnerungen an den Lehrer Budde in Laar. / B.
In: Ravensberger Bll 36. Jg. 1936, Nr. 10, S. 81-82
Gest. 1904; Erinnerungen an den Volksschullehrer in Herford-Laar.

(3507) Luckhaus, Ernst: Wohl dem, der seiner Lehrer gern gedenkt.
In: Land Wupper Rhein 1959, S. 80-84
Ende 18. - 19. Jh.; Biographien der Lehrer: Karl Budde (gest. 1877), Karl Hürxthal (19. Jh.), Peter Hürxthal (gest. 1833) und Ewald Rüggeberg (gest. 1933) aus Radevormwald-Honsberg und Radevormwald.

(3508) Johann Ludolph Bünemann.
In: Westph Mag 1789, S. 235-236, 318-319
Anf. 18. Jh.; Rektor am Gymnasium in Minden (1722-1739), später in Hannover; Angaben zu Schulprogrammen des Rektors.

(3509) Heinrich Bünte.
In: Minden-Ravensberger 38. Jg. 1966, S. 131-132, 1 Abb.
Geb. 1904, gest. 1964; Hauptlehrer in Hille-Eickhorst.

(3510) Disse, Bernhard: In memoriam Wilhelm Fingerhut und Peter Bürger.
In: Hk Krs Euskirchen 1960, S. 22-23
Geb. 1895, gest. 1959; Nachruf auf den Berufsschullehrer Peter Bürger in Euskirchen.

(3511) Wellhausen, Heinz: Zum Gedenken des Herforder Pädagogen Karl Bürke.
In: Ravensberger Heimat 1963, Nr. 3, S. 12, 2 Abb.
Gest. 1902; Oberlehrer an der Landwirtschafts- und Realschule, dann tätig am Ravensberger Gymnasium.

(3512) Grues, H.: Edmund Bungartz zum Gedenken.
In: Hk Krs Schleiden 1956, S. 103, 1 Abb.
Geb. 1871, gest. 1955; Priester und Lehrer am Gymnasium in Mülheim a. d. Ruhr.

(3513) Laumanns, Carl: Arnoldus Burenius, ein westfälischer Gelehrter.
In: Hbll Lippstadt 22. Jg. 1940, Nr. 10, S. 39
1485-1566; Kurzbiographie des in Büren geborenen Universitätslehrers, tätig in Rostock.

(3514) Detmer, Heinrich: Der Plan des Arnoldus Burenius zur Errichtung einer höheren Lehranstalt in Westfalen vom Jahre 1544.
In: Westf Z Bd. 60. 1902, S. 157-181
1485-1544; enthält biographische Daten, Angaben zur inneren Situation des Gymnasiums in Münster.

(3515) Flaskamp, Franz: Ferdinand Burgtorf.
In: Hbll Glocke Nr. 98. 1960, S. 390
Mitte - Ende 19. Jh.; Lehrer an der Landwirtschaftsschule in Herford, gest. 1908.

(3516) Röttger, Helmut: Über Heinrich Burhenne.
In: Jan Wellem 1977, S. 104-106
Geb. 1892, gest. 1945; Verfasser pädagogischer und literarischer Schriften aus Düsseldorf.

(3517) Meßling, Erich: Carl Franz Caspar Busch. Ein westfälischer Pfarrer und Schulmann.
In: Jb westf Kirchengesch Bd. 71. 1978, S. 77-99, 5 Abb.
Geb. 1768, gest. 1848; Pfarrer, Schulkommissar im Kreis Soest, Angaben zu schulreformerischen Tätigkeiten und Schriften.

(3518) Kill, Gerhard: Aus den Anfängen des Buerschen Gymnasiums. Als Caspar Busch die Rektoratschule leitete.
In: Vest (Buer) 7. Jg. 1927, S. 47-48
1860-1864; Erinnerungen an den Rektor [aus Aufzeichnungen des Sohnes] in Gelsenkirchen-Buer.

(3519) Goldstein, -: Rektor Ernst Buschmann. Schulmann und Chronist der Stadt Gütersloh.
In: Heimat Wort Bild 10. Jg. 1937, S. 9-11, 1 Abb.
Geb. 1803, gest. 1885; Biographie des Stadtschulrektors.

(3520) Hermjakob, W.: Rektor Ernst Buschmann, der Chronist von Alt-Gütersloh.
In: Gütersloher Beitrr H. 39/40. 1975, S. 786-788, 2 Abb.
Geb. 1803, gest. 1885; Rektor der Elementarschule in Gütersloh. Hinweise auf andere Lehrer des 19. Jahrhunderts.

(3521) Krafft, Karl: Zur Erinnerung an Nicolaus Buscoducensis, Schulmann und Superintendent zu Wesel im 16. Jahrhundert.
In: Z Berg GV Bd. 26. 1890, S. 213-225
Geb. um 1486; biographische Angaben zu Nikolaus Bruchhofen; Abdruck eines Briefes an Melanchthon 1545.

(3522) Otto Bußmann.
In: Minden-Ravensberger 50. Jg. 1978, S. 137-138, 1 Abb.
Geb. 1901, gest. 1976; Hauptlehrer an einer Volksschule in Herford.

(3523) Bültjes, Franz: Präceptor Johannes Camphoff. Ein Moerser Original aus dem 17. Jahrhundert.
In: Hk Krs Moers 1974, S. 38-41, 1 Abb.
Geb. ca. 1630, gest. 1706; Lehrer in Kleve und Moers (Lateinschule), enthält Abdruck des Entlassungsgesuchs.

(3524) Keussen sen., Hermann: Beiträge zur Geschichte Crefelds und des Niederrheins. 3. Präceptor Johannes Camphoff.
In: Ann Hist V Niederrh H. 63. 1897, S. 85-94
Geb. um 1630, gest. 1706; Präzeptor an der lateinischen Schule, tätig in Krefeld und Moers.

(3525) Heinrich Capellmann. Zur Vollendung seines 75. Lebensjahres.
In: Hbll Aachen 22. Jg. 1966, H. 3, S. 87, 1 Abb.
o.Z.; Lehrer und Heimatschriftsteller in Aachen-Kornelimünster.

(3526) Heinrich Capellmann. Zur Vollendung seines 80. Lebensjahres. / C. P.
In: Hbll Aachen 27. Jg. 1971, H. 2, S. 35
o.Z.; Würdigung des Lehrers in Aachen-Kornelimünster als Heimatforscher.

(3527) Hermkes, Max: Prof. Dr. Baron von Capitaine.
In: Rur-Blumen 1940, S. 33-34, 1 Abb.
Geb. 1871; Geburtstagsgruß für den Pfarrer und Religionslehrer am Gymnasium in Eschweiler.

(3528) Oellers, Heinrich: Ein Gedenkblatt für meinen lieben Lehrer (Prof. Dr. Wilh. Baron von Capitaine).
In: Rur-Blumen 1941, S. 68
Ende 19. Jh.; Erinnerungen an die Gymnasialzeit; Capitaine war Religionslehrer am Gymnasium von Eschweiler.

(3529) Oellers, Heinz: Prof. Dr. Wilh. Baron von Capitaine.
In: Hvolk (Neuss) 9. Jg. 1930, Nr. 13, [S. 1-2]
Geb. 1871; Gymnasiallehrer in Grevenbroich und Eschweiler, Pfarrer.

(3530) E. F. [Feinendegen, Emil]: Rektor Wilhelm Carus +.
In: Uerdinger Rundschau 15. Jg. 1965, Nr. 3, S. 31-32
Geb. 1886, gest. 1965; Lehrer in Krefeld-Uerdingen.

(3531) Carus, W[ilhelm]: Erinnerungen eines Ehemaligen.
In: Uerdinger Rundschau 8. Jg. 1958, Nr. 15, S. 8-11, 1 Abb.
Um 1895; Schülererinnerungen, Verfasser war später auch Lehrer an der ev. Volksschule in Krefeld-Uerdingen.

(3532) Für Westfalen und Warendorf engagiert. Paul Casser starb im Alter von 75 Jahren.
In: Warendorfer Schriften H. 8/10. 1978/80, S. 258
Geb. 1904, gest. 1979; Studienrat in Warendorf und Paderborn.

(3533) Dieregsweiler, Rudolf: Christoffels Schulzeit in Köln.
In: Hbll Aachen 34./35. Jg. 1978, H. 3/4 [identisch mit: ebd. 1979, H. 1, S. 35-43, 13 Abb.]
1812-1850; Teilbiographie des Mathematiklehrers Elwin Bruno Christoffel (1829-1900); enthält Angaben zur Schülerzeit an der Elementarschule in Monschau und am Gymnasium in Köln.

(3534) Ernst Clevenhaus, der älteste Lehrer Mettmanns.
In: Medamana [1. Jg.] 1954, Nr. 4, [S. 3]
Geb. 1865; Kurzbiographie und Angaben über Schulen, an denen Clevenhaus ausgebildet wurde bzw. wirkte.

(3535) Die Familie von Cölln in Rheda. / T.
In: Heimat Wort Bild Nr. 51. 1932, [S. 4]
17. Jh.; genealogische Angaben zum Rektor der evangelischen Schule in Rheda-Wiedenbrück, Michael von Cölln.

(3536) Ehrung eines Lehrers im vorigen Jahrhundert.
In: Eremit Venn 8. Jg. 1933, S. 89-93
1810-1882; Abdruck eines Berichts zum 25jährigen Lehrerjubiläum des Franz Colle in Monschau.

(3537) Zum Gedächtnis an Hermann Conrad, den treuen Heimatfreund und Heimatforscher.
In: Hklänge (Nümbrecht) 7. Jg. 1959, Nr. 14, S. 7-13, 1 Abb. auf Taf.
1889-1959; Hauptlehrer in Nümbrecht-Driesch.

(3538) Flaskamp, Franz: Bernhard Copius.
In: Hbll Glocke Nr. 37. 1954, S. 147-148, 1 Abb.
Geb. 1525, gest. 1581; Prorektor am Gymnasium in Dortmund, Lemgo.

(3539) Flaskamp, Franz: Die beiden Wilhelm Cramer.
In: Hbll Glocke Nr. 75. 1958, S. 298-299
Geb. 1845, gest. 1916; enthält Biographie des Priesters und Religionslehrers in Paderborn und Soest, daneben Biographie eines Weihbischofs.

(3540) A. F. [Fischer, Adolf]: Dem Andenken eines treuen Mitarbeiters der Rur-Blumen, Lehrer i.R. Tilman Cremer.
In: Rur-Blumen 1930, Nr. 23, [S. 5-6], 1 Abb.
Geb. 1864, gest. 1930; Volksschullehrer in Jülich u.a.

(3541) Goebel, Klaus: Wilhelm Cremer in Unna und die Gründung des evangelischen Lehrervereins für Rheinland und Westfalen 1848.
In: Jb westf Kirchengesch Bd. 64. 1971, S. 66-92
1803-1874; Biographie Cremers, Gründung des Vereins und dessen Zielsetzung; Anlage enthält Briefe Cremers über Vereinsgeschichte und Vereinsaufgaben.

(3542) Adam Joseph Cüppers 80 Jahre alt.
In: Alt-Ratingen 6. Jg. 1930, Nr. 6, [S. 1-4], 1 Abb.
Geb. 1850; Würdigung der schriftstellerischen Tätigkeit des Schriftleiters der Katholischen Zeitschrift für Erziehung und Unterricht, Volks- und Berufsschullehrer, Bibliographie.

(3543) Sels, Leo: Doveren um die Mitte des vorigen Jahrhunderts. Aus den Lebenserinnerungen eines Schulmannes und Schriftstellers.
In: Hbll Erkelenz 14. Jg. 1934, S. 81-83, 91-95
1850 - ca. 1928; Adam J. Cüppers in Ratingen; biographische Angaben und Auszüge aus seiner Autobiographie: Aus zwei Jahrhunderten. Lebenserinnerungen eines Schulmannes und Schriftstellers. Neue Brücke Verlag, Düsseldorf.

(3544) Rektor Heinrich Culemann.
In: Minden-Ravensberger 21. Jg. 1949, S. 37, 1 Abb.
Geb. 1860, gest. 1944; Volksschulrektor, Bielefeld.

(3545) Daecke, Berta: Lebensbild des Professors Otto Daecke.
In: Steinfurter Hbote 1955, S. 26-27
1845-1940; Lehrer am Gymnasium in Steinfurt-Burgsteinfurt.

(3546) Wiemer, -: Von zwei treuen Landlehrern der Soester Börde.
In: Hk Krs Soest 1919, S. 35-37, 2 Abb.
1849-1916; Kurzbiographien der Volksschullehrer Friedrich Dahlhoff (1849-1915) und Diedrich Westermann (1858-1916) in Welver-Dinker und Soest-Ostönnen.

(3547) Erinnerungen an Matthias Dahlhoff. Als Burbacher Lehrer ein verdienstvoller Heimatforscher für das Siegerland. / O. K.
In: Uns Heimatland (Siegen) 44. Jg. 1976, S. 110
Geb. 1808, gest. 1875; Kurzbiographie, Übersicht über literarische Tätigkeiten des Lehrers.

(3548) Huismann, Ferd.: Franz Dahlke zum 75. Geburtstag.
In: Ahlener Monatsschau 1968, Nr. 11, S. 314-315, 1 Abb.
Geb. 1893; Musiklehrer am Städt. Realgymnasium in Ahlen.

(3549) Pfeiffer, Rudolf: Aus der Vergangenheit der evangel. Schule und von einer alten Lehrerfamilie in Solingen.
In: Bergische Hbll 5. Jg. 1928, Nr. 21, S. 83, 1 Abb.
2. Hälfte 19. Jh.; Biographisches zu Rektor Dahlmann und seiner Familie.

(3550) Bürger, Johannes: Konrektor Josef Darius aus Ratheim.
In: Hk Krs Heinsberg 1982, S. 156
Geb. 1900, gest. 1980; Nachruf, Kurzbiographie des Lehrers aus Hückelhoven.

(3551) Flaskamp, Franz: Franz Darpe. Ein Charakterbild aus der westfälischen Geschichtsforschung.
In: Hbll Glocke Nr. 118. 1961, S. 470
Geb. 1842; Gymnasiallehrer und -rektor in Bochum, Coesfeld und Rheine.

(3552) Leidinger, Paul: Prof. Dr. Franz Darpe (1842-1911). Gymnasialdirektor - Verbandsvorsitzender - Historiker.
In: Warendorfer Schriften H. 8/10. 1978/80, S. 90-103, 1 Abb.
Geb. 1842, gest. 1911; Gymnasiallehrer in Bochum und Rheine, Direktor in Coesfeld; tätig in Philologenvereinen.

(3553) Stafflage, August: Pfarrer Darup in Sendenhorst als Erzieher und Schriftsteller.
In: An Ems Lippe 1960, S. 77-79, 1 Abb.
Geb. 1756, gest. 1836; Tätigkeiten des Pfarrers und Schulvikars für das niedere Schulwesen.

(3554) Stafflage, A[ugust]: Öffentliche Schulprüfungen in der Kirche. Wie Pfarrer Dr. Darup um 1800 die Sendenhorster SchulKinder unterwies.
In: Hbll Glocke 1967, Nr. 179, S. 715
Um 1800; Schulvikar, Einzeldaten zur Volksschule in Sendenhorst.

(3555) Stafflage, A[ugust]: Pfarrer Darup in Sendenhorst, ein hervorragender Erzieher.
In: Hbll Glocke 1970, Nr. 18, S. 72, 1 Abb.
Geb. 1756, gest. 1836; Schulvikar in Sendenhorst; Tätigkeiten bei Schulprüfungen.

(3556) Esser, Helmut: Abbé Daulnoy, öffentlicher Lehrer der französischen Sprache am Dortmunder Archigymnasium.
In: Beitrr Gesch Dortmund Bd. 70. 1976, S. 371-378, 1 Abb.
1796-1820; Lehrer u.a. auch in Düsseldorf.

(3557) Decius, Heinrich: Unser Großvater Johann Phillip Decius.
In: Herforder Hbl 27. Jg. 1958, Nr. 7, S. 29-31, 3 Abb. Nr. 8, S. 34
Geb. 1809, gest. 1883; enthält biographische Angaben zu dem Volksschullehrer Caspar Heinrich Decius in Herford-Falkendiek.

(3558) Schürmann, Willi: "Scheol-Vadder" und "Scheol-Mudder".
In: Ravensberger Heimat 1974, Nr. 2, [S. 1], 2 Abb.
Geb. 1809, gest. 1883; über den Herforder Lehrer Caspar Heinrich Decius und seine ebenfalls als Lehrer tätigen Söhne.

(3559) Schumann, Willy: Drei Schulmeistergenerationen auf dem Homberg.
In: Minden-Ravensberger 44. Jg. 1972, S. 77-78, 2 Abb.
1828-1940; über die Lehrer Heinrich Caspar Decius (1809-1883), Carl Decius (tätig von 1883 -1905) und Hans Decius (tätig von 1905-1940, gest. 1955) in Herford-Falkendiek.

(3560) Emmi Decius.
In: Minden-Ravensberger 34. Jg. 1962, S. 123, 1 Abb.
Geb. 1873, gest. 1960; Volksschullehrerin in Bielefeld.

(3561) Gerdom, Karl: Dem Gründer der Herforder Mittelschule Rektor Heinrich Decius.
In: Herforder Hbl 24. Jg. 1955, Nr. 3, S. 11, 1 Abb.
1897-1921; biographische Daten und Angaben zur Gründung der Realschule in Herford.

(3562) Horstbrink, Fr.: Heinrich Decius +.
In: Herforder Hbl 16. Jg. 1937, Nr. 7, [S. 1-2]
Geb. 1852, gest. 1937; Rektor der Bürgerschule, Berufsschule, Mittelschule in Herford.

(3563) Martin Decius. / O. L.
In: Minden-Ravensberger 43. Jg. 1971, S. 133, 1 Abb.
Gest. ca. 1969/70; Oberstudienrat in Bielefeld und Münster.

(3564) Decker, Karl: Aus dem Leben eines Dorfschulmeisters in Nütterden und Mehr.
In: Kal. Klever Land 1966, S. 109-114, 1 Abb.
Mitte 19. Jh. - 1904; Aufzeichnungen über den Volksschullehrer Tilman Decker aus Kranenburg-Nütterden und -Mehr.

(3565) Deerberg, Eduard: Aus dem Leben von Dorfschullehrern. In drei Geschlechterfolgen einer Familie.
In: Mindener Hbll 25. Jg. 1953, Nr. 9, S. 89-95. Nr. 10/11, S. 110-114
1736-1831; Gesuch der Bürger von Minden-Meißen zur Anstellung von Lehrern; biographische Daten zu den Lehrern Johann Henrich Deerberg, Anton Henrich Deerberg und Anton Friedrich Deerberg.

(3566) Hundt, -: Degenhard hundem.
In: Hstimmen Olpe 14. Jg. 1937, Nr. 1/2, S. 12-14
Geb. 1596, gest. 1660; biographische Angaben zu dem Drolshagener Lehrer.

(3567) Föhl, Walter: Josef Deilmann +.
In: Hb Kempen-Krefeld/Viersen 1958, S. 122-126, 1 Abb.
Geb. 1893, gest. 1957; Volksschullehrer, tätig in Viersen-Süchteln, Übersicht über regionalgeschichtliche Arbeiten.

(3568) Schulrat Heinrich Dellbrügge.
In: Minden-Ravensberger 22. Jg. 1950, S. 132, 1 Abb.
Gest. 1945; Seminarlehrer und Schulrat in Halle (Westf.).

(3569) Wilhelm Dellbrügge.
In: Minden-Ravensberger 26. Jg. 1954, S. 116, 1 Abb.
Geb. 1875, gest. 1953; Mittelschulrektor, Bielefeld.

(3570) Lehrer Karl Demberg.
In: Minden-Ravensberger 26. Jg. 1954, S. 119, 1 Abb.
Geb. 1875, gest. 1953; Nachruf auf den Lehrer Karl Demberg, Bielefeld.

(3571) -, -: Rektor Dentzmann, ein Lehrer aus Berufung.
In: Uerdinger Rundschau 6. Jg. 1956, Nr. 7/8, S. 12
Geb. 1886; Lehrer in Krefeld-Linn.

(3572) Weisemann, [Ewald]: "Ein unerwartet lieber Besuch". Aus den Lebenserinnerungen von August Diederichs.
In: Heimat spricht (Remscheider GA) Nr. 49. 1959, [S. 3-4], 1 Abb.
Geb. 1819, gest. 1917; Auszüge aus Erinnerungen des Remscheider Lehrersohnes, der in Genf eine private Schule leitete.

(3573) Weisemann, Ewald: Erziehung als Kunst. Erinnerungen an August Diederichs (1819-1917).
In: Heimat spricht (Remscheider GA) 29. Jg. 1962, Nr. 6, [S. 1-2], 1 Abb.
Geb. 1819, gest. 1917; Lehrer in Remscheid-Lennep, später Sprachforscher in Genf.

(3574) Rektor Diepes und Lehrer Herzog nehmen Abschied von ihrem Amte.
In: Uerdinger Rundschau 14. Jg. 1964, Nr. 3, S. 23
1899-1963; kurze biographische Hinweise zu den Lehrern Heinrich Diepes (geb. 1899) und Walter Herzog (geb. 1901), beide u.a. tätig in Krefeld-Uerdingen.

(3575)   Ueber einige sonderbare Meinungen neuerer Pädagogen.
In: Hermann 1833, S. [165]-169, S. [169]-171, [177]-179, [Korrespondenz dazu:] S. 293-296, 302-304, 406-408, 420-421, 508-510, 554-555
1833; Auseinandersetzung mit verschiedenen Arbeiten Diesterwegs in den Rheinischen Blättern um das Verhältnis Geistlichkeit-Lehrer u.a.

(3576)   Diesterweg, Adolf: Über den sinkenden Wohlstand einzelner Orte und über Gemeinschaft.
In: Hermann 1827, S. 418-420, 425-427, 435-437 [besonders S. 425-427]
1827; Überlegungen zum Fortbildungsschulwesen, Plädoyer gegen Kinderarbeit.

(3577)   Eine Gedenkfeier für Siegens Sohn Ad. Diesterweg. Vor 100 Jahren wurde seine Büste am Stein-Denkmal bei Herdecke aufgestellt.
In: Uns Heimatland (Siegen) 42. Jg. 1972, S. 127-128
1874; zeitgenössische Zeitungsberichte zur Gedenkfeier in Siegen.

(3578)   Pädagogische Streitsache.
In: Hermann 1829, S. 191-192
1829; über Auseinandersetzungen mit Diesterweg in Zeitungen aus Moers.

(3579)   Goebel, Klaus: Zum Stand der Diesterweg-Forschung.
In: Romerike Berge 22. Jg. 1972, S. 25-27
Übersicht über diverse Veröffentlichungen zu Diesterweg bis 1969.

(3580) Köhnen, Gerhard: Adolf Diesterweg. Kleine Würdigung eines großen Pädagogen.
In: Hk Krs Moers 1951, S. 70-72, 1 Abb.
Geb. 1790, gest. 1866; Kurzbiographie mit Angaben zur Tätigkeit in Moers.

(3581) Goebel, Klaus: Diesterweg, Schwelm und die Mark.
In: Märker 24. Jg. 1975, S. 63-64, 1 Abb.
1827 - Mitte 19. Jh.; Hinweise auf Beziehungen Diesterwegs zu Pädagogen der Region in Aufsätzen und Korrespondenz.

(3582) Adolf Diesterweg.
In: Uns Heimatland (Siegen) 1949, S. 24-25, 1 Abb.
Kurze Wertung der Bedeutung Diesterwegs.

(3583) Diesterweg-Gedenkfeier in Siegen und Berlin. (Aus dem "Siegener Kreisblatt" im Juli 1867)
In: Uns Heimatland (Siegen) 35. Jg. 1967, S. 80
1867; Gedenkfeier zu Ehren Diesterwegs, zeitgenössische Zeitungsberichte.

(3584) Elhardt, Rudolf: Wie Adolph Diesterweg einst weggelobt wurde. Wirtschaftspolitische Interessen bei der Wahl zur Nationalversammlung 1848.
In: Uns Heimatland (Siegen) 49. Jg. 1981, S. 129, 1 Abb.
1848; Wahl eines Bankiers anstelle Diesterwegs, da "die Ehre, ihn zum Abgeordneten zu wählen, einem anderen Wahlbezirk überlassen" werden müsse; Siegen.

(3585) Kruse, Hans: Adolf Diesterweg.
In: Siegerland 3. Bd. 1915/18, S. 89-90
Geb. 1790, gest. 1866; Kurzbiographie.

(3586) Kruse, Hans: Adolf Diesterweg und seine Heimat.
In: Siegerland 22. Bd. 1940, S. 66-70, 1 Abb.
Geb. 1790, gest. 1866; Kurzbiographie und Auszüge aus Tagebuch und Briefen Diesterwegs.

(3587) Kruse, Hans: Adolf Diesterweg. Zum 150. Geburtstag des großen Pädagogen am 29. Oktober 1940.
In: Siegerland 22. Bd. 1940, S. 58-64, 2 Abb.
1940; Biographie und Würdigung aus nationalsozialistischer Sicht.

(3588) Bloth, Hugo Gotthard: Schule und Kirche im Kampf gegen Kinderarbeit. Denkmal der Freundschaft des Pädagogen Diesterweg und des Theologen J. F. Bender.
In: Uns Heimatland (Siegen) 30. Jg. 1962, S. 155-160, 4 Abb.
Ca. 1820; biographische Angaben zu Diesterweg und dem Siegener Superintendenten J. F. Bender (geb. 1789, gest. 1858).

(3589) Bloth, Hugo Gotthard: Ein Diesterwegbrief von 1836.
In: Siegerland Bd. 42. 1965, S. 72-78, 1 Abb.
1835-1836; enthält biographische Angaben, Beziehungen Diesterwegs zu Wilberg.

(3590) Bloth, Hugo Gotthard: Adolph Diesterwegs Verbundenheit zum Siegerland.
In: Uns Heimatland (Siegen) 34. Jg. 1966, S. 150-153, 4 Abb.
19. Jh.; Verhältnis Diesterwegs zur Lehrerausbildung und einigen Pädagogen.

(3591)   Gegenerklärung.
In: Hermann 1831, S. 100-101, [Korrespondenz dazu:] S. 141
1831; Verteidigung einer Schrift Diesterwegs über mangelnde Schuldisziplin; die hier abgedruckte "Gegenerklärung" (Verfasser: "Mehrere Lehrer aus Städten u. Dörfern des berg. Landes") war zur Veröffentlichung von den Elberfelder Zeitungen abgelehnt worden.

(3592)   Öffentliche Aufforderung.
In: Hermann 1831, S. 277
1831; Bitte der Redaktion des Hermann an Diesterweg, zu den ihm gegenüber erhobenen Vorwürfen, die auf seinem Aufsatz "Über die Schulzucht" (Rheinische Bll. f. Erziehung und Unterricht, 3. Heft, 2. Bd.) beruhen, Stellung zu beziehen.

(3593)   Pädagogisches. / M. W.
In: Hermann 1831, S. 153-156, [Korrespondenz dazu:] S. 162-164, 324-327, 341-344
1831; Auseinandersetzung um eine Kritik im Westphälischen Anzeiger Nr. 13/14, 1831, an Diesterwegs Beschreibung der Schulzucht am Gymnasium in Wuppertal-Elberfeld.

(3594)   Vielseitiger Wunsch in Sachen Dr. Diesterweg contra sc.
In: Hermann 1831, S. 191
1831; Hinweis auf eine Anzeige des Oberbürgermeisters Brüning in Wuppertal-Elberfeld gegen Diesterweg wegen Verleumdung der Bürgermeister.

(3595)   Adolf Diesterweg und die Elberfelder bösen Buben.
In: Bll Hkunde (Barmen-Elberfeld) Nr. 57. 1926, [S. 3]
1830; Abweisung einer Klage des Wuppertaler Oberbürgermeisters Brüning wegen Diesterwegs kritischer Darstellung von Wuppertaler Schulzuständen.

(3596) Ein Zeugnis für den Gocher Lehrer Valentin Dietrich 1754.
In: Niederrhein (Goch) Nr. 86. 8. Jg., 1936, [S. 4]
1745-1754; Angaben zu dem Lehrer an der Lateinschule in Goch und Abdruck eines Gesangszeugnisses.

(3597) Dinters Leben. / Freimund Unverhohlen
In: Hermann 1830, S. 220-221, [hierzu auch:] S. 468-469, 524-526, 636-637
1830; enthält Auszüge aus der Autobiographie Dinters.

(3598) Eine dreifache Todtenfeier.
In: Hermann 1831, S. 466-470 [erster Teil nicht bearb.]
1831; ausführlicher Nachruf auf Dinter.

(3599) Waldhoff, Johannes: Josef Dirichs.
In: HV Steinheim 1982, S. 27-28, 1 Abb.
Geb. 1823, gest. 1900; Hauptlehrer in Steinheim.

(3600) Blumenroth, Heinrich: Zum Tode des stellvertretenden Berufsschuldirektors i. R. August Dirksen.
In: Kultur Heimat (Castrop-Rauxel) 28. Jg. 1977, Nr. 1/2, S. 57-58
Geb. 1895, gest. 1977; tätig in Castrop-Rauxel.

(3601) Beeck, Karl-Hermann: Der evangelische Pädagoge Friedrich Wilhelm Dörpfeld und die Moderne - Innovation als Evolution.
In: Monatsh Ev Kirchengesch Rhld 31. Jg. 1982, S. 179-207
1849-1879; Kritik Dörpfelds an dem Genossenschaftlichkeitskonzept.

(3602) Brenne, Alfred: Friedrich Wilhelm Dörpfeld.
In: Land Wupper Rhein 1971, S. 80-83, 3 Abb.
1893; wenige biographische Daten.

(3603) Goebel, Klaus: Aus dem Schaffen des bergischen Schulmannes Friedrich Wilhelm Dörpfeld.
In: Romerike Berge 8. Jg. 1958/59, S. 160-165, 1 Abb.
Geb. 1824, gest. 1893; kurze Einführung in das Leben und Werk des Pädagogen.

(3604) Goebel, Klaus: Wer hat Friedrich Wilhelm Dörpfelds Erziehung beeinflußt?
In: Romerike Berge Jg. 20. 1970, S. 82-86
Angaben zu den Großeltern des Pädagogen.

(3605) Goebel, Klaus: Die Bildnisse Friedrich Wilhelm Dörpfelds.
In: Romerike Berge 22. Jg. 1972, S. 116-120
Angaben zu Photographien.

(3606) Goebel, Klaus: Neue Bilder Friedrich Wilhelm Dörpfelds: Ein nachträglicher Beitrag zum 150. Geburtstag am 8. März 1974.
In: Romerike Berge 24. Jg. 1974, S. 71-74, Abb.
Weitere Photographien des Pädagogen.

(3607) Lomberg, August: Persönliche Erinnerungen an Dörpfeld.
In: Bll Hkunde (Barmen-Elberfeld) 1929, S. 35-36, 38-39, 41-42, 46-47; 1930, S. 2
1873-1893; Erinnerungen des Lehrers und Mitarbeiters von Dörpfeld an Begegnungen mit Dörpfeld, Schriften des Reformers.

(3608) Goebel, Klaus: Fünfzehn neue Briefe von Friedrich Wilhelm Dörpfeld.
In: Monatsh Ev Kirchengesch Rhld 28. Jg. 1979, S. 95-137
1856-1865; Kommentierter Abdruck der Briefe, mit zahlreichen Bemerkungen Dörpfelds zu Schulwesen und Lehrerstand.

(3609) Schwickerath, M.: Herrn Studienrat Dohmen zum Gedächtnis.
In: Eremit Venn 12. Jg. 1937, S. 33
1937; Nachruf, keine biographischen Angaben.

(3610) Simons, Hans: Martin Donk von Kempen.
In: Hb Kempen-Krefeld/Viersen 1972, S. 231-236, 2 Abb.
Geb. 1505, gest. 1590; Biographie des in Kempen geborenen Pfarrers und Lehrers; gründete in Wormer (Holland) Mitte des 16. Jh. eine Schule mit Elementarfächern.

(3611) Padberg, Magdalene: Johannes Dornseiffer (1837-1914). Gründer der Landwirtschaftsschule Eslohe.
In: Hstimmen Olpe 55. F. 1964, S. 68-75, 1 Abb.
Geb. 1837, gest. 1914; Schulvikar, Pfarrer, Gründer der landwirtschaftlichen Winterschule und von Volksschulen in Eslohe-Niedersalwey und Friedlinghausen.

(3612) Ruf, Thomas Georg: Geschrieben steht mit spitzer Feder, was er gewirkt in Lütgeneder.
In: Warte 18. Jg. 1957, H. 10, S. 151
Ende 19. Jh.; über den Dorfschullehrer Dreier aus Paderborn; Inschriften auf Grabsteinen von Lehrern.

(3613) "Duden warf mich in den Karzer." Ein Schüler von Konrad Duden erzählt. / zb
In: Hspiegel (Wesel) Nr. 13. 1956, [S. 3]
Ende 19. Jh.; Erinnerungen an den Gymnasialdirektor in Bad Hersfeld.

(3614) Zum 50. Todestag Konrad Dudens.
In: Hspiegel (Wesel) Nr. 2. 1961, [S. 1-2], 1 Abb.
Geb. 1829, gest. 1911; geb. in Wesel, Gymnasialdirektor in Bad Hersfeld.

(3615)   Dittgen, Willi: Konrad Duden: Abiturient in Wesel.
In: Uns Niederrhein 12. Jg. 1969, Nr. 1, S. 35, 2 Abb.
Geb. 1829, gest. 1911; Kurzbiographie des u.a. Direktors des Gymnasiums von Bad Hersfeld.

(3616)   Schoof, Wilhelm: Als Politisieren Dudens Hauptbeschäftigung war.
In: Hspiegel (Wesel) Nr. 2. 1961, [S. 2], 1 Abb.
Um 1850; biographische Angaben zu Konrad Duden, Abiturzeugnis aus Wesel.

(3617)   Reimann, Hans: Studienrat Jakob Düffel +.
In: Hk Krs Rees 1960, S. 44, 1 Abb.
Geb. 1880, gest. 1959; Nachruf auf den Emmericher Lehrer.

(3618)   Konrektor Düker gestorben. / -bt-
In: Quadenhof 20. Jg. 1969, H. 3, S. 29-30, 1 Abb.
Geb. 1904, gest. 1969; Nachruf und biographische Daten des Rektors in Düsseldorf-Gerresheim.

(3619)   Dünhof, Karl: 61 Jahre als Schulmeister im Amt. Ein Gedenkblatt zum 100. Todestage des Lehrers Peter Daniel Dünhof.
In: Rheinisch-Bergischer Kal 1953, S. 56-58
Geb. 1775, gest. 1852; enthält Auszüge aus dem Berufsschein des Lehrers, tätig in Wermelskirchen.

(3620)   Nöll, Adolf: Paul Ebbinghaus +.
In: Klafeld-Geisweid 1962, Nr. 4, S. 19, 1 Abb.
Geb. 1894, gest. 1962; Volksschullehrer und Konrektor in Klafeld-Geisweid (Siegen-Klafeld).

(3621) Großmann, Karl: Jugenderinnerungen eines Kleinenbremer Pfarrers aus der Franzosenzeit.
In: Mindener Hbll 38. Jg. 1966, S. 160-162
Geb. 1787; Aufzeichnungen des Rektors der Bürgerschule Petershagen und Seminarlehrers Pfarrer Friedrich Christian Ebmeier.

(3622) Eckmann, Margarete: Erinnerungen eines Schulleiters.
In: Schlüssel 9. Jg. 1964, H. 4, S. 9-18, 6 Abb.; 10. Jg. 1965, H. 1, S. 14-19, 3 Abb.
Um 1875; Veröffentlichung der autobiographischen Aufzeichnungen des Volksschulrektors Eckmann in Hemer.

(3623) Ein Siegerländer Schulmeister im 17. Jahrhundert. Was Jakob Henrich einst über einen alten Vorgänger zu Papier brachte.
In: Uns Heimatland (Siegen) 49. Jg. 1981, S. 45-46
17. Jh.; Kirchspielschule in Krombach, Lehrerbesoldung, Nebenerwerb. Angaben zu den Lehrern Hans Henrich Edelgast und Joh. Eberhardt Geisweidt.

(3624) Hch [Henrich, Jakob]: Ein Siegerländer Schulmeister im 17. Jahrhundert.
In: Hgrüße (Siegen) Nr. 29. 1928, S. 226-227
gest. 1665; biographische Angaben zu dem Lehrer Hans Henrich Edelgast in Kreuztal-Krombach.

(3625) Flaskamp, Franz: Alfons Egen.
In: Hbll Glocke 1959, Nr. 94, S. 373-374, 1 Abb.
Geb. 1861, gest. 1915; Gymnasiallehrer für Latein und Griechisch in Warendorf.

(3626) Wegener, Wolfram M.: Schulmeister verschrieb sich der "Mode des Teufels". Der ungewöhnliche Weg des Breckerfelder Dorfjungen Nikolaus Kaspar Egen.
In: Hagener Hk 21. Jg. 1980, S. 180-182
1818 - 1. Hälfte 19. Jh.; Lehrer in Halver, Soest, Wuppertal.

(3627) Professor Egen aus Breckerfeld. Zum Gedenken an den Physiker und Schulmann.
In: Ennepesträsser (GZ-EZ) 2. Jg. 1952, Nr. 5, [S. 3]
Geb. 1793, gest. 1849; Leiter der Rektoratsschule Halver und der höheren Bürgerschule Elberfeld.

(3628) Giersiepen, Wilhelm: Die Egens aus Breckerfeld.
In: Breckerfelder Telegraph 1981, H. 2, [S. 11], 1 Abb. [S. 12, 13], Titelbild; 1982, H. 1, S. 19, 21, 2 Abb.
Geb. 1793, gest. 1849; als Volksschullehrer tätig in Gemarke (Wuppertal-Barmen), Wuppertal-Cronenberg, Halver, Gymnasiallehrer in Soest, Rektor der Realschule in Wuppertal-Elberfeld.

(3629) Ehringhaus, F.: Meine erste Stelle. (Mitgeteilt von Dr. August Lange, Feudingen)
In: Wittgenstein 65. Jg. Bd. 41, 1977, H. 3, S. 85-97
Um 1870; ausführliche Erinnerungen des Lehrers Ehringhaus an die Schule und Lehrer in Laasphe-Feudingen.

(3630) Flaskamp, Franz: Karl Gotthilf Ehrlich.
In: Hbll Glocke Nr. 154. 1964, S. 615
Geb. 1776, gest. 1857; Direktor des Lehrerseminars in Soest.

(3631) Fritz Eich.
In: Minden-Ravensberger 31. Jg. 1959, S. 121, 1 Abb.
Gest. 1957; Gewerbe-Oberlehrer an der Berufsschule in Bielefeld.

(3632) Flaskamp, Franz: Die Eickhoffs aus Soest. Eine erlauchte westfälische Lehrerfamilie.
In: Märker 17. Jg. 1968, S. 69-71
1807 - Mitte 20. Jh.; Friedrich Heinrich Eickhoff, Lehrer in Gütersloh; Angaben zu drei Söhnen und einer Enkelin, die als Lehrer tätig waren.

(3633) Lenz, W.: Schlag nach im Gütersloh-Lexikon: Stichwort Eickhoff.
In: Gütersloher Beitrr H. 19. 1970, S. 390-392, 3 Abb.
19.-20. Jh.; Angaben zu den Gütersloher Lehrern Eickhoff.

(3634) Flaskamp, Franz: Der Gymnasialoberlehrer Friedrich Eickhoff.
In: Hbll Glocke Nr. 58. 1956, S. 232
1847-1899; Mathematiklehrer, u.a. in Bielefeld tätig.

(3635) Zwei Briefe Ernst Moritz Arndt's an einen Gütersloher Lehrer.
In: Heimat Wort Bild 48. Jg. 1930, Nr. 26, [S. 4]
1836, 1840; Abdruck von Briefen an den Gütersloher Lehrer Friedrich Eickhoff (gest. 1886).

(3636) Flaskamp, Franz: Der Gütersloher Lehrer Friedrich Eickhoff.
In: Hbll Glocke Nr. 55. 1956, S. 220
Geb. 1807, gest. 1886; Volksschullehrer.

(3637) Goldstein, -: Friedrich Eickhoff.
In: Heimat Wort Bild 1935, S. 41-42
Geb. 1807, gest. 1886; ausführliche biographische Angaben zu dem Lehrer in Gütersloh.

(3638) Flaskamp, Franz: Hermann Eickhoff. Ein westfälischer Schulmann und Geschichtsfreund.
In: Ravensberger Bll Nr. 6. 1967, S. 92-94
Geb. 1853, gest. 1934; Gymnasiallehrer in Gütersloh und Hamm.

(3639) Wienstein, F. J.: Prof. Dr. Hermann Eickhoff aus Gütersloh.
In: Hbll Glocke 1956, Nr. 56, S. 221-222
Geb. 1853, gest. 1934; Gymnasiallehrer in Hamm und Gütersloh.

(3640) Richter, -: Ein Veteran der Heimatforschung. Zum 80. Geburtstag Prof. Paul Eickhoffs.
In: Heimat Wort Bild 48. Jg. 1930, Nr. 36, [S. 1], 1 Abb.
Geb. 1850; geboren in Gütersloh, als Gymnasiallehrer in Rinteln und Wandsbeck tätig.

(3641) Flaskamp, Franz: Johann Otto Ellendorf.
In: Hbll Glocke Nr. 115. 1961, S. 459-460
Geb. 1805, gest. 1843; Lehrer in Rheda-Wiedenbrück (Knabenschule) und Rietberg (Lateinschule, Bürgerschule), später Promotion und Attaché im Außenministerium.

(3642) Westermann, Wilhelm: Wilhelm Elleringmann.
In: Westf Schulmuseum 1. Jg. 1920, Nr. 8, S. 29-31
Geb. 1884, gest. 1920; Grabrede auf den Dortmunder Volksschullehrer.

(3643) Oskar Engelbrecht.
In: Minden-Ravensberger 34. Jg. 1962, S. 124-125, 1 Abb.
Geb. 1896, gest. 1960; Volksschullehrer und Lehrer an der Gewerblichen Berufsschule in Bielefeld.

(3644)   Dr. Peter Engels.
In: Rheinisch-Bergischer Kal 37. Jg. 1967, S. 84
Geb. 1876, gest. 1966; Nachruf und Kurzbiographie des Studiendirektors in Bergisch Gladbach.

(3645)   Benscheid, Adolf: Wilhelm Engels. Begeisterter Freund und Förderer unserer Heimat. Lehrer und Erzieher, Historiker und Naturfreund.
In: Heimat spricht (Remscheider GA) 1952, April
*

(3646)   Halbach, Gustav Hermann: Ein Gedächtnisblatt für Wilhelm Engels.
In: Heimat spricht (Remscheider GA) 1953, April
*

(3647)   [Strutz, Edmund]: Die Vergangenheit Remscheids erhellte Rektor Wilhelm Engels für die Nachfahren. [Laudatio mit einer Einleitung von E. Thienes.]
In: Heimat spricht (Remscheider GA) 40. Jg. 1973, Nr. 7, [S. 1-3], 1 Abb.
1953; Laudatio auf den Hilfsschulrektor und Heimatforscher Engels, verfaßt kurz nach dessen Tod.

(3648)   Nobis-Hilgers, Elisabeth: Anton Erdweg, Lehrer zu Horst von 1833-1873.
In: Hk Krs Heinsberg 1958, S. 90-93, 1 Abb.
Geb. 1807, gest. 1876; Kurzbiographie; Anhang: "Competenznachweis der Lehrerstelle zu Porschen" von 1854.

(3649)   Wie sahen die alten Schulmeister aus?
In: Auf roter Erde (Schwelm) 1. Jg. 1929, Nr. 9, [S. 2]
1356; kurze Beschreibung eines Urkundensiegels, welches den Schulmeister Heinrich von Erkeln aus Höxter darstellt.

(3650) Das Siegel des Schulmeisters.
In: Auf roter Erde (Schwelm) 16. Jg. 1938, Nr. 8, [S. 4]
1356; Siegel des Lehrers Heinrich von Erkeln aus Höxter.

(3651) [Wigand, -]: Ein Schulmeister-Siegel von 1356.
In: Archiv Wigand Bd. 5. 1832, S. 219-220
1356; Siegel des Henrich van Erklen in Brakel und Höxter.

(3652) Broermann, -: Leander von Eß als Reformator.
In: Hbom Paderborn 1951/52, Nr. 21, S. 83-84, 1 Abb. Nr. 22, S. 87-88
1772 - Anf. 19. Jh.; biographische Daten des Benediktiners und Pfarrers von Schieder-Schwalenberg und Entwurf (1802) einer Lehrerausbildungseinrichtung als neue Bestimmung der Abtei Marienmünster (nicht realisiert).

(3653) Dr. Anton Ludwig von Essen. Dem Andenken eines ehemaligen Jülicher Progymnasial-Rektors. / F. F.
In: Rur-Blumen 1934, S. 33-34, 1 Abb.
Geb. 1830, gest. 1886; Biographie des Priesters, tätig in Jülich.

(3654) Ewig, Walter: Rektor Esser +.
In: Hbl Letmathe 24. Jg. 1935, Nr. 3, [S. 1]
Gest. 1935; enthält Hinweise auf Tätigkeit des Lehrers für Heimatvereine in Iserlohn-Oestrich und Rheda-Wiedenbrück.

(3655) Sprenger, H.: Johann Ludwig Ewalds Trivialschulen.
In: Lipp Mitt Bd. 41. 1972, S. 144-180
1781-1796; Tätigkeiten des Generalsuperintendenten für das lippische Schulwesen.

(3656) Flaskamp, Franz: Georg Ewers.
In: Hbll Glocke 1968, Nr. 195, S. 780, 1 Abb.
Geb. 1876, gest. 1963; 1923 Oberregierungsrat in Minden.

(3657) Kühn, Fritz: In memoriam: Walter Exner.
In: Danzturm 1968, H. 1, S. 1, 1 Abb.
Gest. 1968; Nachruf auf den Mittelschullehrer in Iserlohn.

(3658) Wolf, Armin: Der Pädagoge und Philosoph Conrad Fallenstein (1731-1813). Genealogische Beziehungen zwischen Max Weber, Gauß und Bessel.
In: Herforder Jb 7. Bd. 1966, S. 75-79 [zuerst in: Genealogie. H. 5. 1964, S. 266 ff.]
Geb. 1731, gest. 1813; enthält biographische Angaben zu dem Konrektor am Gymnasium Fridericianum in Herford.

(3659) Dirkmann, Anna Antonia: Professor Dr. Johann Bernhard Farwick. Der aus Nienberge stammende Reorganisator des "Akademischen Gymnasiums" in Braunsberg.
In: Auf Roter Erde (Münster) 33. Jg. 1977, Nr. 204, S. 9-10, 1 Abb.
Geb. 1772, gest. 1830; Gymnasiallehrer, geboren in Münster-Nienberge.

(3660) Venderbosch, -: Aus einer alten Chronik. Von Tod und Begräbnis des Lehrers Faßbender in Volberg.
In: Zw Wipper Rhein 5. Jg. 1951, S. 50-52, 1 Abb.
Geb. 1752, gest. 1796; Lehrerbiographie nach zeitgenössischen Aufzeichnungen des Ortspfarrers in Volberg (Rösrath).

(3661) Geist, Georg: Nicht aus gewöhnlichem Holz geschnitzt ... Peter Fasbender - ein bergischer Lehrer aus der vorseminaristischen Zeit.
In: Rheinisch-Bergischer Kal 1980, S. 108-116, 11 Abb.
Geb. 1781, gest. 1865; Biographie des Lehrers in Wuppertal-Ronsdorf.

(3662) Auffenberg, Karl: Pfarrer Anton Fechteler. Gründer der Knabenfreischule in Paderborn.
In: Warte Nr. 17, März 1978, S. 23-24, 1 Abb.
Geb. 1744, gest. 1821; Jesuit, Pfarrer und Gymnasiallehrer, gründete 1796 in Paderborn eine neue Armenschule.

(3663) Fechtrup, Jodokus.
In: An Stever Lippe Nr. 10, 1966, S. 7
Geb. 1883, gest. 1954; Pfarrer, der sich in Ascheberg "für die Erhaltung der Rektoratsschule einsetzte" und Latein unterrichtete.

(3664) Dr. Feinendegens Abschied als Leiter des Staatlichen Studienseminars Krefeld. / B. Sch.
In: Uerdinger Rundschau 6. Jg. 1956, Nr. 7/8, S. 9-10
Biographische Hinweise und Angaben zur Verabschiedung des Schulmannes.

(3665) Einführung des neuen Studiendirektors Dr. Emil Feinendegen am Realgymnasium.
In: Uerdinger Rundschau 17. Jg. 1967, Nr. 1, S. 36-38
1926; Bericht über die Feier zur Amtseinführung des Schulleiters in Krefeld-Uerdingen.

(3666) Oberstudiendirektor a. D. Dr. Emil Feinendegen 80 Jahre. / R. Sch.
In: Uerdinger Rundschau 20 Jg. 1970, H. 7, S. 19-20, 1 Abb.
Lehrer an Gymnasien in Krefeld, Verfasser ortsgeschichtlicher Arbeiten.

(3667) Vormbrock, Karl: Lehrer Walter Feld.
In: Minden-Ravensberger 28. Jg. 1956, S. 115-116, 1 Abb.
Geb. 1895, gest. 1955; Volksschullehrer und Heimatforscher in Preußisch-Oldendorf.

Biographisches

(3668) Hauptlehrer i. R. Hermann Feldmann 75 Jahre.
In: Heimat Düssel 2. Jg. 1951, S. 85-86, 1 Abb.
Geb. 1876; biographische Angaben zu dem Volksschullehrer aus Düsseldorf.

(3669) Brämer, -: Andreas Fernickel. Pfarrer, Superintendent und Kreisschulinspektor in Hattingen/Ruhr.
In: Uns Heimat (Hattingen) 1923, S. 36-37, 1 Abb.
Geb. 1828, gest. 1891; Biographie.

(3670) Kiepke, Rudolf: Erinnerung an das alte Gymnasium Theodorianum: Professor Ludwig Ferrari.
In: Warte 30. Jg. 1969, H. 10, S. 151, 3 Abb.
1919; Schülererinnerungen an den Gymnasiallehrer in Paderborn.

(3671) Vahle, [Martin]: Finke erhielt 1797 die Schulstelle in Ostkilver.
In: Ravensberger Heimat 1962, Nr. 4, S. 15
1797; Hinweise auf Prüfungsarbeiten des Seminaristen Finke aus Herford-Ostkilver.

(3672) Konder, M.: Ein Jahrhundert Hemberger Schulgeschichte.
In: Heimat Emsdetten 2. Jg. 1920/21, Nr. 2, [S. 3]
Anf. 19. Jh. - 1913; Lehrergeneration Finke: Gerhard Finke (um 1800), Sohn Ludger Finke (1812-1874), dessen Sohn Felix Finke (1842-1876) aus Emsdetten-Hembergen.

(3673) Peters, F. J.: Unser Ordinarius. Erinnerungen an das Bonner Kgl. Gymnasium.
In: Alt-Bonn 7. Jg. 1953, S. 6-7
Geb. 1835, gest. 1902; Erinnerungen an den Lateinlehrer J. Fisch.

(3674) Fischbach, Alfred: Gebrannte Mandeln aus einem Automaten. Größtes Ereignis auf einem Schulausflug am Sedanstag des Jahres 1902.
In: Uns Heimatland (Siegen) 36. Jg. 1968, S. 59-60
1902; Erinnerungen des Lehrers an seine Schulzeit.

(3675) Schröder, Otto: Ein Schulmann und Poet dazu. Dr. Wilhelm Fischer "aus Wermelskirchen" (1833-1919).
In: Rheinisch-Bergischer Kal 51. Jg. 1981, S. 115-116, 4 Abb.
1833-1919; Privatlehrer und Rektor der höheren Bürgerschule in Ottweiler (Saar) und Schriftsteller.

(3676) Muschalek, Karl-Maria: Eduard Fittig. Zu seinem 120. Geburtstage.
In: Meinhardus 5. Jg. 1971, S. 12-13, 1 Abb.
Geb. 1851, gest. 1928; Volksschullehrer, u.a. in Meinerzhagen tätig.

(3677) Dietrich, Wilhelm: Wilhelm Fix, der "westfälische Diesterweg".
In: Hk Krs Soest 34. Jg. 1961, S. 73-78, 3 Abb.
Geb. 1824, gest. 1899; Soester Seminardirektor.

(3678) Berufsschuldirektor Fleitmann +.
In: Vest Kal 1934, S. 106
Gest. 1932; Nachruf mit biographischen Angaben, Gladbeck.

(3679) Fleitmann, W.: Mein erster Schultag.
In: Gladbecker Bll 10. Jg. 1921, Nr. 7, S. 52-54
2. Hälfte 19. Jh.; Schülererinnerungen, keine Ortsangabe (Gladbeck?).

(3680) Felgentreff, Ruth: Theodor Fliedner landet in Kaiserswerth.
In: Tor (Düsseldorf) 41. Jg. 1975, S. 3-6, 3 Abb.
1833; Biographie mit dem Schwerpunkt bis 1833 in Düsseldorf-Kaiserswerth.

(3681) Lange, Helmut: Namengebung der Wilhelmine-Fliedner-Schule.
In: Hildener Hbll 12. Jg. 1961, Nr. 9/10, Sp. 123-130, 5 Abb.
Geb. 1835, gest. 1904; enthält biographische Angaben zu Wilhelmine Fliedner, Tochter von Theodor Fliedner, Diakonisse und Lehrerin an der Höheren Töchterschule der Kaiserswerther Diakonissen (Text ist das Manuskript einer 1960 gehaltenen Predigt).

(3682) Schullehrer Flucht von Förde.
In: Hstimmen Olpe 5. Jg. 1928, Nr. 11, S. 166-167 [auch in: Hborn (Arnsberg). 13. Jg. 1936, S. 28]
1779-1821; Biographisches und Angaben zu Nebentätigkeiten des Lehrers in Lennestadt-Grevenbrück.

(3683) Flaskamp, Franz: Georg Flügel. Lebensbild eines preußischen Schulmannes.
In: Hbll Glocke Nr. 60. 1956, S. 239-240; Nr. 62. 1957, S. 245-247
Geb. 1847, gest. 1920; Provinzialschulrat, 1875 Kreisschulinspektor, u.a. tätig in Rheda-Wiedenbrück.

(3684) Abschiedsgruß an den Oberlehrer Dr. Francke. / D. A. J.
In: Westphalia (Herford) 1841, Nr. 48, S. 284
Gedicht.

(3685) Francke, A[ugust Ludwig]: Mein letztes Lebewohl!
In: Westphalia (Herford) 1841, Nr. 48, S. 284

*

(3686) Nebe, August: Daniel Christian Francke, ein Schüler August Hermann Franckes, als Rektor der Lateinschule in Lennep.
In: Z Berg GV Bd. 56. 1927, S. 115-134
1720-1747; Auszüge aus dem Tagebuch D. Chr. Franckes (1720); Bericht über Schulexamina in Remscheid-Lennep.

(3687) Frank, Emil: Meine Tätigkeit an der jüdischen Volksschule in Essen 1923-1925.
In: Münster am Hellweg 31. Jg. 1978, H. 1/2, S. 16-19
1922-1925; Lehrererinnerungen an Schule und Lehrer.

(3688) von Fürstenberg, Clemens: Josef Franke +.
In: Hk Krs Euskirchen 1967, S. 111, 1 Abb.
Gest. 1965; Leiter des Emil-Fischer-Gymnasiums in Euskirchen.

(3689) Der Heimat treuer Sohn. Christian Frederking zum Gedächtnis. / G. H.
In: Minden-Ravensberger 20. Jg. 1948, S. 112, 1 Abb.
Geb. 1859, gest. 1945; Mittelschullehrer in Halle (Westf.).

(3690) Schr[ader]: Herrn Rektor Frederking zum Gruß!
In: Ravensberger Bll 35. Jg. 1935, Nr. 4, S. 25-26, 1 Abb.
Geb. 1859, gest. 1945; Lehrer in Halle (Westf.), Heimatforscher.

(3691) Elfriede Freitag +.
In: Minden-Ravensberger 52. Jg. 1980, S. 144, 1 Abb.
Geb. 1909, gest. 1978; Kurzbiographie der ehemaligen Leiterin der berufsbildenden Carl-Severing-Schulen in Bielefeld.

(3692) Krüger, Christel: Ein Schulmeisterleben vor 300 Jahren. Anton Fricke und seine katholische Frau in Bischofshagen.
In: Auf Roter Erde (Münster) 24. Jg. 1968, Nr. 115, S. 3
1699-1735; biographische Angaben und Bewerbung (1699) des Landschullehrers um eine Stelle in Löhne-Bischofshagen.

(3693) Flaskamp, Franz: Wilhelm Fricke.
In: Hbll Glocke 1962, Nr. 126, S. 502
Geb. 1839, gest. 1908; Elementarschullehrer in Hamm, Lehrer an der Höheren Töchterschule in Bielefeld.

(3694) Wasser, Hildegard: Der Vorfahrenkreis des Seelscheider Lehrers Johann Wilhelm Friederici und seiner Ehefrau Anna Catharina Regina Waßer.
In: Hbll Rhein-Siegkrs 28. Jg. 1960, H. 78, S. 23-29, 2 Abb.
Geb. 1812, gest. 1890; Biographie des Lehrers aus Neunkirchen-Seelscheid und Familienstammbaum.

(3695) Wasser, Hildegard: Der Vorfahrenkreis des Seelscheider Lehrers Johann Wilhelm Friederici und seiner Ehefrau Anna Catharina Waßer. Ergänzungen und Berichtigungen.
In: Hbll Rhein-Siegkrs 30. Jg. 1962, Nr. 2, S. 97-99, 9 Autographen
Geb. 1812, gest. 1890; Ergänzungen zum Stammbaum des Lehrers aus Neunkirchen-Seelscheid.

(3696) Schüller, Wilhelm: Als Lehrer in Lommersum.
In: Hk Krs Euskirchen 1960, S. 109-110, 1 Abb.
1813-1876; Biographie des Volksschullehrers Johann Josef Hubert Frohn aus Weilerswist-Lommersum.

(3697) Franz von Fürstenberg.
In: Gladbecker Bll 16. Jg. 1929, Nr. 7/8, S. 60
Geb. 1729, gest. 1810; Kurzbiographie, wenig Schulgeschichte.

(3698) Friedrich Wilhelm Franz Freiherr von Fürstenberg. In Erinnerung an seinen Tod am 16. September 1810. / eg
In: Hbll Glocke 1960, Nr. 103, S. 409-410
Kurzbiographie, wenig Schulgeschichte.

(3699) Fürstenberg, Pia Gräfin: Franz Friedrich Wilhelm Reichsfreiherr von Fürstenberg.
In: Hk Hüsten 1930, S. 15-19, 1 Abb., 1 Taf.
Biographische Angaben.

(3700) Hartlieb von Wallthor, Alfred: Fürstenbergs Bildungswerk im Urteil Justus Mösers. Moralität unter die Menschen gebracht.
In: Westfalenspiegel 30. Jg. 1980, H. 5, S. 54-55, 1 Abb.
1777; Brief des osnabrückischen Politikers Möser an Fürstenberg mit Würdigung der münsterischen Schulordnung von 1776.

(3701) Keller, Manfred: Ein deutsches Athen in Westfalen.
In: Vest Kal 39. Jg. 1967, S. 126-128, 1 Abb.
Um 1800; Angaben zu Bernhard Overberg, Fürstenberg u.a.

(3702) Laumanns, Carl: Franz von Fürstenberg. Ein Reformator des Schulwesens in Westfalen.
In: Hbll Lippstadt 39. Jg. 1958, S. 25-27
schulreformerische Tätigkeiten Fürstenbergs.

(3703) Trunz, Erich: Franz Freiherr v. Fürstenberg. Seine Persönlichkeit und seine geistige Welt.
In: Westfalen Bd. 39. 1961, S. 2-44 [besonders S. 12-13], Abb.
Enthält auch Angaben zu Schulverordnungen Fürstenbergs.

(3704) Melchers, Paul: Dr. Albert Fulda, 1865-1871 am Klever Gymnasium.
In: Kal Klever Land 1967, S. 57-63, 1 Taf.
Geb. 1841, gest. 1886; Kurzbiographie und Abdruck eines Gedichtes des Lehrers.

(3705) Felten, -: Bedeutende Männer Dürens. 9. [darin:] Matthias Fuß. Johann Dominikus Fuß.
In: Hbll Düren 1924, Nr. 13, [S. 2-3]
19. Jh.; biographische Angaben zu Matthias Fuß (1840-1898), Gymnasialdirektor in Aachen, Bedburg, Köln und Straßburg, und Johann D. Fuß (geb. 1782), Gymnasiallehrer in Köln, Professor in Lüttich u.a.

(3706) Fussen, Willi: Lehrerseminar und Präparandie in Linnich. Erinnerungen an meine sechsjährige Studienzeit.
In: Hk Krs Jülich 1971, S. 115-128, 4 Abb.
1875-1925; enthält Erinnerungen an die Ausbildung 1916-1922.

(3707) Abel, Anton: Fürstbischof Christoph Bernard von Galen in seinen Beziehungen zu unserer engeren Heimat.
In: Hbll Dülmen 2. Jg. 1926, S. 46-47
Geb. 1600, gest. 1678; enthält wenige Angaben zu Visitationsreisen des Bischofs im Raum Dülmen.

(3708) Bischof Bernhard von Galen sorgte für Jugend. Viele Reformen in den Schulen.
In: Münsterländer (Ahäuser Krsztg) 1957, Nr. 10, [S. 1], 1 Abb.
1675; zu Dekreten des Bischofs bezüglich der Errichtung deutscher Schulen und Einführung des Schulzwanges.

(3709) Sauerländer, Felix: Kaiserlicher Notar, Organist und Lehrer. Wie Felix Gallus vor 400 Jahren in Lemgo sein Leben fristete.
In: Uns lipp Heimat Nr. 11a. 1960, [S. 2] [erschien in 1. Fassung in: Lipp Dorfkal. 1952, S. 105-107]
1589; Brief mit Angaben über die Familie des Hilfslehrers an der Lateinschule.

(3710) Sauerländer, Friedrich: Felix Gallus, Notar, Organist und Schulmeister.
In: Lipp Dorfkal N. F. 4. Jg. 1952, S. 105-107
Um 1600; Abdruck eines Briefes von Gallus zu Einkommensfragen (1589); u.a. tätig als Hilfslehrer an der Lateinschule in Lemgo.

(3711) Fromme, Fritz: Heinrich Gamann (gest. 1932) zum 100. Geburtstag am 20. Mai 1954.
In: Hbll Freier Grund 2. Jg. 1954, Nr. 7, [S. 1], 1 Abb.
Geb. 1854, gest. 1932; Oberlehrer in Neunkirchen.

(3712) Gaßmann, -: 36 Jahre als Lehrer am Kasten und am Hohenzollerngymnasium.
In: Jan Wellem 6. Jg. 1931, S. 148-153, 2 Abb.
1896-1906; Lehrererinnerungen an das Königliche Gymnasium und das Hohenzollerngymnasium in Düsseldorf.

(3713) Muschalek, K.-M.: Hundert Jahre Pastoren Geck.
In: Meinhardus 1972, H. 3, S. 59-60, 1 Abb. H. 4, S. 75-77, 2 Abb.
1790-1915; biographische Angaben zu Pfarrern, die als Schulinspektoren in Meinerzhagen tätig waren: Friedrich Wilhelm Geck (1790-1859), Friedrich Wilhelm Geck (1817-1885) und Friedrich Gustav Geck (1858-1915).

(3714) Weber, Herbert: Friedrich B. Gelderbloms Solinger Lehrerzeit.
In: Heimat Solingen 32. Jg. 1966, Nr. 2, S. 8
Geb. 1790, gest. 1876; Lehrer in Erkrath-Millrath.

(3715) Geißler-Monato, Max: Friedrich Bernhard Gelderblom. Eine Erinnerung an den bergischen Lehrer.
In: Bergische Heimat (Ronsdorf) 11. Jg. 1937, S. 249-251
1812; im zeitgenössischen Stil erzählende Darstellung über den Volksschullehrer aus Nümmen (Solingen-Gräfrath), der von den Franzosen zum Kriegsdienst einberufen wird.

(3716) Schmidt, Ferdinand: Henricus Geldorpius.
In: Niederrh Museum 1. Jg. 1922, Nr. 9, [S. 6]. Nr. 10, [S. 4-5]
Gest. ca. 1584; Rektor des Gymnasiums Duisburg 1559-1561.

(3717) Seminaroberlehrer Anton Genau +. / Wg.
In: Hbote (Paderborn) [N. F.] 6. Jg. 1933, Nr. 6, [S. 2-3], 1 Abb.
Geb. 1849, gest. 1933; Lehrer an der Rektoratschule Höxter, am Lehrerseminar in Büren, später in Paderborn.

(3718) Wir gratulieren zwei verdienten Heimatfreunden. Oswald Gerhard und Adolf Bach, zwei Forscher von Rang feiern Geburtstag.
In: Oberbergische Heimat 9. Jg. 1955, S. 13
Geb. 1875; enthält biographische Daten zu Lehrer Oswald Gerhard (Mittelschule und Volksschule), Heimatforscher, tätig in Werden und Düsseldorf.

(3719) Altmeister der Heimatforschung. Oswald Gerhard, der Schulmeister und Historiker. / K.
In: Oberberg Bote 3. Jg. 1956, S. 57-61
Geb. 1875; Realschullehrer und -direktor in Düsseldorf. Angaben zur schriftstellerischen Tätigkeit und Biographie.

(3720) Ley, W.: Ein verdienter Heimatforscher. Zu Oswald Gerhards 75. Geburtstag am 8. Februar.
In: Oberbergische Heimat 4. Jg. 1950, S. 11-12, 1 Abb.
o.Z.; Mittelschullehrer in Düsseldorf.

(3721) Gerhardi, Rudolf: Aus der Geschichte einer märkischen Familie: Gerhardi - Breckerfeld, Werdohl, Lüdenscheid, Halver.
In: Reidemeister 1959, Nr. 12, S. 1-8 [besonders S. 7]
1763-1804; enthält biographische Angaben zu Lehrer Peter Melchior Gerhardi in Plettenberg-Ohle.

(3722) Müllers, Heinrich: Zwei Briefe des Jülicher Predigers Wilhelm Wiedenfeld über den Konflikt mit dem dortigen Schulmeister Peter Gerresheim.
In: Bergische Geschbll 6. Jg. 1929, Nr. 2, S. 25-27
1728; Beschwerde über den Lebenswandel des Lehrers, seine Absetzung und Vakanz der freien Lehrerstelle.

(3723) Bernhard Giebeler. / O. L.
In: Minden-Ravensberger 43. Jg. 1971, S. 136, 1 Abb.
Gest. 1969/70; Volksschulrektor u.a. in Herford.

(3724) Esser, Helmut: Gottfried Erdmann Gierig. Der letzte Dortmunder Gymnasiarch, 1768-1804.
In: Beitrr Gesch Dortmund Bd. 71. 1978, S. 363-380
Geb. 1768, gest. 1804; Lehrerbiographie.

(3725) Konrektor Fritz Giese.
In: Süchtelner Hbll 1956, H. 1, S. 17
Geb. 1895, gest. 1955; Nachruf und biographische Daten zu dem Konrektor an der Volksschule in Viersen-Süchteln.

(3726) Hirschberg, Gisela: Erziehung im Dienst des Reiches Gottes. Georg Christoph Friedrich Gieseler - ein westfälischer Pädagoge der Aufklärungszeit.
In: Jb westf Kirchengesch Bd. 57/58. 1964/65, S. 43-80 [besonders S. 61-80]
1760-1839; ausführliche Lebensdarstellung mit Hinweisen auf Tätigkeiten Gieselers am Lehrerseminar in Minden.

(3727) Hirschberg-Köhler, Gisela: Georg Christoph Friedrich Gieseler (1760-1839). Ein Theologe und Pädagoge aus dem Mindener Land.
In: Mindener Hbll 41. Jg. 1969, S. 51-61, 5 Abb.
1760-1839; Hinweise auf Veröffentlichungen und Tätigkeiten im schulischen Bereich.

(3728) Renn, Heinz: Franz Josef Giesen.
In: Beitrr Jülicher Gesch Nr. 48. 1981, S. 97-98
Geb. 1913, gest. 1981; biographische Angaben und Nachruf auf den Rektor aus Aldenhoven-Siersdorf.

(3729) Pater Hermann Glandorff. Ein Lehrer des früheren Jesuiten-Kollegs in Jülich. / P. F.
In: Rur-Blumen 1930, Nr. 44, [S. 6]
Geb. 1687, gest. 1763; Kurzbiographie.

(3730) Stenmans, Peter: Theodor Glasmacher und das Neusser Gymnasium.
In: Neusser Jb 1971, S. 49-54, 3 Abb.
1802-1825; behandelt die Tätigkeiten des ersten Leiters (gest. 1844) des Gymnasiums in Neuss während der oben genannten Zeit und stellt Lehrpläne vor.

(3731) Scheffler, Helmut: Was die Dammer Schulmeister im vorigen Jahrhundert verdienten.
In: Schermbeck H. 2. 1980, S. 55
1842-1886; Gehälter und Pension des Lehrers W. Goch.

(3732) Rosenthal, Heinz: Dr. Goedeler und die Solinger Einheitsschule.
In: Heimat Solingen 30. Jg. 1964, Nr. 1, S. 2-3
1911 - 20er Jahre; Tätigkeiten des Beigeordneten Carl Goedeler für die Einheitsschule.

(3733) Schulmeister Goeker. / -o.-
In: Ravensberger Hscholle 1. Jg. 1930, S. 126-127
Geb. 1735; Lehrer, ab 1761 in Rödinghausen, Angaben zu Lehrereinkünften u.a.

(3734) Vahle, Martin: Georg Nicolaus Goeker als Cantor 67 Jahre im Amt. Bericht von 1835 aus Rödinghausen.
In: Ravensberger Heimat 1967, Nr. 7, S. 28
1796-1828; Teilbiographie des Lehrer-Küsters, Organisten und Kantors in Rödinghausen.

(3735) Jubilar - Lehrer Ignaz Gördes.
In: Fredeburger Hbll 1. Jg. 1924, S. 28-31
Geb. 1805, gest. 1883; Volksschullehrer in Schmallenberg-Fredeburg.

(3736) Kleinere Notizen.
In: Aus alten Tagen (Lindlar) 1. Jg. 1906, S. 8
Geb. 1730, gest. 1795; Angaben zu dem Pfarrer Johann Leopold Goes, der die Schule in Engelskirchen-Ründeroth reformierte.

(3737) Kohl, Josef: Johann Leopold Goes, der bergische Pestalozzi.
In: Hwarte (Hilden) 5. Jg. 1929, S.61-62
Geb.1730, gest. 1795; Lebensdaten und Angaben zur Entwicklung der Ründerother Schule.

(3738) Montanus, -: Joh. Leopold Goes, Pastor auf der Hardt zu Ründeroth, der Freund und Umgestalter unserer Volksschulen.
In: Aus alten Tagen (Lindlar) 1. Jg. 1907, S. 53-62
Geb. 1730, gest. 1795; ausführliche Darstellung der Tätigkeiten des Pfarrers für die Schule in Engelskirchen-Ründeroth, enthält Auszüge aus seiner Autobiographie.

(3739) Voos, W.: Johann Leopold Goes, der "Schulfreund" zu Ründeroth.
In: Rheinisch-Bergischer Kal 1930, S. 182-183
Geb. 1730, gest. 1795; Kurzbiographie des Pfarrers und Lehrers in Engelskirchen-Ründeroth.

(3740) Bäcker, Ursula: Kirchen- und Schulgesang in Lennep zu Beginn des 19. Jahrhunderts.
In: Heimat spricht (Remscheider GA) 28. Jg. 1961, Nr. 6, [S. 3-4]. Nr. 7, [S. 2]
1803, 1813; Tätigkeiten des Lehrers Johann Peter Goesser an der Höheren Schule in Remscheid-Lennep.

(3741) Friedrich Gottschalk.
In: Minden-Ravensberger 31. Jg. 1959, S. 123
Geb. 1892, gest. 1958; Volksschulrektor, Mittelschullehrer in Enger, Bielefeld u.a.

(3742) Friedrich Gottschalk.
In: Minden-Ravensberger 32. Jg. 1960, S. 133, 1 Abb.
Geb. 1892, gest. 1958; Nachruf auf den Mittelschullehrer und Rektor Friedrich Gottschalk in Enger.

(3743) Laumen, Josef: Wilhelm Greef zu seinem 100. Todestag.
In: Hk Krs Moers 1975, S. 197-200, 4 Abb.
Geb. 1809, gest. 1875; Liederkomponist und Volksschullehrer in Moers.

(3744)   Bodens, Wilhelm: Johann Grein aus Millen zum Gedächtnis.
In: Hk Krs Heinsberg 13. Jg. 1963, S. 109-111, 1 Abb.
Geb. 1874, gest. 1962; Nachruf auf den Lehrer.

(3745)   Bodens, Wilhelm: Erinnerungen an Johann Grein aus Millen.
In: Hk Krs Heinsberg 14. Jg. 1964, S. 122-132
Geb. 1874, gest. 1962; enthält keine schulgeschichtlichen Daten zu dem Lehrer und Heimatschriftsteller in Selfkant.

(3746)   Schulnachrichten. (Aus Barmen.) / Spectator
In: Hermann 1827, S. 679
1827; zur Amtsniederlegung des Stadtschulrektors Grimm in Wuppertal-Barmen.

(3747)   Nekrolog.
In: Hermann 1829, S. 829-832
Geb. 1757, gest. 1829; Nachruf auf Joh. Grimm, den ehemaligen Rektor der höheren Stadtschule in Wuppertal-Barmen, Biographie.

(3748)   Schröder, Ludwig: Friedrich Wilhelm Grimme.
In: Heimat (Iserlohn) 4. Jg. 1921, Nr. 8, [S. 4]
Geb. 1827, gest. 1887; Kurzbiographie und Bemerkungen zu literarischen Werken Grimmes, Gymnasiallehrer in Arnsberg, Brilon, Münster, Paderborn u.a.

(3749)   Kiepke, Rudolf: Erinnerung an das Gymnasium Theodorianum: Der "Direx" Geheimrat Dr. Grimmelt.
In: Warte 30. Jg. 1969, H. 2, S. 27-28, 4 Abb.
1914-1918; Schülererinnerungen an den Direktor in Paderborn.

(3750) Schoroth, Heinrich: Der erste Taubstummenlehrer im Rheinland. Johann Joseph Gronewald aus Lindlar.
In: Rheinisch-Bergischer Kal 52. Jg. 1982, S. 100-104, 6 Abb.
1804-1873; tätig u.a. in Köln.

(3751) Rossié, Paul: Die Petriade.
In: Hb Kempen-Krefeld/Viersen 1962, S. 160-164, 1 Abb.; 1963, S. 127-129
1870-1898; Erinnerungen an den Gymnasiallehrer Peter Groß (Deutsch, Sprachen) aus Kempen, gestorben 1904, und Gedicht auf den Lehrer.

(3752) Strangmeier, Heinrich: Dank an Hans Große.
In: Hildener Hbll 17. Jg. 1966, H. 4, Sp. 41-44, 1 Abb.
Geb. 1887; biographische Angaben zu dem Lehrer und Hauptlehrer an der Hilfsschule in Hilden; größtenteils zu dessen heimatpflegerischer Tätigkeit.

(3753) Frau Rektorin Großkemm. / W. H.
In: Heimat Düssel 2. Jg. 1951, Nr. 2, S. 19, 1 Abb.
Anf. 20. Jh. - 1951; zur Pensionierung der Lehrerin, tätig an Volksschule und Mittelschule in Düsseldorf.

(3754) Dr. Karl Großmann.
In: Minden-Ravensberger 54. Jg. 1982, S. 147, 1 Abb.
Geb. 1896, gest. 1981; Studienrat in Petershagen und Herford.

(3755) August Grote.
In: Minden-Ravensberger 45. Jg. 1973, S. 140-141, 1 Abb.
Geb. 1884, gest. 1972; Präparanden- und Mittelschullehrer, tätig im ehem. Krs. Lübbecke und Bielefeld.

(3756) Knoch, Heinz: Dietrich Grothe, der Direktor der Hagener Gewerbeschule 1832-1849.
In: Westfalenland (Hagen) 1928, S. 68-72
Geb. 1806, gest. 1887; biographische Angaben.

(3757) Schulte, [Wilhelm]: Dietrich Grothe (1806-1887) - Ein Wegbahner der Freiheit. Direktor der Provinzial Gewerbeschule Hagen - Professor am Polytechnikum Delft.
In: Märker 9. Jg. 1960, S. 12-15
Geb. 1806, gest. 1887; Tätigkeiten Grothes im Ausbau technischer Unterrichtseinrichtungen.

(3758) Hinnenthal, Johann Philipp: Kantor Grovemeyer.
In: Ravensberger Bll 1955, Nr. 10, S. 116-117
Geb. 1819, gest. 1885; Karl Grovemeyer, Lehrer an der Bürgerschule in Bielefeld.

(3759) Lück, Alfred: Friedrich Wilhelm Grube.
In: Siegerland Bd. 52. 1957, S. 101-108, 2 Abb.
Geb. 1795, gest. 1845; Kaufmann und zeitweilig Privatlehrer in Kirchen (Sieg).

(3760) Lambert-Völkel, Gertrud: Leidensweg einer Siegener Judenfamilie. Lehrer S. Grünewald von der Stadtschule bleibt seinen Schülern unvergessen.
In: Siegerländer Hk 1982, S. 89-92, 1 Abb.
Um 1933 und später; Schülerinnerungen an einen Lehrer an der evangelischen Mädchenschule in Siegen.

(3761) Güldner, Ernst: Eine Pädagogen-Karriere vor 100 Jahren. "Aus meinem Leben - Wahrheit ohne Dichtung" - Der Bub aus Dhünn.
In: Rheinisch-Bergischer Kal 1980, S. 117-127, 6 Abb.
Geb. 1858, gest. 1934; Rektor in Burscheid-Hilgen, ausführliche Autobiographie.

(3762) Als Lehrer vor 100 Jahren in Mühleip. / J. S.
In: Michaelsberg 11. Jg. 1957, S. 11
1817-1886; über den Lehrer Christoph Günther in Eitorf-Mühleip.

(3763) Rüter, Wilhelm: Ein Lehrerleben vor 150 Jahren. Das außergewöhnliche Leben des Schullehrers Johann Peter Gumm, geb. in Remscheid-Bruch.
In: Heimat spricht (Remscheider GA) 42. Jg. 1975, Nr. 11, [S. 1-2]. Nr. 12, [S. 2-3]
Geb. 1773; ausführlich kommentierte Auszüge aus dem Tagebuch des Lehrers Johann Peter Gumm in Bochum-Linden.

(3764) Joh. Gottfried Gustorff. / A. Wbg.
In: Heimat Solingen 4. Jg. 1928, Nr. 10, S. 39
Geb. 1756, gest. 1828; Abdruck der Grabinschrift und Beschreibung des Grabes in Solingen.

(3765) Hinrichs, F.: Gottfried Gustorff, ein Lehrervorbild.
In: Heimat Solingen 4. Jg. 1928, Nr. 22, S. 85-86
Geb. 1756, gest. 1828; Lehrer an der Stadtschule von Solingen, gründete 1794 die erste Lehrerkonferenz in Solingen.

(3766) Lomberg, August: Ein bergisches Schulfest.
In: Bergische Hbll [4. Febr.] 1927, [2 Sp.]
1825; Lehrerjubiläum des Solinger Lehrers Joh. Gottfried Gustorff.

(3767) Reumont, A.: Friedrich Haagen.
In: Z Aach GV Bd. 2. 1880, S. 154-163
1806-1879; Realschullehrer und Heimatgeschichtler in Aachen. Nachruf und Biographie.

(3768) Dietrich Haardt. geb. 17.11.1892, gest. 29.12.1970.
In: Kultur Heimat (Castrop-Rauxel) 23. Jg. 1971, Nr. 1/2, S. 58-59, 1 Abb.
Geb. 1892, gest. 1970; Nachruf und Kurzbiographie des Volksschullehrers.

(3769) E. Cl. [Clément, E.]: Zur Elberfelder Schulgeschichte.
In: M Berg GV 4. Jg. 1897, Nr. 10, S. 206-207
1701, 1756; Auszüge aus Sterbebüchern aus Velbert-Langenberg: Lehrer-Prediger Damianus Haarstein, gest. 1701; Lehrer-Organist Johann Abraham Isenberg, gest.1756.

(3770) Fricke, W.: Schulmeister Michel Haas.
In: Bll lipp Hkunde 3. Jg. 1902, Nr. 10, S. 73-75
18. Jh.; anekdotenhafte Biographie des Volksschullehrers in Lippstadt, Lemgo, Detmold und Lippstadt-Esbeck.

(3771) Gehne, Fritz [Hrsg.]: 30 Taler und freie Kost. Niederschrift des Lehrers Adolf Friedrich Haastert in Löhnen aus dem Jahre 1868.
In: Hk Krs Dinslaken 1956, S. 89-92, 1 Abb.
1823-1844; Aufzeichnungen zur ersten Stelle, Fortbildung, Lehrerkonferenzen u.a.

(3772) Kosten, Peter: In memoriam Seminaroberlehrer Leonhard Habrich.
In: Hk Krs Moers 1958, S. 38-39
Geb. 1848, gest. 1926; u.a. tätig am Lehrerinnenseminar in Boppard und Xanten.

(3773) Meyer, Christian: Der Genius loci in der Heimatgeschichte. Albert Hackenberg: Ein Lenneper als Pfarrer, Parlamentarier und Schulmann.
In: Heimat spricht (Remscheider GA) Nr. 41. 1958, [S. 1-2], 1 Abb.
Geb. 1852, gest. 1912; Kurzbiographie des Schulinspektors aus Remscheid-Lennep.

(3774) Jung, Dietrich: In memoriam Dr. Walter Haentjes, * 11. 1. 1926, + 29. 8. 1980.
In: Godesberger Hbll H. 18. 1980, S. 5-14, 3 Abb.
Geb. 1926, gest. 1980; Biographie des Leiters des Konrad-Adenauer-Gymnasiums in Bonn-Bad Godesberg.

(3775) Pesch, Johannes: Albert Haesters, der Schulmann an der Ruhr.
In: Heimat (westfälische) 2. Jg. 1920/21, S. 308-310, 1 Abb.
Geb. 1811; Elementarschullehrer in Essen-Werden; verfaßte eine Fibel für den Schreib- und Leseunterricht (1869).

(3776) Szuprycinski, Wilfried: Albert Haesters, ein Schulmann von der Ruhr im 19. Jahrhundert.
In: Münster am Hellweg 19. Jg. 1966, H. 3, S. 25-31
Geb. 1811, gest. 1883; Lehrer an Volksschulen in Köln und Essen-Werden.

(3777) Herzig, Arno: Alexander Haindorfs Bedeutung für die Pädagogik in Westfalen.
In: Westf Forsch Bd. 23. 1971/72, S. 57-74
1782-1843; Biographie Haindorfs und Angaben zur Situation des jüdischen Schulwesens im 19. Jahrhundert.

(3778) Bers, Günter: Dr. phil. Johannes Halbsguth.
In: Beitrr Jülicher Gesch Nr. 18/19. 1965, S. 20-21, 1 Abb.
1901-1966; Nachruf auf den Studienrat aus Jülich.

(3779) Henne, Reinhard: Der alte Lehrer.
In: Oberbergische Heimat 7. Jg. 1953, S. 45-46
Um 1915; erzählende Erinnerung an den Lehrer Haller im Oberbergischen Land (keine nähere Ortsangabe).

(3780) Wortmann, -: Vom alten Brackweder Kantor Hambrink.
In: Ravensberger Bll 37. Jg. 1937, Nr. 1, S. 5-6
Geb. 1815, gest. 1886; biographische Angaben zu Hambrink, tätig in Bielefeld-Brackwede.

(3781) Flaskamp, Franz: August Happe.
In: Hbll Glocke 1973, Nr. 1, S. 18
Geb. 1895, gest. 1972; Realschullehrer in Rheda-Wiedenbrück und Gütersloh.

(3782) Wie Fr. Harkort für die Lehrer sorgte.
In: Heimat (Iserlohn) 11. Jg. 1928, Nr. 10, S. 77
1848-1849; Abdruck eines "offenen Briefes" vom 18.4.1849, in dem Harkort zu Auswirkungen der 48er Revolution auf die Lehrerbildung Stellung nimmt.

(3783) Schröder, K. H.: Fritz Harkort. Ein Lebens- und Charakterbild. VII. Harkort und die Schule.
In: Ennepersträßer (Schwelm) 4. Jg. 1912, Nr. 12, [S. 1-2] [andere Folgen ohne Schulgeschichte]
Mitte 19. Jh.; zu Harkorts Bemühungen um Reformen des Schulunterrichts.

(3784) Zierenberg, Bruno: Friedrich Harkort und die preußische Volksschule.
In: Am Gevelsberg 1. Jg. 1922, Nr. 14, [S. 3-4]
19. Jh.; Harkorts Forderungen zur Schulreform und zum Verbot der Kinderarbeit.

(3785) Sellmann, Adolf: Fritz Harkort und die höhere Schule.
In: Westfalenland (Hagen) 1930, Nr. 2, S. 27-28
1862; Abdruck eines Briefes Harkorts an Pfarrer Danz zu Unterrichtsfragen.

(3786) Wolter, Gustav: Friedrich Harkort als Politiker.
In: Jb Orts-Hkunde Grafschaft Mark 39. Jg. 1926, S. 1-141 [besonders S. 51-63]
1793-1880; enthält ein Kapitel über Harkorts Tätigkeiten für das Volksschulwesen.

(3787) Hartlieb von Wallthor, Alfred: Der Freiherr vom Stein in seinem Verhältnis zur Grafschaft Mark. Zum Stein-Gedenkjahr 1981.
In: Beitrr Gesch Dortmund Bd. 74/75. 1982/83, S. 57-70 [besonders S. 69]
Um 1800; enthält wenige Hinweise auf Einflüsse Harkorts auf das Schulwesen in Hagen, Hamm, Soest und Unna.

(3788) Krüger, Christel: Harkort klagt über den Lehrermangel. Die Versprechungen der Verfassung von 1850 bleiben viele Jahre lang unerfüllt.
In: Auf Roter Erde (Münster) 26. Jg. 1970, Nr. 138, S. 4
1869; Wahlaufruf Harkorts mit Kritik am allgemeinen Zustand der niederen Schulen in Preußen.

(3789) Flaskamp, Franz: Wilhelm Harren.
In: Hbll Glocke Nr. 107. 1961, S. 427
Geb. 1878, gest. 1960; Seminarlehrer in Paderborn, Studienrat in Dortmund.

(3790) Krieger, W.: Heinrich Hartke.
In: Minden-Ravensberger 45. Jg. 1973, S. 140, 1 Abb.
Geb. 1889, gest. 1970; Volksschullehrer in Herford, Enger u.a.

(3791) Hoecken, Karl: In memoriam Dr. phil. Karl Maria Hartung.
In: Kultur Heimat (Castrop-Rauxel) 28. Jg. 1977, Nr. 1/2, S. 2-9, 1 Abb.
Geb. 1889, gest. 1977; Studienrat an der Höheren Mädchenschule in Castrop-Rauxel, Verfasser von Arbeiten zur Ortsgeschichte u.a.

(3792) Zwei bedeutende Gevelsberger Pfarrer. Ferdinand Hasenklever und Wilhelm Albert. / OK
In: Ennepesträsser (GZ-EZ) 15. Jg. 1965, Nr. 2/3, [S. 1-2], 2 Abb.
Geb. 1769, gest. 1831; enthält biographische und schulgeschichtliche Angaben.

(3793) Stupperich, Dorothea: Ferdinand Hasenklever und die Schulreform in Schwelm (1804-1814).
In: Jb westf Kirchengesch Bd. 63. 1970, S. 81-105
1804-1814; Biographie Hasenklevers, ausführliche Darstellung seines Gesamtschulplans.

(3794) Reurik, H.: Pestalozzi in Westfalen. Eine heimatgeschichtliche Betrachtung zum 100. Todestag des Pädagogen.
In: Am Gevelsberg 7. Jg. 1927, Nr. 3/4, [S. 5-8]. Nr. 6/7, [S. 6-7]
Ende 18. - Mitte 19. Jh.; biographische Angaben zu Ferdinand Hasenklever (geb. 1769), Pfarrer und Schulkommissar in Gevelsberg, 1817 Konsistorial- und Schulrat in Arnsberg; Bernhard Christoph Ludwig Natorp (Geb. 1774, gest. 1846), Oberkirchen- und Schulrat.

(3795) Flaskamp, Franz: Johann Friedrich Hasse und die Anfänge der Langenhorster Lehrerbildung.
In: Hbll Glocke Nr. 79. 1958, S. 316
Gest. 1835; Einzeldaten, Angaben zu anderen Pädagogen in Ochtrup-Langenhorst.

(3796) Hawelmann, Walter: Eine Erinnerung an die Seminarzeit.
In: Hbll Lippstadt 32. Jg. 1951, S. 25-27, 39, 1 Abb.
Um 1900; Anekdoten und Erinnerungen an das Lehrerseminar in Rüthen.

(3797) Dorfgeschichte im Lehrer-Tagebuch. Als Heinrich Gerlach Hebel in Oberschelden amtierte.
In: Uns Heimatland (Siegen) 1956, S. 46-47, 2 Abb.
1708-1885; Auszüge aus einem Lehrer-Tagebuch (geb. 1803, Gest. 1883), Lehrerverzeichnis (1708-1885) einer Volksschule in Siegen-Oberschelden.

(3798) Bloth, Hugo Gotthard: Johann Julius Hecker (1707-1768). Seine "Universalschule" und seine Stellung zum Pietismus und Absolutismus.
In: Jb westf Kirchengesch Bd. 61. 1968, S. 64-129
Geb. 1707, gest. 1768; Biographie, enthält auch Hinweise auf die Bedeutung Heckers für Westfalen (S. 120: "Realklassen" - Gymnasium).

(3799) Ein Lehrerveteran in Menden.
In: Vaterstädtische Bll (Mülheim) 4. Jg. 1908, Nr. 44, S. 4, 1 Abb.
1908; Angaben zum Abschiedsfest für den Lehrer Paul Heckhoff in Menden (Bürgermeisterei Heißen), heute zu Mülheim (Ruhr) gehörig, Angaben zur Schulgeschichte 1672-1908.

(3800) Franz Heckmanns siebzig Jahre. / E. F.
In: Uerdinger Rundschau 12. Jg. 1962, Nr. 7, S. 29
Geb. 1892; Lehrer in Krefeld-Fischeln.

(3801) Hieronymus Jobs und der Rektor aus Breckerfeld.
In: Am Gevelsberg 5. Jg. 1925, Nr. 4-5, [S. 7]
Gest. 1782; Abdruck der Verse aus der Jobsiade Arnold Kortums, welche den Bochumer Lateinschulrektor Peter Christoph Heeden betreffen.

(3802) Friedrich Heesemann.
In: Minden-Ravensberger 48. Jg. 1976, S. 142, 1 Abb.
Geb. 1897, gest. 1974; Volksschullehrer in Halle (Westf.) und im Kreis Minden.

(3803) Zacharias, Josef: Aus Erwitte an Belgiens Kriegsakademie. Das wechselvolle Leben Theodor Hegeners (1819-1901).
In: Hbll Lippstadt 47. Jg. 1966, S. 89-91, 3 Abb.
Geb. 1819, gest. 1901; biographische Angaben, war u.a. als Lehrer tätig.

(3804) Adelmeier, Erna: Alexander Hegius. Der große deutsche Humanist.
In: Kal Klever Land 1961, S. 58-64, 1 Abb.
Geb. 1433, gest. 1498; Biographie des Lateinschulrektors, u.a. tätig in Wesel und Deventer.

(3805) Heilmann, Oskar: Gymnasialdirektor Geheimrat Prof. Dr. Heilmann.
In: Steinfurter Hbote 1957, S. 29-30, 1 Abb.
Geb. 1851, gest. 1918; von 1905 bis 1918 Leiter des Gymnasium Arnoldinum in Steinfurt-Burgsteinfurt.

(3806) Derksen, Johannes: Professor "Bolder".
In: Uns Niederrhein 2. Jg. 1959, H. 1, S. 25-27
Geb. 1855, gest. 1931; Oberlehrer Wilhelm Heimbach am Gymnasium in Emmerich. Anekdoten und Erinnerungen.

(3807) Stepkes, Joh.: Besuch bei Lehrer Heinekamp.
In: St. Töniser Hbrief Nr. 30. 1961, S. 8-9, 1 Abb.
1933; Bericht über Besuch bei einem ehemaligen Lehrer, enthält wenige Erinnerungen an die Schulzeit in Tönisvorst-St. Tönis am Ende des 19. Jahrhunderts.

(3808)   Abschied der Lehrerin.
In: Warte 18. Jg. 1957, H. 11, S. 170, 1 Abb.
Geb. 1893, gest. 1957; Nachruf auf die Volksschullehrerin Josephine Heinemann in Brakel-Erkeln.

(3809)   Butterwegge, Hubert: Anton Heinen, der im Paderborner Land bekannte Volkserzieher.
In: Warte 17. Jg. 1956, H. 7, S. 81-82, 1 Abb.
Geb. 1869, gest. 1934; Erinnerungen an den Lehrer Anton Heinen; Verfasser erinnert sich als ehemaliger Abiturient.

(3810)   Hamacher, Theo: Anton Heinen, ein bedeutender Volksbildner des 20. Jahrhunderts.
In: Warte 31. Jg. 1970, Nr. 1, S. 2-5, 2 Abb.
Geb. 1869, gest. 1934; u.a. Rektor der Höheren Mädchenschule in Eupen, auch tätig in Paderborn.

(3811)   Post, Egidius: Anton Heinen.
In: Hk Erkelenz 1952, S. 22-25, 1 Abb.
Geb. 1869; Priester und Volksbildner, der zeitweise auch Leiter der höheren Töchterschule des Ordens der Rekollektinen war.

(3812)   Schmalen, M.: Anton Heinen. Ein Gedenkblatt zu seinem 80. Geburtstag am 12. November.
In: An Erft Gilbach 3. Jg. 1949, S. 50-51, 1 Abb.
Geb. 1869, gest. 1934; Pfarrer und in der Zeit von 1898-1909 Rektor der Töchterschule in Eupen, sonst in Paderborn tätig.

(3813) Hamacher, Theo: Begegnung mit Anton Heinen, Vater der Landvolkshochschule Hardehausen. Erinnerungen zum 100. Geburtstag des katholischen Volksbildners.
In: Hborn Paderborn Nr. 128. Dezember 1969, S. 197-199, 3 Abb.; Nr. 129. März 1970, S. 203
Geb. 1869, gest. 1934; Erinnerungen und biographische Daten.

(3814) Zerkaulen, Heinrich: Lehrer Fiedelbogen.
In: Hk Erkelenz 1955, S. 123, 1 Abb.
o.Z.; kurze Auszüge aus Erinnerungen des Lehrers Franz Heinrichs in Erkelenz.

(3815) Heinz, [J.]: Die erste Schulstelle.
In: Eifel Jb 1933, S. 82-85, 3 Abb.
1880; Erinnerungen des Verfassers an die Schule in Neichen.

(3816) Heinz, J.: Als Winterlehrer in Pantenburg.
In: Eifel Jb 1935, S. 104-106, 2 Abb.
1873; Unterrichtstätigkeiten des Lehrers an der Volksschule in Pantenburg (Eifel), autobiographisch.

(3817) Heitmann [Mädchenname], -: Hauptlehrer Clemens Heitmann. 1845-1917.
In: Steinfurter Hbote 1958, S. 41-43, 1 Abb.
Geb. 1845, gest. 1917; Biographie des Volksschullehrers in Steinfurt-Burgsteinfurt und Erinnerungen der Tochter.

(3818) op ten Höfel, Rudolf: Vier Lehrer-Generationen einer Familie brachten den Mülheimern das ABC bei.
In: Mülheimer Jb 1960, S. 64-70, 4 Abb.
18.-20. Jh.; biographische Daten: Johann Jakob Heller, 1737-1814; Lehrer an der Mädchenschule. Gerhard Heller, gest. 1847; Julius Jakob Gustav Heller, 1805-1833; Gerhard Jakob Ludwig Heller, 1845-1909.

Biographisches

(3819) Knoop, O.: Erinnerung an den Rektor Fritz Helling, Schwelm (1860-1921).
In: Beitrr Hkunde Schwelm N. F. H. 3. 1953, S. 75-82, 1 Abb.
Geb. 1860, gest. 1921; biographische Angaben und Hinweise auf die literarischen Tätigkeiten Hellings.

(3820) Hesse, Josef: Prof. Dr. Otto Hellinghaus.
In: De Suerländer 1958, S. 9, 1 Abb.
Geb. 1853, gest. 1935; Direktor des Wattenscheider Progymnasiums und Schriftsteller.

(3821) Föhl, Walther: Theodor Hellmich. Hauptlehrer und Rektor in Büderich 1912-1928.
In: Büdericher Hbll H. 5. 1963, S. 79-100, 4 Abb.
Geb. 1863, gest. 1948; enthält größtenteils Abdruck autobiographischer Aufzeichnungen bzw. schulchronikartige Notizen aus Meerbusch-Büderich.

(3822) Pfeiffer, Rudolf: Bergische Schulmänner.
In: Bergische Hbll 6. Jg. 1929, Nr. 10, S. 39
19. - Anf. 20. Jh.; Kurzbiographie zweier Gymnasiallehrer: Rektor Johann Friedrich Heinrich Hengstenberg (gest. 1914) und Hermann Ludwig Hengstenberg (1848-1900).

(3823) Henrich, Jakob: Bildchen aus meinem Leben.
In: Hgrüße (Siegen) 1928, Nr. 34. S. 270-271; Nr. 35. S. 274-275; Nr. 36. S. 285-287, 1 Abb.; 1929, Nr. 37., S. 291-293; Nr. 38. S. 299-301; Nr. 39. S. 306-307; Nr. 45. [S. 1-2]; Nr. 46. [S. 1-2]; Nr. 47. [S. 2]; Nr. 48. [S.2]; Nr. 49. [S. 2]; Nr. 50. [S. 1-2]; Nr. 51. [S. 2]; Nr. 52. [S. 1-2]; Nr. 53 [S. 1-2]; Nr. 54. [S. 1-2]; Nr. 55 [S. 1]; Nr. 56. [S. 1] (andere Folgen nicht ermittelt)
Um 1870; Erinnerungen des Lehrers Henrich an seine Kindheit, Präparandie und Lehrerseminar, erste Stelle in Siegen-Weidenau.

(3824) [Henrich, Jakob]: Klassentage.
In: Hgrüße (Siegen) Nr. 31. 1928, S. 244
1883-1928; Erinnerungen des Lehrers an die Treffen des Hilchenbacher Abschlußjahrgangs 1883 in den 20er Jahren.

(3825) Henrich, Jakob: Meine Kindheit.
In: Siegerländer Hk 1962, S. 59-63, 5 Abb.
2. Hälfte 19. Jh.; Erinnerungen des Lehrers an seine Kindheit in Krombach.

(3826) Jakob Henrich - Eiserns Ehrenbürger.
In: Uns Heimatland (Siegen) 32. Jg. 1964, S. 134-136, 7 Abb.
Geb. 1861, gest. 1961; biographische Daten.

(3827) Jakob Henrich.
In: Monatsbll Siegerländer HV 1. Jg. 1952, Nr. 2, [S. 1-2]
Geb. 1861, gest. 1961; Widmung zum 90. Geburtstag und Teilbiographie des Volksschullehrers in Siegen-Eisern.

(3828) Bers, W.: Professor Dr. Gottfried Henßen, namhafter Förderer der deutschen Volkskunde.
In: Hk Krs Jülich 1968, S. 103-105, 2 Abb.
Geb. 1889, gest. 1966; Biographie des in Jülich geborenen Studienrates und Honorarprofessors in Marburg.

(3829) Otto Henze.
In: Minden-Ravensberger 39. Jg. 1967, S. 136-137, 1 Abb.
Geb. 1897, gest. 1965; Realschullehrer, tätig in Bünde, Steinhagen u.a.

(3830) Gansen, Peter: Wilhelm Herchenbach. Lehrer, Volks- und Jugendschriftsteller.
In: Hbll Rhein-Siegkrs 4. Jg. 1928, H. 1, S. 19-22, 1 Abb.
1818-1889; Lehrerbiographie, Gründer einer privaten Knabenschule in Düsseldorf.

(3831) Pädagoge vor 150 Jahren. Melchior Ludolf Herold. / T. T.
In: De Suerlänner 1960, S. 25, 1 Abb.
Gest. 1810; Begründer einer Industrieschule in Arnsberg und Mitglied der Arnsberger Schulkommission.

(3832) Melchior Ludolph Herold. Ein westfälischer Reformator des Schulwesens und Kirchengesanges.
In: Heimat (Tremonia) 1929, Nr. 16, [S. 1-2]
Geb. 1753, gest. 1810; Pfarrer in Rüthen-Hoinkhausen, trennte Mädchen und Knaben in der Schule, führte hauswirtschaftlichen Unterricht u.a. ein.

(3833) Der Begründer der "Industrieschule". Melchior Ludolf Herold aus Rüthen. / A.
In: Ruhrwellen 13. Jg. 1937, Nr. 2, [S. 3]
Geb. 1753, gest. 1810; tätig als Pfarrer in Hoinkhausen bei Rüthen, gründete dort die erste Industrieschule Westfalens.

(3834) Poeck, Dietrich: Minden im Jahre 1848.
In: Mindener Hbll 44. Jg. 1972, S. 51-78, 10 Abb.
1848; Auseinandersetzung Mindener Bürger um "demokratische Umtriebe" des Lehrers Dr. Hertzberg am Gymnasium, politische Tendenzen in der Gymnasial- und Volksschullehrerschaft.

(3835) Hinrichs, Hans Werner: Hauptlehrer Hesselmann kannte sich im Obstbau aus.
In: Land Wupper Rhein 1961, S. 86-91, 1 Abb., 1 Taf.
2. Hälfte 19. Jh.; über die Tätigkeiten des Volksschullehrers C. Hesselmann als Obstzüchter im Zusammenhang mit schulischen Aktivitäten in Leichlingen-Witzhelden.

(3836) Rübel, R.: Professor Georg Heuermann. Der Geschichtsschreiber der Steinfurter Hohen Schule.
In: Steinfurter Hbote 1957, S. 25-26, 1 Abb.
Geb. 1822, gest. 1896; Biographie des Gymnasiallehrers in Steinfurt.

(3837) In memoriam Studienrat Wilhelm Heuermann.
In: Steinfurter Hbote 1955, S. 29-30, 1 Abb.
Geb. 1876, gest. 1955; Lehrer am Gymnasium Arnoldinum in Steinfurt-Burgsteinfurt.

(3838) Bers, W.: Der Kölner Gymnasialdirektor Dr. A. R. J. Heuser aus Linzenich (1760-1823).
In: Rur-Blumen 1938, S. 2-3
Geb. 1760, gest. 1823; Kurzbiographie des Lehrers am Marzellengymnasium und bibliographische Hinweise.

(3839) Brämer, -: Kantor und Lehrer Peter Heuser.
In: Uns Heimat (Hattingen) 1924/25, S. 92-93, 1 Abb.
1783-1863; Bericht über 60jähriges Amtsjubiläum.

(3840) Heuser, K[arl] [Wilhelm]: Ein wertvoller Lehrer und Schriftsteller des Bergischen Landes war Peter Heuser.
In: Heimat spricht (Remscheider GA) 40. Jg. 1973, Nr. 3, [S. 1-2], 1 Abb.
1784-1866; Realschullehrer in Wuppertal-Elberfeld, Schriftenverzeichnis.

(3841) Schiffers, H.: Ein Heinsberger Lehrerveteran.
In: Heimat Heinsberg 15. Jg. 1935, S. 75-76
Gest. 1844; Volksschullehrer Arnold Heymanns in Heinsberg; Bericht über Totenfeier.

(3842) Wiemann, Heinz: Konrad Hilker bleibt unvergessen.
In: Gemeindebote (Schlangen) Nr. 18. 1963, S. 15
Geb. 1853, gest. 1933; Kurzbiographie des Volksschullehrers in Schlangen.

(3843) Hillebrand, Fritz: Ein schlichter Kranz von Erinnerungen an das ehemalige Schulhaus auf dem Sandberg. Zum 18. Oktober 1926.
In: Use laiwe Häime (Volmarstein) 3. Jg. 1926, Nr. 10, S. 41-43, 1 Abb.
1874-1900; Erinnerungen des Sohnes an den Lehrer August Hillebrand, tätig an der Schule in Witten-Wengern.

(3844) Schütz, Martin: Hans Höhners Leben im Dienst der Heimatforschung.
In: Kerpener Hbll Nr. 28. 9. Jg., 1973, H. 1, S. 126-132, 1 Abb.
Geb. 1895, gest. 1973; Nachruf, hauptsächlich zu heimatkundlichen Tätigkeiten des Volksschullehrers in Kerpen mit chronologischem Lebenslauf.

(3845) Flaskamp, Franz: Rektor Johannes Hölscher.
In: Hbll Glocke Nr. 41. 1955, S. 161-162
Geb. 1604, gest. 1668; Lehrer an der Stadtschule (Trivialschule mit deutscher Unterstufe und lateinischer Oberstufe) in Warendorf.

(3846) Esleben, Bernhard: Aus alten Zeiten. Nach dem Tagebuch des Soester Schullehrers H. Hölter.
In: Hk Krs Soest 24. Jg. 1951, S. 13-15
1809-1816; Ausbildung am Lehrerseminar in Soest 1811-1813.

(3847)   Schröder, Otto: Als der Schulmeister noch ein "Diener" war. Die Hölterhoffs - eine alte Wermelskirchener Familie.
In: Rheinisch-Bergischer Kal 1980, S. 102-103, 1 Abb.
17. Jh.; Kurzbiographien von Lehrern an der Lateinschule.

(3848)   Ein Lehrer-Veteran.
In: Warendorfer Bll 1932, S. 2
Geb. 1786, gest. 1875; Volksschullehrer Caspar Höner in Warendorf-Freckenhorst u.a.

(3849)   Vogt, Wilhelm: Caspar Höner, ein Lehrerveteran.
In: Neue Bll Warendorf 1955, S. 31
Geb. 1786, gest. 1875; Volksschullehrer in Warendorf-Freckenhorst.

(3850)   Rübel, R.: Der bedeutendste Mediziner der Steinfurter Hohen Schule.
In: Steinfurter Hbote 1953, S. 47-48, 1 Abb.
Geb. 1721, gest. 1807; Biographie des Medizinprofessors Christoph Ludwig Hoffmann.

(3851)   Esser, Helmut: Gotthilf August Hoffmann. [Ergänzung zu: Horst Linden: Gotthilf A. Hoffmann]
In: Hspiegel (Dortmd Nord-West-Ztg) Nr. 47. 1958, [S. 3-4]
Zu Tätigkeiten Hoffmanns am Gymnasium in Dortmund.

(3852)   Esser, Helmut: Gotthilf August Hoffmann. Ein Jugenderzieher pietistischer Prägung am Dortmunder Gymnasium.
In: Märker 9. Jg. 1960, S. 274-277, 1 Abb.
1720-1783; Biographie.

(3853)   Linden, Horst: Gotthilf August Hoffmann.
In: Hspiegel (Dortmd Nord-West-Ztg) Nr. 45. 1958, [S. 2-3]
1784; Prorektor am Dortmunder Gymnasium.

(3854)   Hauptlehrer Diedrich Hogeweg in Mülheim-Broich.
In: Vaterstädtische Bll (Mülheim) 1910, Nr. 12, S. 4, 1 Abb.
Geb. 1834, gest. 1910; biographische Angaben.

(3855)   Schulrat Theodor Holländer zum Gedenken. / efi.
In: Gladbeck 5. Jg. 1977, Nr. 3, S. 42-43, 1 Abb.
Geb. 1892, gest. 1977; Rektor und Schulrat in Gladbeck.

(3856)   Seeger, Hans: Matthias Hollenberg, ein Lehrer im alten Meiderich.
In: Heimat Duisburg 5. Jg. 1963, S. 157-159, 1 Abb.
Geb. 1795, gest. 1856; Volksschullehrer in Duisburg-Meiderich.

(3857)   Ley, Wilhelm: Wilhelm Hollenberg.
In: Oberbergische Heimat 1./2. Jg. 1947/48, S. 43-44
Geb. 1820, gest. 1912; Pfarrer, Lehrer und Leiter der höheren Schule in Waldbröl u.a.

(3858)   Jubiläum des Herrn Lehrers J. H. Hollmann, in Eikum bei Herford, am 14. Juni 1839.
In: Westphalia (Herford) 1839, Nr. 36, S.186-187
*

(3859)   Decius, Heinrich: Aus dem Leben eines alten Lehrers und Kriegers unserer Heimat.
In: Herforder Hbl 7. Jg. 1928, Nr. 10, S. 37-38
Geb. 1771 - ca. 1851; enthält Auszüge aus der Autobiographie (1823) des Volksschullehrers Johann Heinrich Hollmann in Herford-Eickum.

(3860)   Hermann Meno Holst.
In: Minden-Ravensberger 40. Jg. 1968, S. 130
Geb. 1891, gest. 1966; Studienrat, u.a. tätig in Bielefeld und Göttingen.

(3861) S. [Siepmann, Karl]: Auch ein Jubiläum.
In: Use laiwe Häime (Volmarstein) 4. Jg. 1927, Nr. 11/12, S. 44-45
1813-1827; kurze biographische Angaben zu Lehrer Johannes Holthaus aus Wetter-Volmarstein und Auszüge aus seinem Buch: "Geographisches Lehr- und Lesebuch, zunächst für Elementarschulen in Rheinland-Westfalen" (1827).

(3862) Jubelfeier des Conrectors P. H. Holthaus in Schwelm.
In: Hermann 1828, Beil. zu Nr. 32, [S. 1-2]
1828; Beschreibung der Feier für den 38 Jahre in Schwelm tätigen Lehrer.

(3863) Oeffentliches Anerkenntniß. / S.
In: Hermann 1828, S. 400
1828; Ordensverleihung an den Schwelmer Lehrer Holthaus.

(3864) Peter Heinrich Holthaus, vormaliger Konrektor in Schwelm. / V.
In: Hermann 1832, S. 53-56
Geb. 1759, gest. 1831; Nachruf auf den Schwelmer Lehrer und Geschichtsschreiber.

(3865) Peter Heinrich Holthaus. Konrektor in Schwelm. / -ch
In: Auf roter Erde (Schwelm) 2. Jg. 1923, Nr. 3, [S. 2-3]. Nr. 4, [S. 1-2]
Geb. 1759, gest. 1831; Autor von Lesebüchern.

(3866) Böhmer, Emil: Leben und Werk des Konrektors Peter Heinrich Holthaus in Schwelm.
In: Beitrr Hkunde Schwelm 1953, H. 3, S. 5-40. H. 4, S. 21-35
Geb. 1759, gest. 1831; ausführliche Biographie verbunden mit einer Darstellung der Unterrichtstätigkeit Holthaus' und des Volksschulwesens in Schwelm.

(3867) Waldecker, Burkhart: Gustav Holzmüller. Ein Lebensbild des Hagener Schulreformers.
In: Westfalenland (Hagen) 1932, Nr. 6, S. 91-94
Geb. 1844, gest. 1914; Direktor der Provinzialgewerbeschule Hagen.

(3868) Heitkemper, Paul: Bernhard Heinrich Honcamp. Lehrer, Chorleiter und Arzthelfer.
In: Hbll Lippstadt 43. Jg. 1962, S. 81-83, 3 Abb.
Geb. 1777, gest. 1859; Biographie des Lehrers, der u.a. in Anröchte eine Privatschule führte.

(3869) Flaskamp, Franz: Bernhard Heinrich Honcamp. Ein Charakterbild aus der märkischen Schulgeschichte.
In: Märker 17. Jg. 1968, S. 30-32 [ähnlich in: Hbll Glocke. 1967, Nr. 186, S. 742-744, 1 Abb.]
Geb. 1777, gest. 1859; Biographie Honcamps mit Darstellung der ersten Normalschulen im westfälischen Raum.

(3870) Flaskamp, Franz: Franz Cornelius Honcamp.
In: Hbll Glocke Nr. 199. 1968, S. 796, 1 Abb.
Geb. 1804, gest. 1866; u.a. Musiklehrer am Lehrerseminar in Büren.

(3871) Flaskamp, Franz: Franz Cornelius Honcamp. Ein Charakterbild aus der westfälischen Schulgeschichte.
In: Soester Z H. 80. 1968, S. 73-84, 1 Abb.
Lehrer in Büren, Sohn von Bernhard Heinrich Honcamp.

(3872) Studienrat a. D. Theo Honekamp 70 Jahre.
In: Warte 20. Jg. 1959, H. 9, S. 140, 1 Abb.
Geb. 1889; tätig in Paderborn.

(3873) Otto, Hugo: Eine Ehrung des Rektors Dietrich Horn in Orsoy.
In: Land Leute Moers 12. Jg. 1930, S. 19-20
Geb. 1838; erster Leiter der evangelischen Präparandenanstalt in Rheinberg-Orsoy von 1872 bis 1905.

(3874) Sauerländer, Fr[iedrich]: Mit Schnurrbart und Kommunistenhut.
In: Lipp Dorfkal N. F. 4. Jg. 1952, S. 73-74
2. Hälfte 19. Jh.; Anekdoten über den Volksschullehrer Ferdinand Horst in Lemgo.

(3875) Fritz Horstbrink.
In: Minden-Ravensberger 21. Jg. 1949, S. 38, 1 Abb.
Geb. 1880, gest. 1940; Volksschullehrer und Mittelschullehrer in Herford.

(3876) Schoneweg, -: Rektor Horstbrink Herford +.
In: Ravensberger Bll 40. Jg. 1940, Nr. 8, [S. 1-2]
Geb. 1880, gest. 1940; Rektor der Bürgerschule in Herford.

(3877) Reinking, Lili: Westfälische Schulmeister im 19. Jahrhundert.
In: Kiepenkerl Jb Minden 1950, S. 77-79
19. Jh.; über den Urgroßvater der Verfasserin, Lehrer-Kantor Karl Horstmann, tätig in Steinhagen-Brockhagen (Westf.), Hüllhorst-Schnathorst u.a.

(3878) Vollmerhaus, Hans: Bergisch-märkisches Schulwesen um 1830 in Nachrufen auf verdiente Pädagogen.
In: Märker 3. Jg. 1954, S. 125-128, 172-174
Um 1830; Lehrerbiographien; Abdruck von zeitgenössischen Nachrufen auf: Franz H. Hosang (1772-1831), tätig in Berchum; Peter H. T. Lamberti (1779-1821), tätig in Kierspe; Peter C. Riepe (1784-1826), tätig in Wuppertal-Barmen; Johann C. Schemann (1751-1828) in Hagen; Moritz C. Thiel (1792-1830) in Hagen.

(3879) Erwin Hospach 65 Jahre alt. / A. B.
In: Quadenhof 24. Jg. 1973, H. 2, S. 25-26, 1 Abb.
Geb. 1908; Studiendirektor am Gymnasium in Düsseldorf-Gerresheim.

(3880) Wilhelm Hoßdorf.
In: Uns Köln 1953, S. 10

(3881) Flaskamp, Franz: Das Schulverdienst Johannes Hückelheims.
In: Hbll Glocke 1975, Nr. 1, S. 55
Geb. 1865; Kaplan und Oberlehrer am Gymnasium in Warendorf.

(3882) Nachruf Hans Hüls.
In: Lemgoer Hefte H. 12. 3. Jg., 1980/81, S. 3, 1 Abb.
Gest. 1980; Oberstudienrat, Heimatforscher, Detmold.

(3883) Gladbach, Wilhelm: Gedenkblatt der Abteilung Niederwupper des Bergischen Geschichtsvereins zu dem Ableben ihres Mitgliedes Dr. Josef Hünermann.
In: Niederbergische Beitrr Bd. 31. 1974, S. 169-170 [zuerst in: Uns berg Heimat. 4. 1955]
Gest. 1955; Studienrat in Monschau, Leverkusen-Opladen und Köln.

(3884) Amtsjubelfeier des Lehrers Herrn Peter Hürxthal in Rade vorm Walde am 17. Februar 1829.
In: Hermann 1829, Beil. zu Nr. 19, [S. 1-3]
1829; ausführlicher Bericht über die Feier.

(3885) Anfrage.
In: Hermann 1829, S. 64, [Korrespondenz dazu:] S. 96
1829; Hinweis auf das 50jährige Amtsjubiläum des Lehrers Peter Hürxthal in Radevormwald.

(3886) Fromme, F.: Ein Lehrerdasein im Jahre 1857.
In: Siegerländer Hk 1951, S. 74-76
1857; Briefe des Wanderlehrers mit Angaben zu Gehalt und Nebenerwerb in Bad Berleburg-Weidenhausen und -Sassenhausen.

(3887) Hartung, Karl: Heinrich Hüsken, Lehrer in Ickern 1872-1912.
In: Kultur Heimat (Castrop-Rauxel) 25. Jg. 1973, S. 55-60, 5 Abb.
Geb. 1848, gest. 1918; Biographie mit Einzeldaten zur Volksschule in Castrop-Rauxel-Ickern.

(3888) Studienrat Heinz Hüttemann. / k. u.
In: Minden-Ravensberger 30. Jg. 1958, S. 128, 1 Abb.
Geb. 1907, gest. 1957; Studienrat in Bielefeld.

(3889) Bräker, Siegfried: Eduard Hundhausen.
In: Land Wupper Rhein 1969, S. 70-73, 1 Abb.
Geb. 1887, gest. 1966; Volksschullehrer und Rektor in Langenfeld-Richrath und Leverkusen-Opladen.

(3890) Entwurf zu einem Curriculum vitae eines Elementarlehrers.
In: Hbll Monschau 2. Jg. 1926/27, S. 101-103
Geb. 1782; autobiographische Aufzeichnungen des Lehrers Johann Huppertz in Monschau-Höfen, 1860 in die Schulchronik geschrieben.

(3891) Vogt, W.: Johannes Huppertz, Lehrer in Höfen.
In: Hbll Monschau 3. Jg. 1927/28, S. 113-117
Geb. 1782; Biographie mit autobiographischen Aufzeichnungen des Elementarlehrers aus Monschau-Höfen.

(3892) Aus den Tagebuchaufzeichnungen des Matthias Huppertz aus Konzen.
In: Eremit Venn 29. Jg. 1957, Nr. 2, S. 30-32. Nr. 3, S. 40-48. Nr. 4, S. 53-63
Ende 18. - Anf. 19. Jh.; Aufzeichnungen des M. Huppertz und seines Sohnes Johannes, Schullehrer in Monschau-Imgenbroich, später in Monschau-Höfen (geb. 1782, gest. 1860), enthält zum Teil schulgeschichtliche Daten.

(3893) Flaskamp, Franz: Johannes Huy - Pfarrer zu Herzebrock.
In: Hbll Glocke Nr. 101. 1960, S. 402
Geb. 1808, gest. 1885; Schulvikar, tätig am Gymnasium in Rheda-Wiedenbrück.

(3894) Buschbell, Gottfried: Das Lebensende des Joh. Anton Caspar Imandt's.
In: Heimat Krefeld 19. Jg. 1940, S. 267
1849; kommentierter Abdruck der Todesnachricht, Spendenaufruf für die Hinterbliebenen des Volksschullehrers aus Krefeld.

(3895) Buschbell, Gottfried: Joh. Anton Caspar Imandt. Begründer des ersten Krefelder Turnvereins, Deutschkatholik und Revolutionär von 1848.
In: Heimat Krefeld 19. Jg. 1940, S. 39-52
1844, 1848; Darstellung politischer Tätigkeiten des Lehrers in Krefeld.

(3896) Hückels, Gisela: Ein Aufrührer in St. Tönis.
In: Hb Kempen-Krefeld/Viersen 1967, S. 216-217
1848; "vertraulicher Bericht" des Bürgermeisters über öffentliche Reden des Demokraten und Lehrers Joh. A. C. Imandt in Tönisvorst-St. Tönis.

(3897) [Ewald Imhof] / L.
In: Letmather Heimatschau 1958, H. 1/2, S. 54-55, 1 Abb.
Geb. 1882, gest. 1958; u.a. Lehrer in Iserlohn.

(3898) Schmitz, Hubert: Theodor Imme. Der Chronist des Essener Volkslebens und Brauchtums.
In: Hk Stadt Landkrs Essen 1940, S. 98-99, 1 Abb.
Geb. 1847, gest. 1921; Kurzbiographie des Gymnasiallehrers und Übersicht über das heimatkundliche Schrifttum des Lehrers.

(3899) Bers, -: Professor Dr. phil. Caspar Isenkrahe aus Müntz bei Jülich (1844-1921).
In: Rur-Blumen 23. Jg. 1944, S. 61-62, 1 Abb.
1844-1921; Gymnasiallehrer in Bonn, Krefeld und Trier.

(3900) Ein Schreiben von Bernhard Overberg. / Sch.
In: Heimat (westfälische) 3. Jg. 1921/22, S. 354
1821; betrifft den Lehrer Ising in Borken-Weseke.

(3901) Sures, L.: Von und über El. Jacobi.
In: Gladbeck 5. Jg. 1977, Nr. 2, S. 34-36, 3 Abb.
Gest. 1976; Tätigkeiten der Deutschlehrerin auf kulturellem Gebiet in Gladbeck.

(3902) Wegener, H.: So war Jacki - Mensch und Pädagogin.
In: Gladbeck 5. Jg. 1977, Nr. 1, S. 19-23, 6 Abb.
Gest. 1976; Elisabeth Jacobi, Oberstudienrätin für Deutsch in Gladbeck.

(3903) Karl Jäger. / G. U.
In: Minden-Ravensberger 44. Jg. 1972, S. 135
Geb. 1891, gest. 1971; Lehrer in Lübbecke.

(3904) Weber, Heinrich: Arnold Janssen und seine Bocholter Zeit.
In: Uns Bocholt 22. Jg. 1971, H. 1, S. 15-17, 1 Abb.
Geb. 1837, gest. 1909; Lehrer an der Höherern Bürgerschule von 1861-1873; Gründer des Steyler Missionswerkes.

(3905) Weitershagen, - [mitgeteilt von]: Totenzettel eines Lehrers aus alter Zeit.
In: Rheinisch-Bergischer Kal 32. Jg. 1962, S. 70
Gest. 1842; Abdruck des Totenzettels von Mathias Jeleneck, Lehrer in Köln-Merheim.

(3906) Eickhoff, P.: Dr. H. Jellinghaus +.
In: Ravensberger Bll 30. Jg. 1930, Nr. 5/6, S. 50-51
Geb. 1847, gest. 1929; Realschullehrer u.a. am Gymnasium in Gütersloh.

(3907) Hermanns, Leo: Der Eupener Geschichtsforscher Dr. Robert Jenckens.
In: Geschichtl Eupen VII. 1973, S. 133-135
Geb. 1884, gest. 1960; Studienrat in Düsseldorf u.a., Nachruf und Biographie.

(3908)   Arbogast, Wolfgang: Albert Jepkens (1828-1878), ein Kempener Musiklehrer.
In: Niederrhein Wandern 47. Jg. 1980, S. 73-78, 7 Abb.
Geb. 1828, gest. 1878; Biographie eines Seminarlehrers.

(3909)   Hans Jonen 60 Jahre.
In: Uns Köln 1952, S. 44-45
Geb. 1892; Lehrer und Bühnenschriftsteller in Köln.

(3910)   Engel, Josef: Joh. Jos. Joußen +.
In: Hk Krs Moers 1963, S. 129-130, 1 Abb.
Geb. 1890, gest. 1962; Hauptlehrer in Lüttingen und Xanten-Wardt, kaum biographische Angaben.

(3911)   Aus dem Leben eines Lehrers im 18. Jahrhundert. / R. L.
In: Niederrh Hfreund 1927, S. 12-14
1729-1759; ausführliche Dokumentation zum Streit um den Nebenerwerb des Lehrers Bartholomaeus Junckers in Bedburg-Kirchherten und Hückelhoven.

(3912)   Jung-Stilling in Dreisbach.
In: Siegerländer Hk 1958, S. 49-51
1757; über Jung-Stillings Lehrtätigkeit an der Volksschule in Netphen-Dreisbach, erzählend-anekdotisch.

(3913)   Venderbosch, -: Dr. Anton Jux.
In: Rheinisch-Bergischer Kal 30. Jg. 1960, S. 22-24, 1 Abb.
Geb. 1895, gest. 1959; Nachruf und Kurzbiographie des Volksschulrektors und Schriftstellers, Köln-Mülheim.

(3914)   Kämper, Otto: Ein Lehrerleben im Ravensberger Lande um 1856-70.
In: Minden-Ravensberger 8. Jg. 1933, S. 72-73, 2 Abb.
1856-1870; außerschulische Aufgaben des Lehrers Kämper in Versmold-Oesterweg, Verfasser ist der Sohn.

(3915) Hees, Alb.: Der alte Schullehrer Kaiser.
In: Siegerländer Hbl 8. Jg. 1959, Nr. 7, S. 7, 1 Abb. Nr. 8, S. 7
Geb. 1787, gest. 1865; anekdotische Biographie eines Volksschullehrers in Siegen-Eiserfeld.

(3916) Ernst Kalkuhl - Pädagoge und Erzieher.
In: Heimat spricht (Remscheider GA) 1950, 23./24.9., 1 Abb.
Geb. 1848, gest. 1918; Gründer eines Gymnasiums in Bonn-Oberkassel.

(3917) Hannen, Josef: Professor Joh. Heinr. Kaltenbach.
In: Rur-Blumen 1938, S. 377
1807-1876; u.a. Ordinarius an der höheren Bürger- und Provinzialgewerbeschule Aachen.

(3918) Realschuldirektor Karl Kamper +.
In: Süchtelner Hbll 1967, H. 2, S. 13
Geb. 1900, gest. 1967; Biographie des Realschuldirektors, tätig in Viersen-Süchteln.

(3919) Franz Josef Kapell gestorben.
In: Selfkantheimat 3./4. Jg. 1957/58, S. 79-80, 1 Abb.
1869-1958; Volksschul- und Handelsschullehrer. Nachruf und einige biographische Daten.

(3920) Richter, Gerhard: Professor Dr. Alexander Kapp. Erster Oberlehrer und Prorektor des Archigymnasiums. 1832 bis 1854.
In: Soester Z 73. H. 1960, S. 96-107
1832-1854; Angaben zu Leben und Schriften des Lehrers.

(3921) Kaspers, Heinrich: Wilhelm Kaspers (1890-1961).
In: Dürener Geschbll Nr. 30. 1962, S. 637-639
Geb. 1890, gest. 1961; Oberstudiendirektor am Stiftischen Gymnasium in Düren.

(3922) Verabschiedung des Konrektors Werner Katz aus dem Schuldienst. / -tz
In: Klafeld-Geisweid 1966, Nr. 2, S. 23, 1 Abb.
Geb. 1900; Volksschullehrer in Siegen-Klafeld und Siegen-Geisweid, Bericht über Verabschiedungsfeier (1966).

(3923) Dittgen, W.: Friedrich Kaufhold. Künstler und Kunsterzieher.
In: Hk Krs Dinslaken 23. Jg. 1966, S. 84-87, 5 Abb.
o.Z.; Kurzbiographie des Lehrers am Dinslakener Jungengymnasium zum 90. Geburtstag.

(3924) Paul Keber.
In: Minden-Ravensberger 35. Jg. 1963, S. 129, 1 Abb.
Geb. 1885, gest. 1961; Studienrat in Minden.

(3925) Johannes Kellner.
In: Minden-Ravensberger 34. Jg. 1962, S. 126, 1 Abb.
Geb. 1892, gest. 1961; Oberstudienrat in Gütersloh.

(3926) Bömer, A.: Der münsterische Domschulrektor Timann Kemner. Ein Lebensbild aus der Humanistenzeit.
In: Westf Z Bd. 53. 1895, Teil 1, S. 182-243, Nachtrag S. 244
Um 1500-1534; enthält auch Übersicht über Schriften Kemeners.

(3927) Schmitz-Kallenberg, L.: Zur Biographie des Domschulrektors Timann Kemener.
In: Westf Z Bd. 76. Abt. I., 1918, S. 244-247
1500 - ca. 1530; tätig in Münster.

(3928) Dln [Deilmann, Joseph]: Josef Franz Carl van Kempen, ein Lehrerleben vor 100 Jahren.
In: Süchtelner Hbll 1955, Nr. 6, S. 2-9, 2 Abb.
Geb. 1815, gest. 1904; Biographie des Volksschullehrers in Viersen-Süchteln.

(3929) Flaskamp, Franz: Kempers aus Wiedenbrück. Zur Genealogie der Lemgoer Gelehrtenfamilie.
In: Hbll Glocke 1975, Nr. 2, S. 59
Gest. 1682; Kurzbiographie des Lehrers Johannes Kemper.

(3930) Matenaar, Franz: Aus dem Tagebuch eines Landlehrers 1862-1869.
In: Kal Klever Land 1973, S. 92-95
1862-1869; kommentierte Auszüge aus dem Tagebuch des Lehrers Joseph von Kenck, tätig in Goch-Asperden und Goch-Hassum. Enthält keine unmittelbar schulgeschichtlichen Angaben.

(3931) Jux, Anton: Gedenkblatt für Friedrich Kerper zum 20. März 1955.
In: Rheinisch-Bergischer Kal 26. Jg. 1956, S. 89-92, 1 Abb.
Geb. 1855, gest. 1912; Lehrer, Gründer des Bochumer und des Westfälischen Rektorenvereins.

(3932) Deneke, J.: Magister Hermann von Kerssenbrock, Rector in Hamm, Münster, Paderborn und Werl. Seine Schriften und seine Verfolgung.
In: Westf Z Bd. 15. 1854, S. 241-260
16. Jh.; auch biographische Daten.

(3933) Driver, F. M.: Beitrag zur Biographie Hermanns von Kersenbrock, Rektors der Domschule zu Münster.
In: Mag Westfalen 1799, S. 484-511
Gest. 1585; Leben und Werk des Lehrers.

(3934) Leyendecker, Leo: Erinnerungen an Lehrer Kesternich.
In: Monschauer Land 1980, S. 81-82, 84-85, 3 Abb.
Anf. 20. Jh. - 1926; Erinnerungen an den Volksschullehrer in Monschau-Kalterherberg.

(3935) Prümmer, H[ermann]: Der Lehrer und sein Dorf.
In: Hk Monschau 1965, S. 22-24
2. Hälfte 19. Jh.; zur Tätigkeit des Volksschullehrers Werner Kesternich in Monschau-Kalterherberg.

(3936) Rembert, Karl: Stadtschulrat Dr. Hermann Keussen. Verfasser der Geschichte der Stadt und Herrlichkeit Krefeld, geboren am 12. Dezember 1829.
In: Heimat Krefeld 8. Jg. 1929, S. 290-294, 2 Abb.
Geb. 1829, gest. 1894; enthält Biographie des Lehrers und Stadtschulrates sowie Angaben zu Keussens literarischer Tätigkeit.

(3937) August Kierspel.
In: Rheinisch-Bergischer Kal 25. Jg. 1955, S. 134-135, 1 Abb.
Geb. 1884; Direktor der Berufs- und Handelsschule in Bergisch Gladbach.

(3938) [Kiesgen, Laurenz]: Aus Laurenz Kiesgen's Brühler Seminarzeit.
In: Brühler Hbll 30. Jg. 1973, S. 21-22, 28-30; 31. Jg. 1974, S. 6
1887-1890; Auszüge aus den Lebenserinnerungen, zuerst veröffentlicht in "Vum ale Kölle" [Hrsg.: Heimatverein Alt-Köln].

(3939) Eßer, Willy: Nochmals Laurenz Kiesgen.
In: Alt-Köln Hbll 11. Jg. 1957, S. 8
Ende 19. Jh., gest. 1956; enthält u.a. Anekdoten zur Tätigkeit Kiesgens als Lehrer in Köln.

(3940) Stephan, -: Laurenz Kiesgen.
In: Uns Köln 1949, S. 92, 94
Geb. 1869, gest. 1956; Lehrer und Mundartdichter in Köln.

(3941) Peter Kintgen 70 Jahre. / W.
In: Uns Köln 1954, S. 31-32
Geb. 1884; Lehrer und Heimatdichter in Köln.

(3942) Kewe, Adolf: Dr. theol. und phil. Karl Kirchner. Gymnasialdirektor.
In: Herforder Hbl 14. Jg. 1935, Nr. 5, [S. 2-3]
Geb. 1787, gest. 1855; Angaben zu dem aus Herford stammenden Pädagogen, tätig in Halle und Schulpforta.

(3943) Scherer, -: Bergische Schulerinnerungen.
In: Bergische Hbll 16. Januar 1925, [Nr. 3], [2 Sp.]
Geb. 1792; tätig von 1819-1861, Biographie und Auszüge aus der Autobiographie des Lehrers Johann Martin Klaas in Solingen-Ohligs.

(3944) Ein Pionier des Volksschullehrerberufs im Siegerlande zu Beginn des 19. Jahrhunderts. / W. Ef.
In: Heimatland (Siegen) 4. Jg. 1929, S. 22-24
Gest. 1826; Lehrer Heinrich Klappert aus Kreuztal-Buschhütten.

(3945) Flaskamp, Franz: Der Stromberger Pfarrer Alexander Klei.
In: Hbll Glocke Nr. 47. 1955, S. 186-187, 2 Abb.
Gest. 1665; Begründer der Volksschule in Oelde-Stromberg.

(3946) Heinz Klein, unser langjähriger Mitarbeiter und Heimatforscher, + 6. Januar 1959.
In: Rheinisch-Bergischer Kal 30. Jg. 1960, S. 65, 1 Abb.
Geb. 1900, gest. 1959; Nachruf auf den Hauptlehrer in Rösrath.

(3947) Lehrer i.R. Heinrich Kleine hält seit Jahrzehnten alten Brauch aufrecht. / -efa-
In: Uns Heimatland (Siegen) 41. Jg. 1973, S. 14, 1 Abb.
Geb. 1893; Volksschullehrer und Glöckner in Wilnsdorf-Obersdorf.

(3948) Aufforderung zur Wohlthätigkeit.
In: Hermann 1818, S. 226-227
1818; Spendenaufruf für die Hinterbliebenen des 1807 gest. Lehrers Josef Kleinherne in Lünen, unterzeichnet von Lehrer Schlüter.

(3949) Lehrerin Anna Klessing +. Letzte Zeugin der Langenhorster Seminargeschichte.
In: Hbll Glocke 1974, Nr. 3, S. 49
Geb. 1878, gest. 1974; biographische Angaben.

(3950) Seminarlehrer a. D. Heinrich Klessing +. / C. T.
In: Warendorfer Bll 13. Jg. 1912, Nr. 7, S. 25
Geb. 1848, gest. 1913; Kurzbiographie des Seminarlehrers in Ochtrup-Langenhorst.

(3951) P. L. [Paul Leidinger]: Heinrich Klessing zum Gedenken.
In: Neue Bll Warendorf 1965, S. 183, 1 Abb.
Geb. 1848, gest. 1913; Biographie des Warendorfer Seminarlehrers.

(3952) Josef Klinkenberg, Oberlehrer.
In: Alt-Köln Kal 1918, S. 87
Geb. 1857, gest. 1917; Lehrer am Marzellengymnasium in Köln.

(3953) Krämer, D.: Vierundvierzig Jahre Lehrer im Eifeldorf. Ein Lebensbild Peter Klinkhammers, Hollerath.
In: Hk Krs Schleiden 1953, S. 86-88, 2 Abb.
Geb. 1865, gest. 1945; Volksschullehrer in Hellenthal-Hollerath.

(3954) Dr. Karl Klochenhoff wurde 75. / L. R.
In: Medamana 13. Jg. 1966, Nr. 1, S. 3, 1 Abb.
Geb. 1890; u.a. Realschullehrer und Volksschullehrer, heimatkundliche Tätigkeiten, Mettmann, Essen, Solingen-Leichlingen.

(3955) Flaskamp, Franz: Franz Wilhelm Klodt. Ein westfälischer Landlehrer im beginnenden 19. Jahrhundert.
In: Ravensberger Bll Nr. 12. 1955, S. 147-150
1779-1836; als Lehrer ab 1809 an der Kirchspielschule in Rheda-Wiedenbrück-Batenhorst tätig.

(3956) [Kluft, Heinrich Ewald]: Porträt eines alten Remscheider Lehrers. Aus der Chronik der Schule zu Büchel in Remscheid.
In: Heimat spricht (Remscheider GA) 1952, 25./26.10..
Geb. 1795, gest. 1862; über den Lehrer Christian Kluft.

(3957) Dietrich, Wilhelm: August Knabe.
In: Hk Krs Soest 1960, S. 44-48, 2 Abb.
Geb. 1847, gest. 1940; Biographie des Musiklehrers am Soester Lehrerseminar von 1876-1914.

(3958) Knaden, Josef: 230 Jahre Lehrerdynastie Knaden.
In: Hk Krs Soest 36. Jg. 1963, S. 25-26
1710 - 20. Jh.; biographische Angaben zu Volksschullehrern der Familie, tätig in Soest und Umgebung.

(3959) [Francke, August Ludwig]: Nekrolog, Konrad Ernst Knefel, Professor und Director des Gymnasiums zu Herford.
In: Westphalia (Herford) 1838, Nr. 47, S. 369-372
*

(3960) Ein Dokument nationaler Begeisterung. / -oe-
In: Quadenhof 10. Jg. 1959, H. 3, S. 5-6, 3 Abb.
Mitte 19. Jh - 1920; enthält biographische Daten zu u.a. Rektor Gustav Kneist, geb. 1867, Lehrer Heinrich Dörr, geb. 1869, gest. 1920.

(3961) Flaskamp, Franz: Joseph Knickenberg.
In: Hbll Glocke 1960, Nr. 95, S. 378-379, 1 Abb.
Geb. 1814, gest. 1884; Gründer und Leiter der "Katholischen Erziehungs- und Unterrichtsanstalt" Telgte, Privatschule und Internat.

(3962) Hamacher, Theo: Hermann Ignaz Knievel und sein Choralbuch, Paderborn 1840, eine kirchenmusikalische Tat.
In: Warte 30. Jg. 1969, H. 6, S. 82-84 [textgleich unter dem Titel: Herrmann Ignaz Knievel und sein Choralbuch. Lehrer, Küster und Organist an St. Nicolai zu Lippstadt. In: Hbll Lippstadt. 53. Jg. 1973, S. 33-36]
Geb. 1786, gest. 1840; biographische Daten und kirchenmusikalische Arbeiten Knievels.

(3963) Grünhage, C.: Aus den Anfängen der kath. Volksschule in Lippstadt.
In: Hbll Lippstadt 5. Jg. 1923, S. 7, 10-11, 13-14
1810; kommentierte Quellen zur Lehrerstelle und Tätigkeiten Ignaz Knievels.

Biographisches

(3964) Hengesbach, F.: Hermann Ignaz Knievel. Der erste Lehrer, Küster und Organist der 1807 neu errichteten kath. Gemeinde Lippstadt.
In: Hbll Lippstadt 18. Jg. 1936, Nr. 3, S. 10-11
Geb. 1786, gest. 1840; Lehrerbiographie und Angaben zum Volksschulwesen.

(3965) Schuy, Willi: Ein Lehrer für 300 SchulKinder. Organist Hermann Ignaz Knievel. 1786-1840 Küster der neu errichteten katholischen Gemeinde.
In: Hbll Lippstadt 60. Jg. 1980, S. 33-37, 2 Abb.
Biographische Angaben.

(3966) Rechenmeister und Philosoph: Heinrich Knoche. / M. P.
In: De Suerländer 1959, S. 19, 1 Abb.
Geb. 1831, gest. 1911; Kurzbiographie des Volksschullehrers in Arnsberg-Herdringen, Verfasser eines Rechenbuches.

(3967) Mette-Holzen vorm Luer, Julius: Westfalens Adam Riese: Rechenmeister Heinrich Knoche.
In: Sauerland (Sauerländer Hbund) 1961, Nr. 1/2, S. 17-18
Biographie des Volksschullehrers, tätig in Arnsberg-Herdringen.

(3968) MP [Padberg, Magdalene]: Rechenmeister Heinrich Knoche.
In: Uns Sauerland 2. Jg. 1954, Nr. 9, S. 64, 1 Abb.
Biographie des Volksschullehrers in Arnsberg-Herdringen.

(3969) Scheele, Norbert: Vom Rechenmeister Knoche.
In: Hstimmen Olpe 57. F. 1964, S. 190-191
1852-1892; Lehrer Heinrich Knoche in Herdringen.

(3970) Schulte, Chrisostomus: Rechenmeister Heinrich Knoche, Herdringen.
In: Hk Hüsten 1926, S. 17-22, 1 Abb.
Volksschullehrer in Arnsberg-Herdringen, der eine Unterrichtstheorie für den Rechenunterricht entwickelte.

(3971) Hoffmann, Edwin: Noch wat vam "Sulla" on vam "Klai Koch".
In: Siegerländer Hk 1982, S. 57-58, 1 Abb.
1914-1918; Erinnerungen an Lehrer des Gymnasiums in Siegen im 1. Weltkrieg.

(3972) Pädagoge und Dichter: Franz Josef Koch.
In: De Suerlänner 1960, S. 23, 1 Abb.
Gest. 1947; u.a. Volksschulleiter in Essen und Schriftsteller.

(3973) MP [Padberg, Magdalene]: Franz Joseph Koch. Der sauerländische Pädagoge und Dichter.
In: Uns Sauerland 3. Jg. 1955, Nr. 4, S. 32, 1 Abb. auf S. 31
Geb. 1875, gest. 1947; Volksschullehrer in Wanne-Eickel und Essen.

(3974) Gustav Koch.
In: Minden-Ravensberger 41. Jg. 1969, S. 131-132, 1 Abb.
Gest. 1967; Studienrat aus Herford.

(3975) Schrader, -: Thusnelde Koch †.
In: Ravensberger Bll 31. Jg. 1931, Nr. 9, S. 64
Geb. 1839, gest. 1931; Lehrerin an der Mädchenschule (Cecilienschule) in Bielefeld.

(3976) Benita Koch-Otte.
In: Minden-Ravensberger 49. Jg. 1977, S. 143, 1 Abb.
Geb. 1893, gest. 1976; Lehrerin an einer höheren Mädchenschule sowie Kunstschule, Bielefeld-Bethel, Krefeld-Uerdingen.

(3977) Lenz, W.: Dr. Josef Köchling +.
In: Gütersloher Beitrr H. 36/37. 1974, S. 758-759
Geb. 1888, gest. 1974; Leiter der Rektoratschule in Rheda-Wiedenbrück.

(3978) Klug, Clemens: Peter Köhr.
In: Hürther Heimat Nr. 35/36. 1976, S. 58-59, 1 Abb.
Geb. 1914, gest. 1976; Nachruf, enthält wenige Daten zur Volksschullehrertätigkeit Köhrs in Hürth-Berrenrath und - Efferen.

(3979) Jakubowicz, Viktor: Wer weiß was vom alten Uerdingen? Joseph Köppen, ein vorbildlicher Lehrer und Erzieher!
In: Uerdinger Rundschau 6. Jg. 1956, Nr. 15/16, S. 6-8, 2 Abb. auf S. 9
Geb. 1832, gest. 1895; biographische Hinweise, Erinnerungen an den Volksschullehrer in Krefeld-Uerdingen. Schriftenverzeichnis.

(3980) Flaskamp, Franz: Franz Körnig.
In: Hbll Glocke 1962, Nr. 123, S. 491
Geb. 1858, gest. 1924; Lehrer, Regierungsrat in Münster, Regierungsschulrat in Arnsberg.

(3981) Friedrich Kössmeier.
In: Minden-Ravensberger 34. Jg. 1962, S. 130-131, 1 Abb.
Geb. 1891, gest. 1960; Hauptlehrer u.a. in Petershagen.

(3982) Riepoth, W.: Das elende Ende des M.-Gladbacher Schulmeisters Henrikus Kohl.
In: Bergische Geschbll 6. Jg. 1929, Nr. 2, S. 17-19
1731-1758; Lehrer-Kantor, Apotheker und Landmesser, tätig in Mönchengladbach.

(3983) Richard Kohl.
In: Minden-Ravensberger 21. Jg. 1949, S. 37, 1 Abb.
Gest. 1947; Studienrat u.a. in Herford.

(3984) Felten, -: Bedeutende Männer Dürens. 8. [darin:] Aegidius Kohlhaas.
In: Hbll Düren 1924, Nr. 12, [S. 1-2]
Geb. 1753, gest. 1822; Lehrer am Gymnasium in Düsseldorf, später in Düren tätig.

(3985) Gehlen, -.: Aegidius Kohlhaas. Zu seinem Todestag am 22. Februar.
In: Hbll Düren 5. Jg. 1928, S. 46-47
Kurzbiographie und Abdruck des Totenzettels des Pfarrers und stellvertretenden Direktors des Gymnasiums in Düren.

(3986) Kohlmann, Theodor: Seminar von 3200 Lehrern. Die letzten Direktoren.
In: Hk Krs Soest 41. Jg. 1968, S. 82-84, 3 Abb.
1850-1942; Biographien der Seminardirektoren Karl Kohlmann (1850-1921) und Theodor Kerrl (1866-1942) am Lehrerseminar Soest.

(3987) Grüber, Karl: Große Männer aus großer Zeit. Justus Gruner, Friedrich Kohlrausch, Freiherr vom Stein.
In: Heimat spricht (Remscheider GA) 1937, 2.10., 1 Abb.
19. Jh.; Angaben zu schulischen Tätigkeiten des Pfarrers Kohlrausch (1780-1865) in Düsseldorf.

(3988) Hasenclever, Adolf: Zwei Briefe des Schulrats Friedrich Kohlrausch an die Familie Hasenclever in Ehringhausen bei Remscheid.
In: Düsseldorfer Jb Bd. 27. 1915, S. 296-300
1818, 1838; kommentierter Abdruck, enthält kurze Hinweise zu Kohlrauschs Ansichten über das Schulwesen.

(3989) Dr. Fritz Koppe.
In: Minden-Ravensberger 54. Jg. 1982, S. 143, 1 Abb.
Geb. 1896, gest. 1981; Oberstudienrat u.a. in Bielefeld.

(3990) Rübel, R.: Ein Universitätsprofessor als Studienrat am Gymnasium Arnoldinum in Burgsteinfurt.
In: Steinfurter Hbote 1953, S. 41-42, 1 Abb.
Geb. 1860, gest. 1934; Biographie des Studienrates Wilhelm Koppelmann, der in Steinfurt-Burgsteinfurt, Ilfeld, Leer und Lippstadt tätig war.

(3991) Vormbrock, Carl: Rektor Wilhelm Korte.
In: Minden-Ravensberger 30. Jg. 1958, S. 126, 1 Abb.
Gest. 1957; Volksschulrektor in Lübbecke-Nettelstedt.

(3992) Kratz, Ernst: Karl Wilhelm Kortüm. Ein Beitrag zur Geschichte der Düsseldorfer Schulen.
In: Tor (Düsseldorf) 39. Jg. 1973, S. 222-227, 1 Abb.
Anf. 19. Jh.; enthält Angaben zur Reform des Düsseldorfer Gymnasiums unter dem Leiter Kortüm.

(3993) Flaskamp, Franz: Albert Kotschok.
In: Hbll Glocke Nr. 139. 1963, S. 556
Geb. 1870, gest. 1921; Gymnasiallehrer u.a. in Aachen.

(3994) Josef Koulen.
In: Hk Krs Heinsberg 1927, S. 84-85, 1 Abb.
Geb. 1858; Gymnasiallehrer in Düren und Oberursel.

(3995) Jansen, Peter: Josef Koulen zum Gedächtnis.
In: Hk Krs Heinsberg 1959, S. 107-108
Geb. 1858, gest. 1938; biographische Daten und Abdruck eines heimatkundlichen Aufsatzes des Gymnasiallehrers in Düren.

(3996) [Weber, Herbert]: Bedeutende Lehrerpersönlichkeit verschaffte katholischer Schule in Gräfrath neues Ansehen. Schon als 18jähriger übernahm Johann Heinrich Koxholt im Jahre 1815 die Lehrerstelle in Gräfrath.
In: Heimat Solingen 38. Jg. 1972, Nr. 5, S. 17, 1 Abb.
Geb. 1797, gest. 1871; erster Lehrer an der katholischen Schule in Solingen-Gräfrath.

(3997) Carlé, Theodor: Caspar Franz Krabbe als Pfarrer in Recklinghausen.
In: Vest Z Bd. 34. 1927, S. 97-115
Geb. 1794, gest. 1866; enthält auch Angaben zu Schulkonferenzen und Lehrerverein.

(3998) Kuntze, Eugen: Kaspar Franz Krabbe, Overbergs Nachfolger.
In: Auf Roter Erde (Münster) 10. Jg. 1934/35, Nr. 10, S. 78-80. Nr. 11, S. 86-88
Geb. 1794, gest. 1866; Pfarrer in Recklinghausen und Schulrat, tätig u.a. am Lehrerseminar Langenhorst.

(3999) Mummenhoff, W[ilhelm]: Die geistige Bildung und die wissenschaftlichen Bestrebungen in Recklinghausen vor 100 Jahren.
In: Alt-Recklinghausen 3. Jg. 1922, Sp. 33-34
Ca. 1823 - 1828; kommentierte Auszüge aus den "Pädagogischen Erinnerungen" vom Domdechant und Schulrat Dr. Caspar Franz Krabbe (gest. 1866), der 1823-1828 als Pfarrer in Recklinghausen im kirchlichen und schulischen Bereich tätig war.

(4000) Liers, Fritz: Dominikus Krämer +.
In: Hk Krs Schleiden 1965, S. 144, 1 Abb.
Geb. 1895, gest. 1964; Hauptschullehrer, tätig in Remscheid, Blumenthal (Werl) und Reifferscheid (Schleiden).

(4001) Theodor Krämer.
In: Minden-Ravensberger 40. Jg. 1968, S. 133, 1 Abb.
Geb. 1897, gest. 1967; Studiendirektor in Bielefeld, Versmold.

(4002) Krükel, Lambert: Eine Erinnerung aus der Schulzeit.
In: Hk Krs Heinsberg 15. Jg. 1965, S. 125
1908; Erinnerungen an den Turnlehrer Krahforst am Gymnasium in Bad Münstereifel.

(4003) Bers, -: Die Chronik des Präzeptors Krantz in Jülich.
In: Rur-Blumen 1935, S. 176
Geb. 1767, gest. 1846; Kommentar zur Veröffentlichung der Chronik des Jülicher Privatlehrers.

(4004) [Schiffers, -]: Die Chronik des Präzeptors Krantz.
In: Rur-Blumen 1935, S. 216
Abdruck eines Kommentars von H. Schiffers zur Veröffentlichung der Jülicher Chronik.

(4005) Ein Leben für Schule und Musik. Vor 50 Jahren starb der münstersche Schulrat und Seminardirektor Dr. Martin Kraß.
In: Auf Roter Erde (Münster) 32. Jg. 1976, Nr. 197, S. 2-3, 2 Abb.
Geb. 1837, gest. 1925; Nachruf auf den Lehrer und Schulrat vom 20.11.1925.

(4006) Flaskamp, Franz: Adolf Kreisel.
In: Hbll Glocke 1962, Nr. 120, S. 480
Geb. 1859; Biographie des Schulinspektors in Rheda-Wiedenbrück, "moderner Pädagoge im Sinne der Arbeitsschule".

(4007) Zum 25jährigen Dienst-Jubiläum des Leiters des Staatlichen Gymnasiums in Jülich Studiendirektors Geheimrat Dr. Kreuser.
In: Rur-Blumen 1926, Nr. 40, [S. 1], 1 Abb.
Geb. 1862; Bericht über Jubiläumsfeier und biographische Daten.

(4008) Professor Kreuser, ein Altkölner Original. / Ag.r.
In: Alt-Köln Hbll 6. Jg. 1952, S. 34
Geb. 1795, gest. 1870; Biographie des Lehrers am Marzellen-Gymnasium in Köln.

(4009) Hauptlehrer Krichen.
In: Alt-Schiefbahn 1. Jg. 1952, Nr. 4, [S. 5]
Geb. 1845, tätig bis 1908; Volksschullehrer in Willich-Schiefbahn.

(4010) Jeismann, Karl Ernst: Die Eingabe eines Schwelmer Lehrers an das preußische Innenministerium, Sektion für Kultus und Unterricht, aus dem Jahre 1814.
In: Westf Z Bd. 118, 1968, S. 115-133
1814; Bittschrift des Lehrers Kriegeskotte mit Vorschlägen zur Verbesserung des Schulwesens (Einführung einer allgemeinen Schulsteuer, gemeinsame Richtlinien und verbindende Aufsicht für das gesamte Schulwesen).

(4011) Krings, -: Erinnerungen an meine Junglehrerzeit im Monschauer Land.
In: Eifel Jb 1930, S. 127-130, 2 Abb.
Um 1900; hauptsächlich Erinnerungen an Lehrer Kesternich und Schulrat Zilleckens.

(4012) Gedenken an Wilhelm Krings, unseren hochverdienten Lehrer.
In: Burg Quelle (Blankenheim) Nr. 50. 1973, [S. 8]
Geb. 1878, gest. 1971; Nachruf mit biographischen Angaben zu dem Lehrer in Blankenheim.

(4013) Kröger, -: Eifelerleben eines jungen Lehrers vor 50 Jahren.
In: Hk Krs Schleiden 1956, S. 104-106, 1 Abb.
1904; Erinnerungen an die erste Stelle in Schleiden-Olef.

(4014) Bertelsmann, Otto-Wilhelm: Ein Lehrerssohn aus Espelkamp heiratet eine Patriziertochter aus Bielefeld. Sein Vater: der Lehrer war ein Heuerling!
In: Ravensberger Bll 1982, H. 1, S. 12-20
1783-1809; kommentierte Quellen, unter anderem Bestallungsurkunde für den Lehrer Christoph Heinrich Kröger in Espelkamp.

(4015) Löhmann, -: August Krönig, der erste Direktor des Bielefelder Gymnasiums.
In: Ravensberger Bll 37. Jg. 1937, Nr. 9, S. 69-70
Geb. 1786, gest. 1837; biographische Daten zu Krönig.

(4016) Friedrich, Paul: Oswald Kroh (1887-1955).
In: Wittgenstein Jg. 56. Bd. 32. 1968, H. 2, S. 81-85, Abb. neben S. 80
Geb. 1887, gest. 1955; Ausbildung in Hilchenbach von 1902-1905, Lehrer in Erndtebrück, später Universitätsprofessor.

(4017) Heinrich, -: Der Tod kam beim Austeilen der Osterzeugnisse. Rektor Richard Kropp, dem Leiter der Bürener Rektoratschule, zum Gedächtnis.
In: Warte 24. Jg. 1963, H. 3, S. 38-39, 1 Abb.
Geb. 1853, gest. 1913; über die Unterrichtstätigkeit des Rektors und Einzeldaten zur Schule.

(4018) Krüper, -: Aus dem Tagebuch meines Großvaters aus den Jahren 1825/27.
In: Hbll Lippstadt 38. Jg. 1957, S. 113-116, 5 Abb.
1808, 1824; biographische/autobiographische Angaben zu Landschullehrer Krüper in Olsberg-Brunskappel und Büren (Lehrerseminar).

(4019) Friedrich Adolf Krummacher in Hamm.
In: Westfalenland (Hagen) 1925, Nr. 15, [S. 2-3]
1790-1793; Daten zur Tätigkeit F. A. Krummachers als 4. Lehrer am Hammer Gymnasium.

(4020) Beilecke, Paul: Friedrich Adolf Krummacher in Briefen von ihm und über ihn.
In: Land Leute Moers 10. Jg. 1928, Nr. 2, [S. 1-2]. Nr. 3, [S. 1]
1793-1797; Briefe zu Krummachers Weggang aus Hamm, zur Übernahme der Rektorenstelle am Moerser Gymnasium und seiner Tätigkeit dort.

(4021) Bültjes, Franz: Friedrich Adolf Krummacher. Sein Leben und Wirken in Moers.
In: Hk Krs Moers 1942, S. 156-160, 1 Abb.
Geb. 1767, gest. 1845; Biographie des Direktors des Gymnasiums, später an der Universität Duisburg.

(4022) Bültjes, Franz: Friedrich Adolf Krummacher. Ein Lebens- und Zeitbild aus dem 18. Jahrhundert.
In: Heimat Duisburg 1. Jg. 1959, S. 59-62, 1 Abb.
Geb. 1767, gest. 1845; biographische Angaben zu dem Rektor des Moerser Gymnasiums, später an der Universität Duisburg.

(4023) Schmülling, Hermine: Christiane Engels, die getreue Freundin des Krummacher'schen Hauses.
In: Schwanenturm 1926, Nr. 16, [S. 2-3]. Nr. 17, [S. 3]. Nr. 18, [S. 4]. Nr. 21, [S. 4]. Nr. 22, [S. 3]. Nr. 23, [S. 4]. Nr. 24, [S. 4]. Nr. 25, [S. 4]
Ende 18. - Mitte 19. Jh.; Biographie enthält kommentierten Briefwechsel mit F. A. Krummacher, Rektor des Gymnasiums in Moers.

(4024) Schulte, Wilhelm: Johann Jakob Kruse (1809-1873). Leben und Schicksale des letzten Rektors der Höheren Stadtschule in Iserlohn.
In: Märker 29. Jg. 1980, S. 178-185, 3 Abb.
Geb. 1809, gest. 1873; ausführliche Biographie.

(4025) Ottsen, O.: Die Lehrerfamilie Kühler in Repelen.
In: Land Leute Moers 14. Jg. 1932, S. 30-31, 34-35
Ende 18. Jh. - 1898; Lehrergenerationsfolge, enthält auch autobiographische Aufzeichnungen (Erinnerungen an Schülerzeit, Ausbildung in Moers).

(4026) Kühn, Adolf: Fritz Kühn +.
In: Siegerländer Hk 1970, S. 67-68, 1 Abb.
Geb. 1883, gest. 1968; Volksschullehrer und Rektor der Mittelschule bis 1949 in Iserlohn.

(4027) Rosenthal, Konrad: In memoriam Fritz Kühn.
In: Danzturm 1968, H. 3, S. 1, 3, 1 Titelb.
Geb. 1883, gest. 1968; Lehrer in Iserlohn, Leiter des Stadtarchivs.

(4028) Pütz, Heinrich: Redlich Kühn: Lehrer, Imker und Dorfadvokat.
In: Hk Krs Dinslaken 14. Jg. 1957, S. 140-141
Geb. 1785, gest. 1860; Lehrer in Hünxe-Bruckhausen.

(4029) Kühn, Adolf: Aus dem Leben eines Siegerländer Lehrers.
In: Siegerländer Hk 1962, S. 98-100
Mitte 19. Jh. - 1930 (gest.); biographische Angaben und Auszüge aus Aufzeichnungen des Lehrers Rudolf Kühn in Netphen und Siegen.

(4030) Aus dem Tagebuch des Nauholzer Schulmeisters Wilhelm Kühn.
In: Heimatland (Siegen) 8. Jg. 1933, S. 46-48
1822-1824; autobiographische Angaben aus der Zeit der ersten Lehrertätigkeit in Netphen.

(4031) Kühn, Wilhelm: Ein Schulidyll vor 150 Jahren.
In: Siegerländer Hk 1953, S. 106-109
Geb. 1800; Auszüge aus der Autobiographie des Lehrers Wilhelm Kühn in Siegen-Bürbach.

(4032) Kühn, Adolf: Aus den Erinnerungen eines Dorfschullehrers.
In: Siegerländer Hk 1954, S. 65-68
Um 1824; Erzählung, vermutlich über den Lehrer Wilhelm Kühn.

(4033) Felten, W.: Johann Heinrich Küpper und seine Sammlungen.
In: Hvolk (Neuss) 7. Jg. 1928, Nr. 37, [S. 3-4]. Nr. 38, [S. 3-4]. Nr. 39, [S. 4]. Nr. 40, [S. 4]. Nr. 41, [S. 4]. Nr. 42, [S. 4]
Geb. 1767, gest. 1836; Pfarrer und Rektor der Neusser Lateinschule bis 1806; Angaben zu Küppers Nachlaß.

(4034) Fischer, Adolf: Zum 100. Geburtstag Professor Dr. Kuhls.
In: Rur-Blumen 1930, Nr. 40, [S. 1-4], 2 Abb.
Geb. 1830, gest. 1906; über den Rektor des Jülicher Progymnasiums.

(4035) Plum, Heinrich: Professor Dr. Joseph Kuhl. Vor 150 Jahren wurde der Altmeister Jülicher Geschichtsschreibung geboren.
In: Jb Krs Düren 1980, S. 51-53, 2 Abb.
Geb. 1830, gest. 1906; Lehrer am Jülicher Gymnasium, Verfasser der Stadtgeschichte und schulgeschichtlicher Abhandlungen.

(4036) Jeuckens, Robert: Peter Kuhl. Dem Andenken eines verdienten Mannes.
In: Hbll Düren 15. Jg. 1938, S. 101-102
1845-1907; Kurzbiographie des Dürener Gymnasiallehrers.

(4037) Thümmel, Bernhardt: Rektor Kuhlo.
In: Heimat Wort Bild 48. Jg. 1930, Nr. 30, [S. 2-3], 1 Abb.
Geb. 1786, gest. 1868; Rektor Karl Philipp Kuhlo an der Knabenschule in Gütersloh, später in Bielefeld-Heepen tätig. Angaben zur Familiengeschichte.

(4038) Funcke, Eduard: Professor Kuithan.
In: Hermann 1831, S. 809
Gest. 1831; Nachruf auf den Leiter des Dortmunder Gymnasiums.

(4039) Linden, Horst: Johann Wilhelm Kuithan. Ein verdienter Schulmann, der mit Goethe korrespondierte.
In: Hspiegel (Dortmd Nord-West-Ztg) Nr. 22. 1956, [S. 4]
Geb. 1760, gest. 1831; Angaben zu dem Direktor des Gymnasiums in Dortmund.

(4040) Wand, A[lbert]: Johann Wilhelm Kuithan.
In: Heimat (Tremonia) Nr. 8. 1927, [S. 3-4]. Nr. 9, [S. 2-4]
Gymnasiallehrer in Dortmund.

(4041) Klövekorn, Leo: Zwei Kalkarer Gelehrte. Erinnerungen an Dr. Franz und Professor Dr. Heinrich Kuypers.
In: Kal Klever Land 1961, S. 101-106
Ende 19. - Mitte 20. Jh.; Franz Kuypers, Stadtschulrat in Düsseldorf; Heinrich Kuypers, Oberstudienrat in Aachen.

(4042) Schmitz, Heinz: Rektor Antonius Labonté zum 65. Geburtstag.
In: Jb Angermunder Kulturkreis 1980, Bd. 2, S. 113-115, 1 Abb.
Geb. 1914; tätig in Kevelaer und Düsseldorf-Angermund.

(4043) Artur Ladebeck.
In: Minden-Ravensberger 37. Jg. 1965, S. 129, 1 Abb.
Geb. 1891, gest. 1963; Lehrer und Oberbürgermeister in Bielefeld.

(4044) Wilhelm Laege.
In: Minden-Ravensberger 53. Jg. 1981, S. 148, 1 Abb.
Geb. 1898, gest. 1980; Realschullehrer in Herford.

(4045) Rübel, R.: Rektor August Lagemann.
In: Steinfurter Hbote 1958, S. 1-2, 1 Abb.
Geb. 1863, gest. 1936; Volksschulrektor in Steinfurt-Burgsteinfurt.

(4046) Linden, Horst: Frühe Begegnungen. [darin:] Johann Lambach. Ein bedeutender Humanist des Mittelalters.
In: Hspiegel (Dortmd Nord-West-Ztg) Nr. 27. 1956, [S. 3]
Geb. 1516, gest. 1583; Biographie des Dortmunder Gymnasialdirektors.

(4047) Bauermann, Otto: Die Meister der französischen Sprache. Solinger Schmiede mußten Sprachkenntnisse besitzen.
In: Heimat Solingen 30. Jg. 1964, Nr. 12, S. 47
Anf. 18. Jh.; über den Sprachlehrer Nicolas de Landase.

(4048)   Seitz, Friedrich: Der Elberfelder Sprachmeister Nicolas de Landase. Ein Beitrag zur Geschichte des französischen Unterrichts am Niederrhein.
In: Z Berg GV Bd. 39. 1906, S. 148-179
1667, gest. nach 1727; Analyse französischer Lehrbücher verschiedener Verfasser; Biographie des Nicolas Landase.

(4049)   Vieth, Alb.: Noch ein Beitrag zur Geschichte des Soester Archigymnasiums.
In: Soester Z H. 15. 1896/97, S. 88-95
1808-1820; Kurzbiographie des Lehrers Diederich Ludwig Landfermann und Auszüge aus dessen autobiographischen Aufzeichnungen, die seine Schülerzeit am Archigymnasium betreffen.

(4050)   1882: Dietrich Wilhelm Landfermann gestorben. / K. L.
In: Heimat (westfälische) 14. Jg. 1932, S. 107
Geb. 1800, gest. 1882; biographische Angaben zu dem Duisburger Pädagogen.

(4051)   Casper, Bernhard: Friedrich Pilgram und sein Lehrer Dietrich Wilhelm Landfermann; ein Beitrag zur Schulgeschichte Duisburgs im 19. Jahrhundert.
In: Duisburger Forsch Bd. 2. 1959, S. 189-201
Anf. 19. Jh.; enthält Angaben zum Einfluß des Duisburger Gymnasiallehrers Landfermann auf seinen Schüler, den späteren Theologen Pilgram.

(4052)   Wiesenthal, Max: Bedeutende Schulmänner in Duisburg.
In: Hk Duisburg 1941, S. 97-101, 3 Abb.
19. Jh.; Angaben zu D. W. Landfermann, F. A. Lange und Quintin Steinbart.

(4053)   Oberstudienrätin Else Lange.
In: Minden-Ravensberger 27. Jg. 1955, S. 151-152, 1 Abb.
Geb. 1883, gest. 1954; Oberstudienrätin in Bielefeld.

(4054)   Friedrich Albert Lange.
In: Heimat Duisburg 1960, S. 70
Geb. 1828, gest. 1875; Gymnasiallehrer bis 1862, Schriftsteller und Professor, tätig in Duisburg.

(4055)   Knoll, Joachim H.: F. A. Lange - eine "merkwürdige Randfigur" in der Pädagogik des 19. Jahrhunderts.
In: Duisburger Forsch Bd. 21. 1975, S. 108-132
Geb. 1828, gest. 1875; pädagogische Aktivitäten Langes in Duisburg, u.a. Angaben zum Modell der freien Schulgemeinde.

(4056)   Voos, W.: Friedrich Albert Lange.
In: Rheinisch-Bergischer Kal 1928, S. 183-184
Geb. 1828, gest. 1875; Kurzbiographie des in Solingen-Wald geborenen Lehrers, tätig u.a. in Duisburg.

(4057)   Weber, Herbert: Revolutionärer Philosoph der Arbeiterbewegung. Zum 100. Todestag des in Wald geborenen Friedrich Albert Lange.
In: Heimat Solingen 41. Jg. 1975, Nr. 6, S. 23, 1 Abb.
Geb. 1828, gest. 1875; Kurzbiographie des in Solingen-Wald geborenen Gymnasiallehrers (in Köln und Duisburg tätig), Professors und Oberkonsistorialrates.

(4058)   Rektor Heinrich Lange.
In: Minden-Ravensberger 22. Jg. 1950, S. 136, 1 Abb.
Geb. 1861, gest. 1946; Rektor der Volksschule in Borgholzhausen.

(4059)   Das Jubelfest, oder: Gehet hin und thut desgleichen.
In: Hermann 1829, S. 649-650, Beil. zu Nr. 81. Beil. zu Nr. 83. Beil. zu Nr. 85
1829; Amtsentlassungsfeier des Lehrers Johann Jakob Langen in Wülfrath-Düssel, 44 Jahre dort tätig.

(4060) Horsch, R.: Rudolf von Langen, deutscher Humanist, Dichter und Schulmann, Geb. zu Everswinkel 1438, gestorben in Münster 1519.
In: Warendorfer Bll 1931, S. 15-16
Geb. 1438, gest. 1519; Biographie des Reformators an der Domschule zu Münster.

(4061) Oberstudienrat i. R. Professor Friedrich Langewiesche 70 Jahre alt.
In: Ravensberger Bll 37. Jg. 1937, Nr. 5, S. 33-34, 1 Abb.
Geb. 1867; Lehrer in Bünde, Heimatforscher.

(4062) Friedrich Langewiesche.
In: Minden-Ravensberger 32. Jg. 1960, S. 127, 1 Abb.
Geb. 1867, gest. 1958; Lehrer am Realgymnasium in Bünde und Heimatforscher.

(4063) Cohnen, Franz-Josef: Schulrat Peter Lankes.
In: Hbote Amern Dilkrath 1980, H. 2, S. 32-33, 2 Abb.
1877-1954; Kurzbiographie des Lehrers, tätig in Schwalmtal-Dilkrath und Viersen.

(4064) Wilhelm Lechtenbörger.
In: Minden-Ravensberger 37. Jg. 1965, S. 130, 1 Abb.
Gest. 1964?; Volksschullehrer in Hille.

(4065) Rübel, R.: Der erste Lehrer am Gymnasium Arnoldinum.
In: Steinfurter Hbote 1953, Nr. 7, S. 25-26, 1 Abb.
Geb. 1809, gest. 1883; Biographie des Volksschullehrers und "Gymnasialelementarlehrers" Johann Karl Lefholz, tätig in Steinfurt-Burgsteinfurt.

(4066) Baldauf, Johannes: Heinz Lenfert in memoriam.
In: Ahlener Monatsschau Nr. 35. 1967, S. 3, 1 Abb.
Geb. 1898, gest. 1957; Rektor der Diesterwegschule in Ahlen.

(4067) Hoff, Hans: Maria Lenssen.
In: Rheydter Jb Bd. 10. 1973, S. 80-83
Geb. 1836, gest. 1919; Biographie der Begründerin der "Fortbildungsschule für weibliche Handarbeiten" (1870) in Mönchengladbach-Rheydt.

(4068) Schmitz, Josef: Studienrat August Lentz, ein vorbildlicher Heimatpfleger.
In: Hk Krs Heinsberg 1978, S. 110-113, 3 Abb.
Gest. 1977; Würdigung der heimatkundlichen und künstlerischen Tätigkeiten des Lehrers.

(4069) Schmalbrock, Gertrud: Karl Leyh, Lehrer und Küster.
In: Gladbeck 7. Jg. 1979, Nr. 3, S. 29, 31-32, 5 Abb.
Geb. 1898; Volksschullehrer in Gladbeck.

(4070) Lieck, Heinrich: 1824 als Seminarist in Brühl.
In: Brühler Hbll 31. Jg. 1974, S. 20-21; 32. Jg. 1975, S. 37-38
1824; Auszüge aus der Autobiographie des späteren Aachener Lehrers, verfaßt um 1865.

(4071) Sonntag, Jakob: Des Heinrich Lieck Studentenstreich im Brühler Lehrerseminar vor 150 Jahren.
In: Brühler Hbll 33. Jg. 1976, S. 30-31
1824-1828; kommentierte Auszüge aus der Autobiographie Liecks.

(4072) Tholen, Gerhard: Aus der Lebensbeschreibung des Heinrich Lieck, geboren 1808.
In: Hk Krs Heinsberg 22. Jg. 1972, S. 128-135
Geb. 1808 - ca. 1830; kommentierte Auszüge aus Volksschullehrerautobiographie, verfaßt 1865, enthält Angaben zur Schulzeit in Waldfeucht-Braunsrath und Lehrerausbildung in Brühl.

(4073) Halbach, Gustav Hermann: Die Mühle am Hunsrück. Gedenkblatt für einen alten Lehrer.
In: Heimat spricht (Remscheider GA) 1935, 9./10.2., 2 Abb.
Geb. 1857; Erinnerungen an den Volksschullehrer Johannes Lieser aus Remscheid.

(4074) Studienrat Ferdinand Limberg.
In: Hbote (Paderborn) [N. F.] 2. Jg. 1929, Nr. 12, [S. 3-4]
Geb. 1859; Lehrer in Paderborn.

(4075) Joh. Wilh. Linkenbach, ein alter Mülheimer Lehrer, der von 1801 bis 1840 an der Schule in Eppinghofen wirkte.
In: Vaterstädtische Bll (Mülheim) 2. Jg. Nr. 44, S. 4. Nr. 45, S. 2-4. Nr. 46, S. 2-3. Nr. 47, S. 2. Nr. 48, S. 2. Nr. 49, S. 2. Nr. 50, S. 3-4. Nr. 51, S. 2-3
Geb. 1781; kommentierter Abdruck der Autobiographie des Volksschullehrers in Mülheim-Eppinghofen.

(4076) Meister Linckenbach in Ewewekowwen./ N. va Möllem
In: Vaterstädtische Bll (Mülheim) 1911, Nr. 25, S. 1
Um 1800; Kommentar zu Teilen der Autobiographie des Mülheimer Lehrers Joh. Wilh. Linkenbach.

(4077) Meister Linkenbach in Ewwekowwen./ N. va Möllem
In: Vaterstädtische Bll (Mülheim) 1911, Nr. 5, S. 3
1844; über die Autobiographie des Mülheimer Lehrers J. W. Linkenbach.

(4078) op ten Höfel, R.: Johann Wilhelm Linkenbach. Generationen Mülheimer lernten bei ihm.
In: Mülheimer Jb 1955, S. 31-37
Enthält Auszüge aus einer 1844 verfaßten Autobiographie des Volksschullehrers.

(4079) Bers, W.: Beigeordneter a.D. Dr. Kaspar Linnartz in Köln, Sohn des Jülicher Landes.
In: Hk Krs Jülich 1957, S. 129-131, 1 Abb.
Geb. 1878, gest. 1955; geb. in Jülich-Kirchberg, Gymnasiallehrer und Schulrat in Osnabrück und Köln.

(4080) Lehrer Linnhoff wurde 90 Jahre alt.
In: Danzturm 1968, H. 2, S. 23-24, 2 Abb.
Geb. 1878; Lehrer in Iserlohn.

(4081) Verdienter Heimatforscher 70 Jahre alt. Karl Lippert, Lehrer i.R., geb. 1890.
In: Warte 21. Jg. 1960, H. 11, S. 203, 1 Abb.
Geb. 1890; enthält biographische Angaben. Lehrer in Blankenrode und Warburg-Hohenwepel.

(4082) Ein Kevelaerer Lehrer wird geehrt.
In: Uns Heimat (Kevelaer, Geldern) 4. Jg. 1913, Nr. 6, [S. 4]
1863; Verleihung des allg. Ehrenzeichens an den Volksschullehrer Heinrich van de Locht.

(4083) Engels, Peter: Dem Andenken Heinrich Löcherbachs (+ 1943).
In: Zw Wipper Rhein 7. Jg. 1953, S. 31-32, 1 Abb.
Geb. 1871, gest. 1943; Priester und Studienrat u.a. in Wipperfürth.

(4084) Scheele, Norbert: Was Löcker aus Heinsberg 1786 über seine Reise nach Ungarn schreibt.
In: Hstimmen Olpe 12. Jg. 1935, Nr. 10/12, S. 50-51
1786; autobiographische Aufzeichnungen eines späteren Lehrers, in Heinsberg, Meggen und Marmecke tätig.

(4085) Scheele, Norbert: Was Löcker aus Heinsberg über seine Militärzeit und seinen Eintritt in die Schule schreibt.
In: Hstimmen Olpe 13. Jg. 1936, Nr. 11/12, S. 105-106
Um 1790; autobiographische Aufzeichnungen.

(4086) Eyl, Werner: Rektor Lomberg, ein verdienter Schulmann und Heimatforscher.
In: Heimat Solingen 6. Jg. 1930, Nr. 8, S. 31-32
Geb. 1859; Lehrer und Verfasser verschiedener Schriften, Freund und Mitarbeiter Dörpfelds; tätig in Wuppertal-Elberfeld und Solingen.

(4087) Dln [Deilmann, Joseph]: Heinrich Lommertz aus Süchteln.
In: Süchtelner Hbll 1955, Nr. 8, S. 12-13, 1 Abb.
Geb. 1782, gest. 1869; Lehrer bis 1818 in Mühlhausen (Grefrath-Oedt), später Priester.

(4088) Wilhelm Lorenz.
In: Minden-Ravensberger 34. Jg. 1962, S. 128-129, 1 Abb.
Geb. 1899, gest. 1960; Volksschullehrer und Schulrat in Rahden.

(4089) Flaskamp, Franz: Herm. Lucas - ein Schulverdienst. Frühester Direktor des Laurentianum zu Warendorf.
In: Hbll Glocke 1974, Nr. 3, S. 50
Geb. 1806, gest. 1872; Kurzbiographie des Gymnasialdirektors.

(4090) Aus einem westfälischen Lehrerleben zu Anfang des 19. Jahrhunderts.
In: Hist Bll (Bielefeld) 1909, Nr. 4, [S. 3-4]
1824-1837; Angaben zu dem Dortmunder Lehrer Peter Lübke (nach dessen Autobiographie).

(4091) [Lübke, Peter]: Der Werdegang eines Lehrers vor 100 Jahren.
In: Ruhrwellen 11. Jg. 1935, Nr. 11, [S. 1-2]
Geb. 1798; Auszüge aus der Autobiographie des Dortmunder Lehrers.

(4092) Schulte, Wilhelm: Aus dem Leben eines Volksschullehrers im Sauerlande vor hundert Jahren.
In: Heimat (Iserlohn) 4. Jg. 1921, Nr. 10, [S. 1-3]. Nr. 11, [S. 1-2]
1798-1823; kommentierte Auszüge aus der Autobiographie des Lehrers Peter Lübke in Marsberg-Canstein und Dortmund, gest. 1879.

(4093) Margraff, Johanna: Dr. Maria Lütgenau, erste Schulrätin des Monschauer Landes.
In: Monschauer Land 1979, S. 66-69, 1 Abb.
Geb. 1900, gest. 1959; Biographie enthält Auszüge aus Zeitungsaufsätzen der Schulrätin.

(4094) Flaskamp, Franz: Lorenz Lütteken.
In: Hbll Glocke Nr. 196. 1968, S. 782-783, 1 Abb.
Geb. 1862, gest. 1929; tätig an Lehrerseminaren in Rüthen, Büren und Warendorf.

(4095) Bergenthal, Josef: Geburtstagsgruß für Heinrich Luhmann.
In: Minden-Ravensberger 38. Jg. 1966, S. 68-69, 1 Abb.
Geb. 1890; Überblick über das dichterische Schaffen des Lehrers, Schulrats und Oberregierungsrates Heinrich Luhmann, tätig in Arnsberg, Münster, Soest, Warendorf.

(4096) Pixberg, H.: Karl Mager, Gräfraths größter Sohn.
In: Heimat Solingen 2. Jg. 1926, Nr. 17, S. 65
Geb. 1810, gest. 1858; in Solingen-Gräfrath geborener, später in Berlin und Eisenach tätiger Realschullehrer, Verfasser pädagogischer Schriften.

(4097) Rosenthal, H[einz]: Karl Mager. Ein bedeutender Sohn Gräfraths.
In: Gräfrather Hspiegel 4. Jg. 1953, Nr. 6, [S. 3]
Geb. 1810, gest. 1858; gekürzte Fassung eines Artikels aus: Heimat Solingen. 20. Jg. 1954, S. 13-14, 17-18, 24, 28; Solingen-Gräfrath.

(4098) Rosenthal, Heinz: Karl Mager, ein großer Sohn Gräfraths.
In: Heimat Solingen 20. Jg. 1954, S. 13-14, 17-18, 24, 28
Biographie des in Solingen-Gräfrath geborenen Schulreformers, später als Pädagoge u.a. in Berlin tätig.

(4099) Wittenbruch, Wilhelm: Karl Wilhelm Mager (1810-1858). Ein 'vergessener Pädagoge' aus dem Bergischen Land.
In: Romerike Berge 23. Jg. 1973, S. 119-130
Aus Solingen gebürtiger Erziehungs- und Sprachwissenschaftler, u.a. tätig als Leiter des Realgymnasiums Eisenach.

(4100) Rübel, R.: Der letzte Rechtslehrer der Hohen Schule.
In: Steinfurter Hbote 1957, S. 17-18, 1 Abb.
Geb. 1719, gest. 1801; Kurzbiographie des Friedrich Adolf von der Marck.

(4101) Schulte, Günther: Küster - Schulmeister - Organist - Kantor im Kirchspiel Deilinghofen 1700-1800.
In: Schlüssel 17. Jg. 1972, H. 3, S. 22-30, 2 Abb. H. 4, S. 25-29; 18. Jg. 1973, H. 1, S. 15-19
17. Jh. - 1853; zum Lehrer-Küsterberuf, Lehrerbiographien aus Hemer-Deilinghofen: Marcks, Johann Melchior (1746-1811); Mullerus, Johann Goswin (1685-1746); Mullerus, J. G. (1713-1753); Osterport, Diedrich (1638-1717); Schnetger, Caspar D. (1731-1778).

(4102) Pütz, Adam: Bedeutende Männer Dürens. [darin:] Fabricius Marcoduranus.
In: Hbll Düren 1924, Nr. 10, [S. 1-2]
1527-1573; Lehrer am Gymnasium in Düsseldorf.

(4103) Dreifache Jubelfeier des Lehrers Markmann in Mülheim-Saarn.
In: Vaterstädtische Bll (Mülheim) 20. Jg. 1924, Nr. 9, [S. 2]
1924; Bericht über die Feier.

(4104) Gehne, F[ritz] [Hrsg.]: Lehrer Martini feiert Jubiläum. Ein Bericht aus der Rhein- und Ruhrzeitung aus dem Jahre 1876.
In: Hk Krs Dinslaken 1958, S. 55-56
1876; Abdruck eines zeitgenössischen Berichts aus Dinslaken-Hiesfeld.

(4105) Overmeyer, J.: Beim Lehrer in Mehr.
In: Schwanenturm 1919, Nr. 6, [S. 4]
1919; über die Geflügelzucht des Volksschullehrers Matenaar in Kranenburg-Mehr.

(4106) Weiß, Pejo: Ein rheinischer Dichter. 1982 würde der Dichter und Schriftsteller Ludwig Mathar 100 Jahre alt werden.
In: Venn Schneifel 18. Jg. 1982, S. 125-127, 1 Abb.
Geb. 1882, gest. 1958; enthält biographische Angaben über den Lehrer, tätig in Bad Münstereifel, Neuss und Köln.

(4107) Prümmer, Hermann: Ludwig Mathar zum Gedenken.
In: Monschauer Land 1982, S. 168-169, 1 Abb.
Geb. 1882, gest. 1958; Studienrat in Bad Münstereifel, Neuss und Köln.

(4108) Reuter, Walter: Vor zwanzig Jahren starb Ludwig Mathar.
In: Venn Schneifel 14. Jg. 1978, S. 58-60, 2 Abb.
Geb. 1882, gest. 1958; Studienrat in Bad Münstereifel, Neuss und Köln (Kreuzgasse), Heimatschriftsteller.

(4109) Weber, Matthias: Ein "Monschäuer" in Gymnich.
In: Eifel Jb 1980, S. 92-101, 6 Abb.
Zum schriftstellerischen Werk des Studienrates Ludwig Mathar in Erftstadt-Gymnich.

(4110) Bodensieck, K. H.: Ludwig Mathar - Ein Erinnerungsbild.
In: Hk Monschau 1982, S. 176-177, 1 Abb.
Erinnerungen an den Dichter, keine schulgeschichtlichen Angaben.

(4111) Kremer, Peter: Ludwig Mathar.
In: Eifel Jb 1964, S. 118-121, 1 Abb.
Schriftstellerisches Werk des Lehrers, tätig in Köln und Monschau.

(4112) Kremer, Peter: Ludwig Mathar. Gedenken zum 20. Todestag.
In: Monschauer Land 1978, S. 129-133, 4 Abb.
Übersicht über das literarische Werk des Monschauer Erzählers und Lehrers.

(4113) Weiß, Pejo: Ludwig Mathar. Ein rheinischer Dichter.
In: Hk Monschau 1982, S. 170-174, 3 Abb.
Angaben zum literarischen Schaffen.

(4114) Mathar, Ludwig: Junges Lehren, junges Lernen.
In: Hvolk (Neuss) 8. Jg. 1929, Nr. 40, [S. 2]
Vor 1914; autobiographisch, über die Anstellung Mathars als Oberlehrer an der Oberrealschule in Neuss.

(4115) M. B. [Bonney, Marianne]: Das Seniorenportrait.
In: Lemgoer Hefte H. 12. 3. Jg., 1980/81, S. 2, 1 Abb.
1890-1980; Biographie des Volksschullehrers August Meier, Lemgo.

(4116)   Karl Meier +.
In: Minden-Ravensberger 53. Jg. 1981, S. 145, 1 Abb.
Geb. 1904, gest. 1978; Volksschullehrer und Konrektor in Herford.

(4117)   Bonney, Marianne: Schöpferische Kräfte in einer kleinen Stadt. Prof. Dr. Karl Meier wäre 100 Jahre alt geworden.
In: Lemgoer Hefte H. 17. 5. Jg. 1982, S. 13-20, 11 Abb.
Geb. 1882; Aufsatz behandelt Meiers Schaffen als Dichter und seine Bühneninszenierungen in Lemgo.

(4118)   Schütz, Werner: Erinnerungen an einen Lehrer. Oberstudiendirektor Prof. Dr. Karl Meier, Lemgo, gewidmet.
In: Uns lipp Heimat Nr. 51. 1969, [S. 4], 1 Abb.
1916-1917; Erinnerungen des ehemaligen Kultusministers an seinen Gymnasialdirektor.

(4119)   Schütz, Werner: Lebendige Erinnerungen an einen Lehrer.
In: Hland Lippe 75. Jg. 1982, S. 40-42, 1 Abb.
1909; Erinnerungen an die Gymnasialzeit in Münster und den Lehrer Karl Meier; Verfasser ist der ehemalige Kultusminister Schütz.

(4120)   Bauermann, Otto: Bedeutender Gelehrter: Johann Wilhelm Meigen.
In: Heimat Solingen 30. Jg. 1964, Nr. 3, S. 9-10, 1 Abb.
Geb. 1764, gest. 1845; u.a. Lehrer für Französisch in Mülheim.

(4121)   Schulrat Arthur Meiners.
In: Minden-Ravensberger 21. Jg. 1949, S. 35, 1 Abb.
Geb. 1863, gest. 1941; Gymnasialprofessor in Bielefeld.

(4122)   Heinrich Meise. / O. L.
In: Minden-Ravensberger 46. Jg. 1974, S. 132, 1 Abb.
Geb. 1877, gest. 1973; Volksschulrektor in Bielefeld.

(4123) Lorenz, Walter: Dr. Erich Mengel 70 Jahre.
In: Heimat spricht (Remscheider GA) 1979, Nr. 7
*

(4124) Hoppe, Hans: Die Lehrerhäuser in Rampendahl.
In: Lemgoer Hefte H. 3. 1. Jg. 1978, S. 4-7, 3 Abb.
18. Jh. - 1872; zur Tätigkeit der Rektoren Justus Conrad Mensching (geb. 1732, gest. 1807) und Joh. Friedrich Reinert (gest. 1820) in Lemgo; Einzeldaten zur Geschichte des Gymnasiums.

(4125) Erinnerung an Lehrer Albert Merkelbach.
In: St. Töniser Hbrief 27. Jg. 1980, Nr. 100, S. 39, 2 Abb.
Geb. 1880, gest. 1956; Kurzbiographie des Volksschullehrers in Tönisvorst.

(4126) Färber, Fritz: Johann Christoph Merklinghaus - Lehrer in Seelscheid 1754-1807. Ein Beitrag zur Geschichte der bergischen Volksschulen und ihrer Lehrer.
In: Romerike Berge 14. Jg. 1964/65, S. 68-78
1754-1807; biographische Angaben zu dem Volksschullehrer aus Neunkirchen-Seelscheid.

(4127) Dln [Deilmann, Joseph]: Hans-Willy Mertens zum Gedächtnis.
In: Süchtelner Hbll 1954, Nr. 8, S. 12-15, 1 Abb.
Geb. 1866, gest. 1921; Lehrer in Viersen-Süchteln, Köln (Mittelschule), enthält biographische Daten und Würdigung der schriftstellerischen Tätigkeit des Lehrers.

(4128) Greiwe, Franz: Heinrich Mevenkamp - Versuch einer Lebensbeschreibung.
In: Rheine 1982, Nr. 2, S. 28-33, 1 Abb.
Geb. 1888, gest. 1978; Volksschullehrer in Legden und Heimatgeschichtler.

(4129) Hammacher, Edith: Christian Meyer - ein 'Lenneper Pestalozzi'.
In: Heimat spricht (Remscheider GA) 39. Jg. 1972, [S. 1-2], 1 Abb.
Geb. 1882, gest. 1966; Volks- und Oberschullehrer in Remscheid-Lennep.

(4130) Theodor Meyer. / Br.
In: Minden-Ravensberger 47. Jg. 1975, S. 143, 1 Abb.
Geb. 1903, gest. 1974; Oberstudiendirektor in Bielefeld.

(4131) Wilhelm Meyer. / F. G.
In: Lipp Dorfkal N. F. 1. Jg. 1949, S. 34, 1 Abb.
Geb. 1863, gest. 1948; Biographie und Nachruf auf den Oberschullehrer.

(4132) Zum Gedächtnis. Oberschullehrer i. R. Wilhelm Meyer +.
In: Hland Lippe 1. Jg. 1949, Nr. 3/4, S. 33-34
Geb. 1863, gest. 1948; Nachruf enthält Kurzbiographie.

(4133) Wilhelm Meyer, der Heimatfreund.
In: Lipp Kal 1950, S. 71-72, 1 Abb.
Geb. 1863, gest. 1948; Gymnasiallehrer in Detmold.

(4134) Eifriger Förderer der Siegerländer Heimatforschung. Im Alter von 80 Jahren starb Studienrat i. R. Wilhelm Meyer in Berlin.
In: Siegerländer Hk 1972, S. 46-47, 1 Abb.
Geb. 1891, gest. 1971; Nachruf auf den Studienrat und Heimatforscher, u.a. tätig am Gymnasium in Siegen.

(4135) Karl Meyer-Spelbrink.
In: Minden-Ravensberger 35. Jg. 1963, S. 130-131, 1 Abb.
Geb. 1890, gest. 1962; Rektor in Lübbecke-Nettelstedt.

(4136) Wilhelm Middendorf. / M.
In: Hspiegel (Dortmd Nord-West-Ztg) Nr. 68/69. 1960, [S. 5]
Geb. 1793, gest. 1853; als Lehrer in u.a. Berlin tätig, aus Dortmund-Brechten gebürtig.

(4137) Küppermann, W.: Wilhelm Middendorf.
In: Dortmundisches Mag 1909, S. 91-94, 1 Abb.
Geb. 1793, gest. 1853; Biographie des in Dortmund geborenen Mitarbeiters Fröbels.

(4138) Sellmann, Adolf: Westfalens Anteil an Friedrich Fröbels Lebens- und Erziehungswerk.
In: Heimat (westfälische) 12. Jg. 1930, S. 50-54, 2 Abb.
1. Hälfte 19. Jh.; biographische Angaben zu den Lehrern Wilhelm Middendorf und Johann Arnold Barop, beide in Dortmund tätig.

(4139) Küppermann, W.: Wilhelm Middendorf.
In: Westf Schulmuseum 1. Jg. 1920, Nr. 1, S. 2-3, 1 Abb.
Geb. 1793, gest. 1853; Lehrer, geb. in Dortmund.

(4140) Rembert, Karl: Oberlehrer Wilhelm Mink (1807-1883).
In: Heimat Krefeld 17. Jg. 1938, S. 368-370, 1 Abb.
1884; kommentierter Abdruck des Nachrufes von 1884 auf den Oberlehrer am Realgymnasium in Krefeld, biographische Angaben.

(4141) Müller, Rudolf H.: In Memoriam Dr. Arnold Mock.
In: Niederrhein Wandern 38. Jg. 1971, S. 142-146, 1 Abb. auf S. 141
1891-1971; Nachruf, enthält Biographie des Krefelder Studienrates.

(4142) Magister Joachim Heinrich Möllenhof.
In: Sauerland (Halver) 1929, Nr. 10, [S. 4]
Geb. 1687, gest. 1746; Einzeldaten über den Rektor der Stadtschule in Unna.

(4143) Hemsing, Johannes: Gstl. Rektor Bernhard Möller.
In: Hk Lembeck 39. Jg. 1980, S. 50-56, 2 Abb.
Gest. 1915; Rektor der Rektoratsschule Borken von 1884-1909.

(4144) Bierhoff, Otto: Johann Friedrich Möller als Schulmeister.
In: Hohenlimburger Hbll 20. Jg. 1959, S. 190-196; 21. Jg. 1960, S. 1-8
18. Jh.; Pfarrer, Schulvorsteher, Lehrer in Hagen-Elsey; enthält Möllers "Entwurf eines Schulplanes".

(4145) Esser, Hermann: Johann Friedrich Möller.
In: Hbuch Stadt- u Landkrs Iserlohn 1923, S. 169-172
1750-1807; Pastor und Lehrer in Hagen-Elsey.

(4146) Thiemann, Egbert: Eintragungen Johann Friedrich Möllers über seine Einführung in Elsey und seine Tätigkeit als Lehrer.
In: Hohenlimburger Hbll 24. Jg. 1963, S. 187-188
1772-1786; Aufzeichnungen Möllers über die Vorbereitung von Jungen auf das Gymnasium.

(4147) -sen [Wellhausen, Heinz]: Herforder erster Superintendent Hannovers. War Rektor der alten Lateinschule am Herforder Münster. Interessante Heimatliteratur.
In: Ravensberger Heimat 1956, Nr. 10, S. 39
16. Jh.; enthält Angaben zu Rudolf Möller.

(4148) Eversmann, Aloys: Franz Joseph Möllers. Ein westfälisches Lehrerleben.
In: Ahauser Krskal 1925, S. 69-70
Gest. 1881; Volksschullehrer in Legden.

(4149) Wiegel, Josef: Die Firmung der 6000. Ein Bericht des Lehrers Anton Mönig aus dem Jahre 1826 nebst einigen Notizen über ihn selbst.
In: Schmallenberger Hbll 10. Ausg. Juni 1967, S. 5-7
Anf. 19. Jh.; biographische Angaben zu dem Schmallenberger Volksschullehrer (gest. 1862), Abdruck von Aufzeichnungen Mönigs.

(4150) Groenewald, Karl: Mäster Mönnichs.
In: Kal Klever Land 1958, S. 96, 1 Abb. auf Taf.
2. Hälfte 19. Jh.; mundartliche Erinnerungen an Lehrer Mönnichs, der ab 1855 in Kleve tätig war.

(4151) Aßhauser, E.: Justus Möser.
In: Westf Schulmuseum 1. Jg. 1920, Nr. 12, S. 46-48
1720-1794; Kurzbiographie des Schulreformers und Politikers, tätig in Osnabrück.

(4152) Franz Moldenhauer, Oberlehrer.
In: Alt-Köln Kal 1918, S. 89
Geb. 1849, gest. 1917; Nachruf auf den Lehrer am Friedrich-Wilhelm-Gymnasium in Köln.

(4153) Pfeiffer, Rudolf: Vom Solinger Schulmann Heinrich Moll (+ 1864).
In: Bergische Hbll 8. Jg. 1931, Nr. 2, S. 6
Gest. 1864; Übersicht über die Schriften des Stadtschullehrers.

(4154) Rheinen, Wilhelm: Zur jülich-bergischen Schulgeschichte in vorpreußischer Zeit. 8. Lehrer Johann Abraham Moll.
In: Bergische Geschbll 14. Jg. 1937, Nr. 2/3, S. 18
1795-1799; über den Lehrer in Eulendahl (Wuppertal-Elberfeld).

(4155) Inderfurth, August: Dem Waldnieler Peter Molls zum Gedenken.
In: Hb Kempen-Krefeld/Viersen 1963, S. 212
Geb. 1896, gest. 1960; Volksschullehrer in Schwalmtal-Waldniel u.a.

(4156) Erinnerung an den Gräfrather Schulmann Johann Momma.
In: Gräfrather Hspiegel 6. Jg. 1955, Nr. 4, [S. 3-4]
Geb. 1825, gest. 1895; Kurzbiographie des in Solingen-Gräfrath tätigen Volksschullehrers.

(4157) Kiepke, Rudolf: Erinnerung an das Gymnasium Theodorianum: Professor August Moser.
In: Warte 30. Jg. 1969, H. 7, S. 107, 2 Abb.
Um 1918; Schülererinnerungen an den Mathematik- und Biologielehrer in Paderborn.

(4158) Brenken, K.: Erinnerungen an einen alten Schulmann. Als Ludwig Müermann noch Lehrer in Halden war.
In: Hagen laiwe Häime 3. Jg. 1953, S. 58-59
Ca. 1880; Volksschullehrer in Hagen-Halden.

(4159) Böhmer, Emil: Der Rechenmeister Gottschalk Mühlinghaus.
In: Beitrr Hkunde Schwelm 1953, H. 4, S. 43-46
Anf. 17. Jh.; kommentierte Auszüge aus dem Rechenbuch des Mühlinghaus, Lemgo und Schwelm.

(4160) Goebel, Klaus: Gottschalk Mühlinghaus. Schulmeister in Beyenburg und Lemgo.
In: Beitrr Hkunde Schwelm N. F. 20. H. 1970, S. 71-79, 1 Abb.
1598; Identitätsnachweis des Mönches und Lehrers in Wuppertal-Beyenburg und Lemgo.

(4161) Rademacher, -: Tillmann Mülle.
In: Hstimmen Olpe 5. Jg. 1927/28, Nr. 1, S. 8-10
Geb. 1480, gest. 1557; Pfarrer und Leiter der Attendorner Lateinschule.

(4162) Lemacher, Heinrich: Der Kölner Musikerzieher Edmund Josef Müller.
In: Alt-Köln Hbll 4. Jg. 1950, S. 35-37, 1 Abb.
Geb. 1874, gest. 1944; Biographie des Musiklehrers an einem Gymnasium in Köln.

(4163) Dr. Georg Müller.
In: Minden-Ravensberger 52. Jg. 1980, S. 142-143, 1 Abb.
Geb. 1896, gest. 1978; Gründer und Leiter des den Bodelschwinghschen Anstalten zugehörigen Aufbaugymnasiums in Bielefeld-Bethel.

(4164) Schneider, Philipp: Schulmeister vor mehr als hundert Jahren.
In: An Erft Gilbach 6. Jg. 1952, S. 31
1820-1862; finanzielle Lage des Lehrers Heinrich Müller, von 1820 bis 1862 in Kerpen-Mödrath tätig.

(4165) Schneider, Philipp: Ein Mödrather Schulmeister vor mehr als hundert Jahren.
In: Kerpener Hbll Nr. 12. 5. Jg. 1967, S. 260-261
Geb. 1794, gest. 1875; Biographie des Lehrers Heinrich Müller aus Kerpen-Mödrath.

(4166) Lehrer Hermann Müller, 1858-1903.
In: Hbll Lübbecke 1930, Nr. 6, S. 1-3
Geb. 1835, gest. 1912; ausführliche Angaben zu dem Lehrer in Espelkamp-Fabbenstedt. Angaben zur Geschichte der Schule, Abdruck eines Gedichtes.

(4167) Zacharias, Josef: Professor Dr. Hermann Müller. Lehrer am Ostendorf-Gymnasium zu Lippstadt von 1855-1883.
In: Hbll Lippstadt 49. Jg. 1968, S. 29-31, 3 Abb.
1829-1883; biographische Angaben.

(4168) Fritz, Alfons: Aus des Aachener Dichters Dr. Joseph Müller Gymnasiallehrerzeit.
In: Z Aach GV Bd. 40. 1918, S. 301-320
Geb. 1802, gest. 1872; von 1827 - 1868 am Aachener Gymnasium tätig.

(4169) Paul Müller.
In: Minden-Ravensberger 40. Jg. 1968, S. 130-131, 1 Abb.
Geb. 1894, gest. 1966; Nachruf auf den Oberstudienrat, tätig in Bochum, Bielefeld u.a.

(4170) Großmann, Karl: Rektor des weltberühmten Gymnasii Herfordiensis Th. Müller.
In: Ravensberger Heimat 1967, Nr. 7, S. 27
Geb. 1661, gest. 1729; biographische Daten.

(4171) Mölleken, Wolfgang: Thomas Müller. Gymnasii Herfordiensis Rector.
In: Herforder Jb 9. Bd. 1968, S. 47-67
Geb. 1661; kritische Auseinandersetzung mit Biographien des Rektors in Herford.

(4172) Klanke, Carola: Julius Münker als Lehrer in Vormwald.
In: Siegerländer Hk 1963, S. 54-55
1908; Schülererinnerungen an den Lehrer in Hilchenbach-Vormwald.

(4173) Niesert, J.: Johann Murmellius literarische Verdienste.
In: Westphalia (Hamm) 1825, 3. Stück, S. 20-23. 4. Stück, S. 29-31. 5. Stück, S. 35-37. 6. Stück, S. 41-43. 8. Stück, S. 62-64. 9. Stück, S. 68-70. 11. Stück, S. 85-87
Geb. um 1470/73, gest. 1517; biographische Angaben zu dem Gelehrten, u.a. tätig am Paulinischen Gymnasium in Münster, 1514 Lehrer in Alkmar. Angaben zu Schriften des Murmellius.

(4174) Reichling, D.: Beiträge zur Charakteristik der Humanisten Alexander Hegius, Joseph Horlenius, Jacob Montanus und Joh. Murmellius.
In: M rhein westf Gesch forsch 3. Jg. 1877, S. 287-303
Anfang 16. Jh.; zu einzelnen Schriften der Humanisten und ihren Lehrorten, u.a. Wesel.

(4175) Todesnachricht.
In: Hermann 1827, S. 417-418
Gest. 1827; Nachruf auf den Direktor des Gymnasiums in Kleve, Nagel.

(4176) Sanders, Gregor: Wilhelm Nakatenus, Schriftsteller, Prediger und Lehrer. Zu seinem 300. Todestag.
In: Rheinische Hpflege 19. Jg. 1982, H. 4, S. 284-285, 1 Abb.
Geb. 1617, gest. 1682; Lehrer an Jesuitenschulen in Coesfeld, Münster, Köln.

(4177) Andreas Bell und Joseph Lancaster. / S.
In: Hermann 1817, S. 481-485, 491-495
1817; ausführliche Besprechung der gleichnamigen Schrift von B.C.L. Natorp über Armenschulwesen in England.

(4178) Palme, Helmut G.: Lebensbild Ludwig Natorps.
In: Heimat Hellweg (HA) 1967, F. 36, 1 Abb.
Geb. 1774, gest. 1846; Kurzbiographie.

(4179) Blesken, A. H.: Alte Märkische Pfarrgeschlechter.
In: Märker 3. Jg. 1954, S. 160-169
Enthält Biographisches zu B. C. L. Natorp und Verwandten.

(4180) Flaskamp, Franz: Ludwig Natorp.
In: Hbll Glocke Nr. 176. 1966, S. 701-703, 1 Abb.
Geb. 1774, gest. 1846; Kurzbiographie des Reformers.

(4181) Flaskamp, Franz: Ludwig Natorp. Ein Charakterbild aus der westfälischen Schulgeschichte.
In: Märker 16. Jg. 1967, S. 143-146
Geb. 1774, gest. 1846; Biographie mit besonderer Berücksichtigung der Verwaltungstätigkeit Natorps.

(4182) Reurik, H.: Hagen - die Wiege der Natorp.
In: Westfalenland (Hagen) 1929, Nr. 6, S. 91-95
Enthält Angaben zu B. C. L. Natorp und anderen Mitgliedern des Familiengeschlechts.

(4183) Klare, Wolfgang: Bernhard Christoph Ludwig Natorp und die Schulmusik.
In: Westfalen Bd. 44. 1966, S. 374-381, 1 Abb.
Biographische Angaben, Schriften und Verfügungen zum Musikunterricht an Volksschulen.

(4184) Blesken, A. H.: Aus der westfälischen Gelehrtengeschichte.
In: Auf roter Erde (Schwelm) 14. Jg. 1936, Nr. 12, [S. 3-4];
15. Jg. 1937, Nr. 1, [S. 3-4]
Kurzbiographien von B. C. L. Natorp und J. C. F. Bährens.

(4185) Langer, Wolfhart: Kurze Bemerkungen über Krefelder Geologen des 19. Jahrhunderts.
In: Heimat Krefeld 37. Jg. 1966, S. 94-95
19. Jh.; Kurzbiographien verschiedener Lehrer, die geologische Arbeiten verfaßt haben, u.a. Friedrich Nauck (1819-1875).

(4186) Langer, Wolfhart: Der Naturforscher und Schulmann Friedrich Nauck. Ein Nachtrag [zu einem Aufsatz im 37. Jg. 1966 dieser Ztschr.]
In: Heimat Krefeld 42. Jg. 1971, S. 50
Geb. 1819, gest. 1875; zur Tätigkeit von Nauck auf mineralogischem Gebiet in Krefeld sowie Kurzbiographie.

(4187) Maßner, Hanns-Joachim: Joachim Neander als Rektor der Lateinschule in Düsseldorf.
In: Monatsh Ev Kirchengesch Rhld 29. Jg. 1980, S. 209-239
1650-1680; biographische Angaben, Konflikte zwischen Neander und dem Konsistorium der reformierten Gemeinde.

(4188) Meyer, [Christian]: Wege des Rektors Neander und des Neandertalers.
In: Heimat spricht (Remscheider GA) Nr. 17. 1956, [S. 2-3]
1750-1780; Rektor der Lateinschule in Düsseldorf.

(4189) [Dittgen, W.]: Heinrich Nesbach.
In: Hk Krs Dinslaken 1967, S. 148, 1 Abb.
Gest. 1966; Nachruf auf den Lehrer in Hünxe.

(4190) Kewe, Adolf: Heinrich Jakob von Neuhaus aus Krefeld, ein Förderer des gewerblichen Unterrichtswesens in Preußen.
In: Heimat Krefeld 13. Jg. 1934, S. 52-56, 3 Abb.
Geb. 1853, gest. 1921; Biographie des Politikers und Darstellung verschiedener Bestimmungen für Gewerbeschulen.

(4191) [Anton Niclas] / L.
In: Letmather Heimatschau 1960, H. 1/2, S. 38-39, 1 Abb.
Geb. 1873, gest. 1959; Lehrer u.a. in Iserlohn-Letmathe.

(4192) Pieper, K. Heinz: "Auch ich war ein Schüler der Anstalt". Ein Gedenken für Direktor Dr. Niederländer.
In: Alt-Köln Hbll 9. Jg. 1955, S. 12
1903-1936; Erinnerungen an den Leiter des Gymnasiums an der Kreuzgasse in Köln.

(4193) Angermann, Gertrud: Martha Niedermeier durfte an Lyzeen, Mittel- und Volksschulen unterrichten. Lehramtsprüfungen früher und heute.
In: Westf Hk Jg. 36. 1982 (81), S. 64-67
*

(4194) Hermjakob, Wilhelm: "De Schwatte" bleibt unvergessen.
In: Heimat Wort Bild 1955, S. 53, 1 Abb.
Geb. 1848, gest.1914; Erinnerungen an den Volksschullehrer Heinrich Niemeyer in Gütersloh.

(4195) Hermjakob, W.: Lehrer Heinrich Niemeyer, "der Schwatte".
In: Gütersloher Beitrr H. 18. 1970, S. 371-373, 2 Abb.
Geb.1848, gest.1914; Volksschullehrer in Gütersloh.

(4196) Klockenhoff, Karl: Professor Josef Niessen sen. und Dr. Josef Niessen jun. 2 Mettmanner Schulmänner.
In: Medamana 12. Jg. 1965, Nr. 1, S. 2-3, 1 Abb.
19. Jh. - 1962; Kurzbiographien der Lehrer in Bonn und Mettmann. Josef Niessen jun. (1891-1962); Josef Niessen sen. (ohne nähere Angaben).

(4197) Kröger, -: Professor Joseph Nießen.
In: Hk Krs Heinsberg 1. Jg. 1951, S. 52-53, 1 Abb.
Geb. 1864, gest. 1942; u.a. Seminarlehrer in Brühl, Professor an der Pädagogischen Akademie Bonn.

(4198) Brinkmann, Ernst: Der Schulkampf in Westfalen 1926/27. Die Auseinandersetzungen um Martin Nischalke nach den Dokumenten der Zeit.
In: Jb westf Kirchengesch Bd. 69. 1976, S. 181-202
1926-1927; Tätigkeiten des Schulrats im Spannungsfeld von evangelischer Kirche und Staat.

(4199) Zur Erinnerung an Direktor Nitzsch. / Schr.
In: Ravensberger Bll 24. Jg. 1924, Nr. 5/6, S. 18
Geb. 1824; Gymnasialdirektor in Bielefeld bis 1898.

(4200) Schauf, A.: Cirins Lehrer. Ein Lehrer- und Kulturbild aus alter Zeit.
In: Hbll Düren 4. Jg. 1927, S. 153-155, 164-166
Geb. 1802, gest. 1870; Kurzbiographie des Lehrers A. Nix in Niederzier und kommentierter Abdruck eines Gedichtes mit autobiographischem Gehalt, verfaßt zum 50. Amtsjubiläum 1869.

(4201) Jansen, Peter: Elisabeth Nobis-Hilgers zum Gedenken.
In: Hk Krs Heinsberg 17. Jg. 1967, S. 126-128, 1 Abb.
Geb. 1888, gest. 1966; Nachruf, enthält wenige biographische Daten, Heinsberg-Horst.

(4202) Iwanski, Wilhelm: Gedenkstunde für unseren Letmather und Sauerländer Franz Nolte.
In: Letmather Heimatschau 1961, H. 1, S. 21-23, 1 Abb.
Geb. 1877, gest. 1956; enthält Angaben zur schriftstellerischen Tätigkeit des Balver Lehrers.

(4203) Padberg, Magdalene: Die Volksschullehrer arbeiteten für einen Hungerlohn. Schlechte Lebensbedingungen vor 100 Jahren.
In: Hbll Lippstadt 53. Jg. 1973, S. 119-120
Geb. 1809, gest. 1874; Biographie des Lehrers Friedrich Nolte in Brilon-Madfeld.

(4204) Lehrer Hermann Nolte 80 Jahre alt.
In: Warte 21. Jg. 1960, H. 3, S. 37, 1 Abb.
Jubiläumsgruß an den Heimatschriftsteller, Beverungen.

(4205) Rektor i. R. Heinrich Nolting.
In: Minden-Ravensberger 27. Jg. 1955, S. 143-144, 1 Abb.
Geb. 1874; Volksschulrektor in Bünde-Hunnebrock.

(4206) Heinrich Nolting.
In: Minden-Ravensberger 38. Jg. 1966, S. 134, 1 Abb.
Geb. 1874, gest. 1964; Volksschulrektor in Bünde-Hunnebrock.

(4207) Schr[ader], -: Herrn Rektor Nolting zum Glückwunsch!
In: Ravensberger Bll 35. Jg. 1935, Nr. 5, S. 33-34, 1 Abb.
Geb. 1874; Rektor und Lehrer in Bünde-Hunnebrock, Glückwunsch zum 40. Dienstjubiläum.

(4208) Laumanns, Carl: Johann Gottfried Christian Nonne. Doktor der Philosophie und Rektor des Gymnasiums in Lippstadt.
In: Hbll Lippstadt 31. Jg. 1950, S. 42-43, 46-47
1749-1821; Biographie mit Schwerpunkt der Tätigkeiten Nonnes in Lippstadt.

(4209) Knoll, Joachim H.: Johann Christian Nonne. Ein Beitrag zur niederrheinischen Schulgeschichte am Beginn des 19. Jahrhunderts.
In: Duisburger Forsch 14. Beiheft, 1971. S. 1-132, 2 Abb., Anh.
Geb. 1749, gest. 1821; ausführliche Biographie (Gymnasialdirektor in Lippstadt und Duisburg, Professor an der Universität), Untersuchungen zur Schultheorie Nonnes und der Auseinandersetzung Nonne-Natorp über einen "kombinierten Schultyp.

(4210) Böckelmann, -: Rektor Julius Normann +.
In: Herforder Hbl 2. Jg. 1923, Nr. 6
Geb. 1840, gest. 1923; Nachruf und Biographie, Herford.

(4211) Schierholz, Gustav: Rektor Julius Normann zum Gedächtnis.
In: Herforder Hbl 26. Jg. 1957, Nr. 10, S. 38-41, 1 Abb.
Geb. 1840, gest. 1923; tätig an Gymnasium und höherer Töchterschule Herford.

(4212) Dln [Deilmann, Joseph]: Peter Franz Xaver Norrenberg.
In: Süchtelner Hbll 1955, Nr. 2, S. 2-5, 1 Abb.
Geb. 1847, gest. 1894; Priester in Viersen und Viersen-Süchteln, Lehrer an der Lateinschule in Viersen und Ortsschulinspektor.

(4213) Karl Obermeyer, ein Lehrerführer im Ravensberger Lande. / S.
In: Minden-Ravensberger 8. Jg. 1933, S. 65-67, 1 Abb.
Geb. 1857; Lehrer in Rietberg und Bielefeld, ab 1908 Vorsitzender des Bielefelder Lehrervereins.

(4214) Prof. Karl Odenbach. / O. L.
In: Minden-Ravensberger 50. Jg. 1978, S. 139, 1 Abb.
Geb. 1899, gest. 1976; Schulrat, Rektor, Professor für Sonderpädagogik, tätig in Münster, Herford, Bünde, Dortmund.

(4215) Becker, Paul: Interessantes aus dem Schülertagebuch der Gebrüder Schmitz, Königswinter.
In: Hbll Rhein-Siegkrs 17. Jg. 1941, H. 2, S. 80-82, 1 Abb.
1815-1817; Biographisches zu Schulvikar Max Alois Odenthal (geb. 1778, gest. 1821), Abdruck von drei Neujahrsbriefen, von Odenthal für Schülerübungen verfaßt.

(4216) Glunz, Franz: Seminaroberlehrer Oeke zum Gedenken.
In: Warte 19. Jg. 1958, H. 9, S. 129-130, 2 Abb.
Gest. 1948; Nachruf, hauptsächlich zum literarischen Schaffen Oekes.

(4217) Glunz, Franz: In memoriam Wilhelm Oeke. Zum 20. Jahrestag seines Todes. Weiß ich nun, was ich ersehnt; alles hat so kommen müssen.
In: Hborn Paderborn Nr. 119. Februar 1968, S. 165-166, 2 Abb.
Gest. 1948; Seminaroberlehrer in Rüthen von 1908 bis 1926.

(4218) Vormbrock, Karl: Rektor Wilhelm Oelker.
In: Minden-Ravensberger 28. Jg. 1956, S. 114, 1 Abb.
Geb. 1888, gest. 1954; Volksschulrektor in Bielefeld-Hillegossen.

(4219) Lange, Fritz Chlodwig: Lippischer Bund Heimatschutz: Feier von Wilhelm Oesterhaus' 80. Geburtstag.
In: Hbll Rote Erde 1. Jg. 1919/20, S. 272 ff.
1919; Bericht über Geburtstagsfeier des ehemaligen Lehrers und Heimatdichters.

(4220) Stracke, Klemens: Um die Wahl des Ludimagisters Franz Josef Ohm zu Bilstein.
In: Hstimmen Olpe 19. F. 1955, S. 1063-1069
1790; Enthebung des Ohm aus seinem Amte in Lennestadt-Bilstein, da er während der Schulzeit Schnapsausschank betrieb.

(4221) Bart, Jan: Wilhelm Ossenbühl als Erzieher. Das Wirken eines Landschulmeisters vor hundert Jahren.
In: Romerike Berge 23. Jg. 1973, S. 10-19, Abb.
1833-1874; Lehrer in Velbert-Richrath und Verfasser der Schulchronik, Schulchronikdaten von 1577 - 19. Jh.

(4222) Hengesbach, -: Julius Ostendorf als Parlamentarier und Förderer der Leibesübungen.
In: Hbll Lippstadt 18. Jg. 1936, Nr. 2, S. 5-6
Mitte 19. Jh.; enthält Auszüge aus Erinnerungen an den Rektor des Gymnasiums in Lippstadt.

(4223) Lenz, W.: Dr. Wilhelm Ostermann.
In: Gütersloher Beitrr N. F. 2. 1982, S. 38, 1 Abb.
Geb. 1902, gest. 1982; Lehrer in Gütersloh u.a.

(4224) Schulte, Günther: Lehrer Osterport tritt 1714 in den Ruhestand. Aus den Schulakten des Kirchspiels Deilinghofen.
In: Schlüssel 13. Jg. 1968, H. 3, S. 3-8, 1 Abb.
1714; Zwangspensionierung eines Volksschullehrers aus Hemer-Deilinghofen, biographische Einzeldaten.

(4225) Brües, Otto: Ein Lehrer aus Mörs.
In: Heimat Krefeld 52. Jg. 1981, S. 122
Anf. 20. Jh.; Erinnerungen an den Lehrer Hugo Otto, keine schulgeschichtlichen Angaben.

(4226) Westfälisches Volksschulwesen von ehemals. Ein Erinnerungsblatt zum 100jährigen Todestag von Bernhard Overberg am 9.11.1926. / Dr. A. S.
In: Auf roter Erde (Schwelm) 5. Jg. 1926, Nr. 12, [S. 2]
Geb. 1754, gest. 1826; Nachruf auf den Schulreformator.

(4227) Bernhard Overberg.
In: An Stever Lippe Nr. 21. 1967, S. 5
Geb.1754, gest. 1826; Dichterisches über Overberg von Antonie Jüngst (1906).

(4228) Buntenkötter, V.: Bernhard Overberg.
In: Neue Bll Warendorf 1954, S. 21-22
Kurzbiographie und Würdigung.

(4229) Herold, Heinrich: Bernhard Overberg.
In: Heimat (westfälische) 8. Jg. 1926, S. 335-342
Geb. 1754, gest. 1826; biographische Angaben zu Tätigkeiten Overbergs für die Lehrerbildung in Münster.

(4230) Höninger, -: B. H. Overberg, der Reformator des münsterländischen Volksschulwesens.
In: Münsterische Hbll 1. Jg. 1913 = 1. Bd. 1914, S. 78-81, 1 Abb.
Kurzbiographie.

(4231) Kuntze, Eugen: Overbergs Stellungnahme im Streite zwischen der Regierung und dem Generalvikar von Droste-Vischering.
In: Uns Heimat (Münsterischer Anzeiger) 3. Jg. 1928, S. 69-72, 78-80, 86-88
1802-1832; Auseinandersetzung um die Einführung der Schulinspektoren in Münster.

(4232) Kuntze, Eugen: Ein neuer Beweis der Fürsorge Fürstenbergs für Overberg.
In: Uns Heimat (Münsterischer Anzeiger) 4. Jg. 1929, S. 30-31
1789, 1804; Versorgung Overbergs während einer Krankheit; Angaben zum Gehalt Overbergs in Münster.

(4233) Kuntze, Eugen: Die Bedeutung der Lehrtätigkeit Overbergs am Lotharinger Kloster in Münster.
In: Uns Heimat (Münsterischer Anzeiger) 5. Jg. 1930, S. 41-42
1785-1801; Overbergs Musterlektionen für Lehrer an der französischen Schule des Klosters.

(4234) Schröder, August: Erfolgreicher Erzieher und Menschenfreund. Bernhard Overberg, der "Lehrer der Lehrer".
In: Westf Hk 31. Jg. 1977, S. 23-26
Kurzbiographie und Würdigung.

(4235) Schröder, August: Töddensohn Bernhard Heinrich Overberg.
In: Auf Roter Erde (Münster) 36. Jg. 1980, Nr. 229, S. 9
Kurzbiographie des Schulreformers.

(4236) Zellekens, W.: Immer lernend auf weite Fahrt. Im Jahre 1807 reiste Bernhard Overberg nach Wien.
In: Hbll Glocke 1970, Nr. 16, S. 63-64
1807; Reisevorbereitung und Reisebericht.

(4237) Greshake, Karl: Das Overberg-Denkmal von Warendorf. Mahnmal der Bildungsidee eines Lehrerseminars.
In: Warendorfer Schriften H. 8/10. 1978/80, S. 81-89
1830-1889; Geschichte des Overberg-Denkmals, das zum 50jährigen Bestehen des Lehrerseminars in Langenhorst errichtet wurde.

(4238) Kissing, Ewald: Bernhard Overberg und seine Einwirkung auf die Volksschularbeit im Landkreis Wiedenbrück.
In: Hbll Glocke 1965, Nr. 163, S. 650-651
Geb. 1754, gest. 1826; biographische Angaben zu Overberg, Einzeldaten zu Elementarschulen und Lehrern im ehemaligen Kreis Wiedenbrück.

(4239) Kuntze, Eugen: Overbergs Reise nach Wien im Jahre 1807.
In: Westf Z Bd. 86. 1929, S. 59-81 [besonders S. 62-64]
1807; enthält neben Reisebericht Hinweise auf Konduitenbücher (Klassenbücher) aus Unna.

(4240) Die Präceptoren-Dynastie Overkott in Daaden.
In: Uns Heimatland (Siegen) 43. Jg. 1975, S. 159-160, 4 Abb.
1707-1871; Lehrergenerationenfolge Overkott.

(4241) Steffens, Lona: Kuno Paffrath (1896-1963).
In: Land Wupper Rhein 1968, S. 65-66, 1 Abb.
1896-1963; Volksschullehrer und Rektor in Mönchengladbach-Rheydt, Solingen und Burscheid.

(4242) K[iepke, Rudolf]: Zum 10. Todestag von Paul Pagendarm.
In: Warte 24. Jg. 1963, H. 4, S. 55, 1 Abb.
Gest. 1953; Lehrer in Lichtenau-Grundsteinheim.

(4243) Friedrich Pahmeyer.
In: Minden-Ravensberger 36. Jg. 1964, S. 129, 1 Abb.
Geb. 1905, gest. 1962; Volksschullehrer in Hiddenhausen-Lippinghausen.

(4244) Hartmann, Hermann: Hermann Paschetag. Lehrer, Abenteurer, Großkaufmann.
In: Minden-Ravensberger 31. Jg. 1959, S. 52-55, 3 Abb.
o.Z.; besuchte die Präparandie in Herford.

(4245) Schwanold, -: Fürstin Pauline als Volkserzieherin.
In: Unter der Grotenburg 1921, Nr. 1, [S. 6-7]
19. Jh.; zur Schul- und Armenpflege, Lobrede auf die lippische Fürstin Pauline.

(4246) Dr. Heinrich Pauly. Oberpfarrer in Montjoie. + am 14. Februar 1902. / W. V.
In: Hbll Monschau 2. Jg. 1927, S. 33-34
Gest. 1902; Kurzbiographie. Der Lehrer war 1861-1886 Rektor der privaten höheren Knabenschule, von 1886 an Oberpfarrer der katholischen Gemeinde in Monschau.

(4247) Haardt, Dietrich: Konrektor Franz Peitz 100 Jahre alt. geb. 16.6.1866, gest. 30.1.1949.
In: Kultur Heimat (Castrop-Rauxel) 18. Jg. 1966, S. 112-114, 1 Abb.
Geb. 1866, gest. 1949; biographische Angaben, Lehrer in Castrop-Rauxel.

(4248) Studienrat Arnold Perey, ein hervorragender Geschichtsschreiber unserer Heimat. / H. H. D. - H. P. F.
In: Hk Krs Heinsberg 6. Jg. 1956, S. 94-95, 1 Abb.
Geb. 1884, gest. 1952; Nachruf mit biographischen Angaben, Heinsberg, Münster.

(4249) Bömer, A.: Der westfälisch-niederrheinische Humanist Johannes Pering.
In: Westf Geschbll Bd. 1. 1895, Nr. 1, S. 6-10. Nr. 2, S. 17-24
16. Jh.; Biographie des Domschullehrers in Münster und Schriftenverzeichnis.

(4250) Schr[ader], -: Professor Otto Perthes +.
In: Ravensberger Bll 25. Jg. 1925, Nr. 1/2, S. 1
Geb. 1842, gest. 1925; Kurzbiographie des Gymnasiallehrers in Bielefeld.

(4251) Goebel, Ferdinand: Die neue Lesemethode.
In: Uns Heimat (Kevelaer, Geldern) 17. Jg. 1929, Nr. 2, [S. 5-8]. Nr. 4, [S. 3-4] [zuerst in: Hk Krs Rees. 1926]
Nach 1830; Erzählung über den Lehrer Johann Pesch, tätig bei Kevelaer, und die Lautiermethode.

(4252) Gleim, Betty: Pestalozzi ans Publikum.
In: Hermann 1817, Beilage, [S. 1-4]
1817; kommentierter Abdruck der Ankündigung Pestalozzis zur Neuauflage seiner Schriften.

(4253) Dr. Heinrich Peter +.
In: Ravensberger Bll 39. Jg. 1939, Nr. 3, S. 17, 1 Abb.
Geb. 1888, gest. 1939; Nachruf auf den Studienrat, tätig in Hagen, Petershagen, Lippstadt und Bünde.

(4254) Kiepke, Rudolf: Erinnerung an das Gymnasium Theodorianum: Professor Friedrich Peters.
In: Warte 30. Jg. 1969, H. 9, S. 135, 3 Abb.
1918; Schülererinnerungen an den Altphilologen in Paderborn.

(4255) Kreuzer, Alfred: Ein Blick in die soziale Notlage eines Dorfschullehrers um 1800. Von Eversen-Sommersell nach Schwaney versetzt.
In: Warte 18. Jg. 1957, H. 1, S. 11-12, 1 Abb.
Geb. 1788, gest. 1828; Angaben zu Lehrer Jakob Peters und seinen Einkünften in Altenbeken-Schwaney.

(4256) Rüter, Wilhelm: J. C. F. Petersen - Prediger zu Weitmar 1798 bis 1838.
In: Bochumer Wanderer 9. Jg. 1972, H. 1, S. 16-19, 1 Abb.
Geb. 1773; Pfarrer und Schulinspektor, Gründer der Weitmarer-Schullehrer-Gesellschaft in Bochum-Weitmar.

(4257) Zierenberg, Bruno: Eine Gevelsberger Lehrerfamilie.
In: Am Gevelsberg 9. Jg. 1930, Nr. 11, [S. 3]
18. Jh.; Biographie des Joh. Theodor Petersen, tätig von 1723-1766, und dessen Sohn.

(4258) Große, Hans: Dr. Heinrich Pfennig.
In: Hildener Jb 1939/40, S. 138-141, 1 Abb.
Geb. 1881, gest. 1939; Leiter der Helmholtz-Oberschule für Jungen in Hilden.

(4259) Rembert, Karl: Dem Andenken Heinrich Pfennig's.
In: Heimat Krefeld 18. Jg. 1939, S. 191-192, 3 Abb.
Geb. 1881, gest. 1939; Nachruf auf den Oberstudiendirektor, tätig in Hilden und Krefeld; Übersicht über literarische Arbeiten des Lehrers.

(4260) von den Steinen, Erich: Meine Begegnung mit Rudolf Picard. Ein vorbildlicher Lehrer und Volkserzieher.
In: Heimat Solingen 42. Jg. 1976, Nr. 3, S. 8, 1 Abb.
1910-1976; Erinnerungen an den Rektor; der Verfasser war Präparand in Mettmann, wo Picard seine ersten Probelektionen gab.

(4261) Rektor i. R. Alex Pilckmann +. / o. t.
In: Schwelmer Hbrief F. 19. 1959, S. 5
o.Z.; Nachruf, Konrektor an Schwelmer Schulen.

(4262) Schulmeister Pimperling in Schwelm und Altena (1636-1638).
In: Süderland (Altena) 8. Jg. 1930, S. 65-69 [verkürzt in: Auf roter Erde (Schwelm). 6. Jg. 1927, Nr. 7, [S. 3-4]]
1636-1638; Abdruck von Einkommensgesuchen des Daniel Pimperling an den Altenaer Magistrat.

(4263) Jellinghaus, H.: Kantor Pleitner +.
In: Ravensberger Bll 16. Jg. 1916, Nr. 7/8, S. 31-32
Geb. 1839, gest. 1916; Kurzbiographie des Lehrer/Kantors in Bielefeld-Heepen.

(4264) Rust, Joseph: Therese Pöhler zum Gedächtnis.
In: Minden-Ravensberger 43. Jg. 1971, S. 131, 1 Abb.
Geb. 1891, gest. 1970; Rektorin in Hamm, Stadtschulrätin in Köln und Schriftstellerin.

(4265) Mintmanns, Ludwig: Eduard Poell, ein heimischer Mundartdichter.
In: Geldrischer Hk 1959, S. 125-126, 1 Abb.
Geb. 1837, gest. 1908; vorwiegend Angaben zur literarischen Tätigkeit des Volksschullehrers in Kerken-Aldekerk.

(4266) Elisabeth Pöppelbaum.
In: Minden-Ravensberger 36. Jg. 1964, S. 132, 1 Abb.
Geb. 1897, gest. 1963; Volksschullehrerin in Herzebrock-Clarholz.

(4267) [Hermann Pohlmann gest.] / L.
In: Letmather Heimatschau 1958, H. 1/2, S. 52-53, 1 Abb.
Geb. 1876, gest. 1958; Lehrer in Iserlohn-Letmathe.

(4268) Esser, Helmut: Michael Potier. Lektor der französischen Sprache an der Hohen Schule zu Dortmund und Alchemist.
In: Beitrr Gesch Dortmund Bd. 69. 1974, S. 59-76, 1 Abb.
Geb. 1564 - ca. 1634; Lebensdaten und ausführliche Angaben zu Schriften Potiers.

(4269) Der Gründer und erste Leiter des Gerresheimer Gymnasiums wurde 80 Jahre alt. / -bt-
In: Quadenhof 17. Jg. 1966, H. 2, S. 11, 1 Abb.
Gest. 1973; enthält biographische Angaben zu dem Oberstudienrat Carl Praetorius in Düsseldorf-Gerresheim.

(4270) Th. V. [Theo Volmert]: Der Fall Prell. Das Schicksal eines Lintorfer Lehrers zur Zeit der Reaktion.
In: Quecke Nr. 5/6. 1951, S. 2-5, 6 Abb.
1815-1829; Darstellung politischer Konflikte um vermeintlichen "Mitanstifter von Unruhen", Biographie des Lehrers Prell (ab 1851 Bürgermeister von Ratingen).

(4271) Volmert, Theo: Der Fall Prell.
In: Jan Wellem 1964, S. 67-70, 90-92, 106-108
1817-1829; Amtsenthebung des Ratingen-Lintorfer Lehrers August Prell und dessen erfolgreicher Kampf um die Wiedereinsetzung. 1851 wurde Prell Bürgermeister von Ratingen.

(4272) Lehrer Prinzen.
In: Burg Quelle (Blankenheim) Nr. 55. 1975, S. 10, 3 Abb.
Gest. 1901; enthält Klassenfoto von 1880 und Portrait des Hauptlehrers in Blankenheim.

(4273) Neukirch, Willy: Michael Printzen.
In: Burg Quelle (Blankenheim) Nr. 25. 1963, S. 3
Geb. 1823, gest. 1901; biographische Angaben zu dem Hauptlehrer in Blankenheim.

(4274) PL [Paul Leidinger]: Theodor Pröpper.
In: Warendorfer Schriften H. 6/7. 1976/77, S. 218, 1 Abb.
Geb. 1909; Studienrat in Warendorf von 1939-1955, Stadtarchivar.

(4275) Otto Pröschold.
In: Minden-Ravensberger 33. Jg. 1961, S. 130-131, 1 Abb.
Geb. 1873, gest. 1960; Oberstudienrat in Minden.

(4276) Prof. Dr. Caesar Puls.
In: Minden-Ravensberger 31. Jg. 1959, S. 123, 1 Abb.
1899-1932; Oberstudienrat an der Helmholtzschule in Bielefeld.

(4277) Wilhelm Puls.
In: Minden-Ravensberger 49. Jg. 1977, S. 142-143, 1 Abb.
Geb. 1891, gest. 1976; Nachruf auf den Hauptlehrer und Kantor in Gütersloh und Versmold.

(4278) Theodor Queling. / Wg.
In: Hbote (Paderborn) [N. F.] 8. Jg. 1935, Nr. 1, [S. 3]
Geb. 1855, gest, 1935; tätig am Lehrerinnenseminar in Paderborn.

(4279) Schierholz, Gustav: Friedrich Quest.
In: Minden-Ravensberger 23. Jg. 1951, S. 124, 126
Geb. 1883, gest. 1929; Volksschullehrer und Musikdirektor in Bielefeld.

(4280) Jakobs, Hub.: Von der alten Schule in Kempen.
In: Heimat Heinsberg 5. Jg. 1925, S. 14-15
1818 - ca. 1880; Lehrer Leonhard Randerath und Vorgänger.

(4281) Flaskamp, Franz: Die beiden Raßmann.
In: Hbll Glocke 1962, Nr. 127, S. 507
Geb. 1772, gest. 1831; Christian Friedrich Raßmann, Schulvikar und Pfarrer in Münster; geb. 1806, gest. 1882; Ernst Raßmann, Volks-und Lateinschullehrer, Schulbuchverfasser, tätig in Haltern, Münster.

(4282) Ferdinand Rath. Ein Lehrer des Dorfes.
In: De Suerlänner 1965, S. 11, 1 Abb.
Geb. 1857; Volksschullehrer in Finnentrop-Serkenrode.

(4283) Wahle, Walter: Der arme Dorfschulmeister. Johannes Rath, Lehrer zu Niedersalwey 1846-1878.
In: De Suerlänner 1969, S. 46-49
Geb. 1824, gest. 1878; Volksschullehrerbiographie aus Eslohe-Niedersalwey.

(4284) Bitte. / V.
In: Hermann 1831, S. 142
1831; Hinweis auf Dienstjubiläum des Lehrers Rathgeber in Hetterscheid, Bürgermeisterei Velbert.

(4285) Florack, Gerhard: Prof. Dr. Gerhard Rauschen.
In: Hk Krs Heinsberg 1928, S. 96-98, 1 Abb.
Geb. 1854, gest. 1917; Biographie des Religionslehrers und Rektors an Gymnasien in Bergisch Gladbach, Andernach, Bonn.

(4286) Waltherscheid, Joh.: Professor Rauschen.
In: Hk Krs Heinsberg 17. Jg. 1967, S. 125
Geb. 1854, gest. 1917; Religionslehrer am Beethovengymnasium in Bonn und Universitätsprofessor.

(4287) Finis, Robert: "Ein jederzeit trefflicher Führer."
In: Heimat spricht (Remscheider GA) 35. Jg. 1968, Nr. 1, [S. 3]
1938; kommentierter Abdruck eines Geburtstagsgrußes an den ehemaligen Studienrat Willi Rees von der Schulgemeinde in Remscheid.

(4288) Schumann, Walther: Ein Diener des Landes, das ihn hervorbrachte.
In: Heimat spricht (Remscheider GA) 35. Jg. 1968, Nr. 1, [S. 1-2], 1 Abb.
Geb. 1888; enthält Schülererinnerungen an die Gymnasiallehrertätigkeit von Willi Rees in Remscheid um 1920.

(4289) Schrader, -: Oberschulrat Rudolf Reese +.
In: Ravensberger Bll 30. Jg. 1930, Nr. 11, S. 85-86
Geb. 1862, gest. 1930; Nachruf auf den Oberschulrat, Bielefeld.

(4290) Halbach, Gustav Hermann: Wilhelm Rehbein. Ein Gedenkblatt.
In: Rheinisch-Bergischer Kal 1931, S. 183-184
Geb. 1830; Einzeldaten zu dem Remscheider Hauptlehrer.

(4291) Sommerfeldt, Gustav: Magister Karl Christoph Reiche, Schulmann und Publizist des 18. Jahrhunderts.
In: M Berg GV 18. Jg. 1911, Nr. 4, S. 68-71
18. Jh.; 1763-1764 Rektor in Neustadt, 1764-1766 Rektor in Gummersbach.

(4292) Heimatforscher Lehrer a. D. Werner Reinartz verstorben.
In: Hk Krs Heinsberg 12. Jg. 1962, S. 87, 1 Abb.
Geb. 1886, gest. 1961; Nachruf, keine schulgeschichtlichen Daten, Heinsberg.

(4293) Sonntag, Jakob: Peter Reinermann +.
In: Brühler Hbll 22. Jg. 1965, S. 7, 1 Abb.
Geb. 1860, gest. 1965; Nachruf auf den Konrektor und biographische Daten, Brühl, Köln.

(4294) Der Siegener Rektor Johann Henrich Reitz. / Schn.
In: Uns Heimatland (Siegen) 32. Jg. 1964, S. 16
1705; u.a. kurzer Hinweis auf die Rektorenzeit Reitz' am Pädagogium.

(4295) Oxé, August: Karl Rembert.
In: Heimat Krefeld 16. Jg. 1937, S. 189-192
Geb. 1868; Geburtstagsadresse, enthält Angaben zu dem Lehrer, der am Realgymnasium in Krefeld tätig war.

(4296) Ein Reitersmann wird Schulmeister. / fws
In: Hland (Neuß-Grevenbroicher Ztg) 3.4.1954
1649-1663; Schulmeister Hans Rente in Jüchen.

(4297) Hauptlehrer Hermann Reuffer.
In: Minden-Ravensberger 26. Jg. 1954, S. 120, 1 Abb.
Gest. 1953; Lehrer in Stemwede-Levern.

(4298) Das Lehrerseminar in Brühl. Verdiente Lehrer des Seminars.
In: Brühler Hbll 4. Jg. 1923, Nr. 4, [S. 14-16]. Nr. 5, [S. 18]
1787-1863; biographische Angaben zu Mathias Wagner (geb. 1787, gest. 1853) und August Richter (Geb. 1802, gest. 1863).

(4299) Hinrichs, Fritz: Daniel Richter erster Lehrer in Friedrichshöhe. Nachtrag zur Leichlinger Schulgeschichte.
In: Heimat Solingen 29. Jg. 1963, Nr. 5, S. 18
Ca. 1800 - 1845; biographische Daten und Abdruck eines Referats zum Thema Schulstrafen, gehalten auf der Lehrerkonferenz am 5.7.1818 in Opladen.

(4300) Flaskamp, Franz: Studienrat Dr. Hans Richter.
In: Heimat Wort Bild Nr. 69. 1933, [S. 1], 1 Abb.
Geb. 1882, gest. 1933; Lehrer am Evangelisch-Stiftischen Gymnasium in Gütersloh.

(4301) Kiepke, Rudolf: Erinnerung an das Gymnasium Theodorianum: Professor Wilhelm Richter.
In: Warte 30. Jg. 1969, H. 6, S. 91, 2 Abb.
Um 1918; Schülererinnerungen an den Erdkunde- und Geschichtslehrer in Paderborn.

(4302) Preising, Josef: Rieken, ein altes Lehrergeschlecht im Kreise Borken.
In: Uns Heimat Borken 10. Jg. 1952, S. 28-30
Ende 18. Jh. - 1929; Volksschullehrergenerationen, tätig in Nordvelen.

(4303) Rübel, R.: Der erste Mediziner an der Steinfurter Hohen Schule.
In: Steinfurter Hbote 1953, S. 3-4
Geb. ca. 1580, gest. 1633; Biographie des Mediziners Johann Riese.

(4304) Minster, Ruth: Gustav Rinke zum Gedächtnis.
In: Kultur Heimat (Castrop-Rauxel) 28. Jg. 1977, Nr. 1/2, S. 68-69, 1 Abb.
Geb. 1904, gest. 1977; Musiklehrer am Jungengymnasium in Castrop-Rauxel.

(4305) Risler, Walther: Carl Risler. Ein Beitrag zur Geschichte des Höheren Schulwesens in Krefeld.
In: Heimat Krefeld 33. Jg. 1962, S. 72-75, 1 Abb.
Geb. 1781, gest. 1859; Biographie des Lehrers an der katholischen höheren Schule in Krefeld.

(4306) Holschbach, Hermann: Peter Rittinghaus (1864-1934).
In: Heimat spricht (Remscheider GA) 34. Jg. 1967, Nr. 1, [S. 1-3], 1 Abb.
Geb. 1864, gest. 1934; Gymnasiallehrer in Remscheid-Lennep und Remscheid.

(4307) Pickert, J.: Johannes Rivius von Attendorn.
In: Sauerland (Sauerländer Hbund) 6. Jg. 1924, S. 156-158
Geb. 1500, gest. 1553; Biographie des in Attendorn geborenen Rivius, Stiftsschullehrer in Meißen, Merseburg und Pforta.

(4308) Rademacher, -: Johannes Rivius.
In: Hstimmen Olpe 5. Jg. 1927/28, Nr. 3, S. 42-43
Geb. 1500, gest. 1553; Kurzbiographie des in Attendorn geborenen Lehrers, tätig in Pforta u.a.

(4309) MP [Padberg, Magdalene]: Johannes Rivius aus Attendorn. Ein sauerländischer Humanist und Gelehrter.
In: Uns Sauerland [1. Jg.] 1953, Nr. 9, S. 72
Gest. 1553; Lehrer an der Stiftsschule in Köln u.a.

(4310) Konrektor Heinrich Rixmann.
In: Minden-Ravensberger 22. Jg. 1950, S. 134, 1 Abb.
Geb. 1867, gest. 1949; Lehrer und Konrektor in Bielefeld.

(4311) von Fürstenberg, Clemens: Michael Robens +.
In: Hk Krs Euskirchen 1969, S. 182, 1 Abb.
Gest. 1968; Oberstudiendirektor in Euskirchen.

(4312) Buschbell, Gottfried: Ein französischer Emigrant als Lehrer und Leiter des Schehl'schen Erziehungsinstituts in Krefeld.
In: Heimat Krefeld 18. Jg. 1939, S. 70-75
1794-1811; politische Auseinandersetzungen um den Leiter der Schule, Rockart.

(4313) Hohmann, Wilhelm: Aus der Schulgeschichte von Ardey und Langschede.
In: Heimat Hellweg (HA) 1958, F. 5-7
Ende 18. Jh. - 1899; Einzeldaten zur äußeren Entwicklung der Schulgeschichte in Fröndenberg-Langschede-Ardey, Kurzbiographie der Lehrer Friedrich Rode und Adolf Kohlhage.

(4314) Röhr, Heinrich: Eintritt ins Lehramt 1908.
In: Hland Lippe 56. Jg. 1963, Nr. 2, S. 56-59
1908; autobiographische Aufzeichnungen über die erste Stelle in Kalletal-Hohenhausen.

(4315) Röhr, Heinrich: Junglehrer in Hohenhausen (1908).
In: Hland Lippe 56. Jg. 1963, Nr. 5, S. 185-188
1908; autobiographische Aufzeichnungen des Volksschullehrers aus Köln-Hohenhausen, enthält Angaben zum Lippischen Lehrerverein.

(4316) Röhr, Heinrich: Bald Abschied von Hohenhausen.
In: Hland Lippe 57. Jg. 1964, Nr. 4, S. 133-137
1908-1964; autobiographische Aufzeichnungen des Lehrers aus Köln-Hohenhausen zu verschiedenen Ereignissen.

(4317) Ein Altenaer Schulmeister als Verteidiger Westfalens.
In: Süderland (Altena) 16. Jg. 1938, S. 49-53
18. Jh.; über die "Verteidigungsschrift für Westfalen" des Lehrers Georg Christian Römer.

(4318) Weber, Franz Josef: Gerhard Roeteken: Paderborner Schulmann und Humanist.
In: Warte Nr. 26. 1980, S. 15-16, 2 Abb.
1553; keine näheren Angaben zu dem Leben des Rektors der Domschule in Paderborn. Zitate zu Veröffentlichungen Roetekens.

(4319) Weber, Rudolf: Zwei würdige Achtziger. Clara von Krüger - Fritz Röttger.
In: Heimat Düssel 2. Jg. 1951, Nr. 2, S. 17-18, 2 Abb.
Anf. 20. Jh. - 1951; Volksschullehrer und -rektor Röttger, u.a. von 1918-1934 1. Vorsitzender des Deutschen Lehrervereins, Düsseldorf-Eller.

(4320) Bockemühl, Erich: Karl Röttger. Gedenken zum 80. Geburtstag.
In: Hspiegel (Wesel) Nr. 13. 1957, [S. 3]
Geb. 1877, gest. 1942; Volksschullehrer in Düsseldorf.

(4321) Homann, Hermann: Dr. Rohleder und Warendorf.
In: Warendorfer Schriften H. 6/7. 1976/77, S. 178-180, 2 Abb.
1919/20; über Tätigkeiten des Lehrers Rohleder am Lehrerseminar in Warendorf, Erinnerungen des ehemaligen Seminaristen Homann.

(4322) [Leidinger, Paul]: Dr. Franz Rohleder 85 Jahre.
In: Warendorfer Schriften H. 3. 1973, S. 85-86, 1 Abb.
Geb. 1888; Studienrat und Mitbegründer des Westfälischen Heimatbundes, Warendorf.

(4323) Ein Lehrerjubiläum.
In: Heimat Emsdetten 3. Jg. 1922, Nr. 11./12, [S. 4]
1922; Lehrer Roleff in Emsdetten.

(4324) Schoneweg, -: Mittelschul-Konrektor Heinrich Rolfing +.
In: Ravensberger Bll 32. Jg. 1932, Nr. 8, S. 58
Geb. 1872, gest. 1932; Nachruf auf den Mittelschul-Konrektor in Bielefeld.

(4325) Friedrich Rosandahl.
In: Minden-Ravensberger 42. Jg. 1970, S. 131, 1 Abb.
Geb. 1891, gest. 1968; Mittelschulrektor in Halle (Westf.) und Bielefeld-Brackwede.

(4326) Schwartz, D.: Ein Schulmonarch damals.
In: Hk Krs Soest 37. Jg. 1964, S. 65
1774-1856; Anekdote über den Subrector am Archigymnasium Soest, Carl Rose.

(4327) Professor Dr. Josef Rosenberg - ehemaliger Leiter der Castroper Rektoratschule - vor 100 Jahren geboren.
In: Kultur Heimat (Castrop-Rauxel) 18. Jg. 1966, S. 114-115
Geb. 1866, gest. 1930; biographische Angaben.

(4328) Wilhelm Roth +.
In: Hk Krs Dinslaken 1971, S. 149
Geb. 1885, gest. 1970; Volksschullehrer in Duisburg-Hamborn.

(4329) Großmann, Karl: Lebenslauf des Mathias Rothe, Pfarrer in Herford, 1642-1727.
In: Herforder Jb 7. Bd. 1966, S. 70-75
Geb. 1642, gest. 1727; teilweise autobiographisch, Pfarrer und Magister in Herford.

(4330) Bernhard Rothmann, Rektor der Warendorfer Schule und Reformator in Münster. / A. B.
In: Warendorfer Bll 1931, S. 5-6, 9-10, 13-14, 18-19, 21-22, 26-27
Geb. um 1500; Biographie, hauptsächlich kirchengeschichtliche Angaben (Wiedertäufer).

(4331) Ruckstuhl, Karl: Karl Ruckstuhls Bonner Jahre.
In: Bonner Geschbll Bd. 10. 1956, S. 150-179
1816-1820; ausführliche biographische Angaben zu dem Oberlehrer am Königlichen Gymnasium in Bonn (geb. 1788, gest. 1831).

(4332) In memoriam Dr. Rudolf Rübel.
In: Steinfurter Hbote 1963, Nr. 2, S. 3, 1 Abb.
Geb. 1887, gest. 1963; Nachruf und biographische Angaben zu dem Studienrat am Gymnasium in Steinfurt-Burgsteinfurt.

(4333) Dr. Heinrich Rüping +.
In: Minden-Ravensberger 53. Jg. 1981, S. 145-146, 1 Abb.
Geb. 1896, gest. 1979; Gymnasiallehrer, Direktor in Bielefeld.

(4334) Weber, A.: Ein Paderborner Lehreroriginal.
In: Warte 15. Jg. 1954, H. 4, S. 61, 1 Abb.
1893-1895; Schülererinnerungen an die Volksschullehrer Joh. Rüsing und Anton Koch.

(4335) Rektor a. D. Heinrich Rüter. / O. L.
In: Minden-Ravensberger 44. Jg. 1972, S. 133-134, 1 Abb.
Geb. 1896, gest. 1970; stellvertretender Leiter der Lehrerbildungsanstalt Petershagen und Rektor in Halle (Westf.).

(4336) Sagebiel, Fr.: In memoriam Heinrich Rüther.
In: Mitt Höxter Nr. 7. 4. Jg., 1974, S. 2, 1 Abb.
Geb. 1893, gest. 1973; Volksschullehrer in Höxter.

(4337) Perau, Josef: Felix Rütten.
In: Hb Kempen-Krefeld/Viersen 1963, S. 122-124, 1 Abb.
Geb. 1881, gest. 1961; Nachruf mit Erinnerungen an den Kempener Religionslehrer.

(4338) Jugend-Erinnerungen eines sechzigjährigen Uerdingers. [3. Folge]
In: Uerdinger Rundschau 15. Jg. 1965, Nr. 12, S. 3-7, 1 Abb.
[Teil einer Serie]
1916-1918; Erinnnerungen an den Rektor Rupprecht in Krefeld-Uerdingen.

(4339) Richard Rutsch.
In: Minden-Ravensberger 37. Jg. 1965, S. 131
Geb. 1903, gest. 1963; Nachruf auf den Volksschullehrer in Halle (Westf.).

(4340) Heiler, Karl: Drei Bestallungsbriefe von Erasmus Sarcerius.
In: Siegerland 18. Bd. 1936, S. 79-82, 1 Abb.
Geb. 1501, gest. 1559; Bestallung Sarcerius' als Superintendent in Dillenburg.

(4341) Erasmus Sarcerius, der Gründer des Siegener Gymnasiums.
In: Siegerländer Hk 1964, S. 84-87
Geb. 1501, gest. 1559; 1536 an der Lateinschule in Siegen. [nach: Gustav Eskuche: Sarcerius als Erzieher und Schulmann.]

(4342) Eine Gedenkschrift für Erasmus Sarcerius.
In: Uns Heimatland (Siegen) 34. Jg. 1966, S. 129-130, 2 Abb.
16. Jh.; Schulmann in Siegen.

(4343) Die Keimzelle des Schulwesens in Siegen. Erasmus Sarcerius, der erste in einer Reihe bedeutender Schulmänner.
In: Uns Heimatland (Siegen) 44. Jg. 1976, S. 137-142, 4 Abb.
16. Jh.; biographische Angaben zu Sarcerius und Lehrern des 19. und 20. Jh. in Siegen.

(4344) Güthling, -: Drei Sarcerius-Schriften für Siegen. Ein Reformator für das Siegener Schulwesen.
In: Uns Heimatland (Siegen) 33. Jg. 1965, S. 76-77, 3 Abb.
16. Jh.; Rektor der Lateinschule in Siegen.

(4345) Heinzerling, Hedwig: Erasmus Sarcerius - Gründer des Gymnasiums. Leben und Schaffen eines bedeutenden Schulmannes - Erzieher, Prediger und Erneuerer.
In: Uns Heimatland (Siegen) 30. Jg. 1962, S. 136-137, 1 Abb.
Geb. 1501, gest. 1559; u.a. Rektor der Siegener Lateinschule 1536.

(4346) Stupperich, Robert: Erasmus Sarcerius.
In: Siegerland Bd. 44. 1967, S. 33-47, 4 Abb.
Geb. 1501; von 1536-1538 Rektor der Lateinschule Siegen.

(4347) Schauerte, Heinrich: Friedrich Adolf Sauer, der Schulmann des Sauerlandes (1765-1839).
In: Sauerland (Sauerländer Hbund) 5. Jg. 1923, S. 85-89
Geb. 1765, gest. 1839; Biographie des Schulmannes.

(4348)   Friedrich Adolf Sauer. / -er.
          In: De Suerlänner 1957, S. 5, 1 Abb.
          1839; Kurzbiographie des Normalschullehrers aus Rüthen (Kalenderblatt).

(4349)   Friedrich Adolf Sauer. Der Reformator des Schulwesens im Sauerland.
          In: Norbertus-Blatt (Arnsberg) 1957, Nr. 10, [S. 1-4], 1 Abb.
          Kurzbiographie.

(4350)   Dürwald, Karl-Heinz: Friedrich Adolf Sauer. Reformator des Volksschulwesens im Herzogtum Westfalen.
          In: Hohenlimburger Hbll 34. Jg. 1973, S. 34-40
          Geb. 1765, gest. 1839; biographische Angaben, Tätigkeiten Sauers in der Lehrerausbildung.

(4351)   Kersting, Heinrich: Friedrich Adolph Sauer.
          In: Hbll Lippstadt 33. Jg. 1952, S. 28-31, 39-40
          Geb. 1765, gest. 1839; Biographie des Rüthener Normalschullehrers.

(4352)   Schumacher, Fritz: "Lehrer der Lehrer" in der Normalschule Rüthen. Vor 200 Jahren wurde Friedrich Adolf Sauer geboren.
          In: Hbll Lippstadt 45. Jg. 1964, S. 74-75, 1 Abb.
          Kurzbiographie des Normallehrers.

(4353) Pieper, Lorenz: Friedrich Adolph Sauer, der Reformator des Volksschulwesens im Herzogtum Westfalen.
In: Hborn (Arnsberg) 10. Jg. 1933, S. 10-12
Biographie und Schilderung der Zustände in der Lehrerbildung des 18. und beginnenden 19. Jahrhunderts.

(4354) Kraus, Hans: Vergessener Heimatdichter: Ludwig Theodor Sauer.
In: Rheinisch-Bergischer Kal 36. Jg. 1966, S. 23-24
19. Jh.; zum literarischen Schaffen des Lehrers am Progymnasium in Wipperfürth, keine schulgeschichtlichen Angaben.

(4355) Löhmann, -: Professor Dr. August Schacht +.
In: Ravensberger Bll 36. Jg. 1936, Nr. 4, S. 26-27
Geb. 1854, gest. 1936; Nachruf auf den Lehrer und Heimatforscher in Lemgo.

(4356) Scharlemann, -: Eine Erinnerung an die Schule auf dem Sandberg.
In: Use laiwe Häime (Volmarstein) 2. Jg. 1925, Nr. 2, S. 9-10
Um 1900; Erinnerungen des ehemaligen Lehrers an die Volksschule in Witten-Wengern.

(4357) Nikolaus Schaten - ein Sohn der Gemeinde Heek.
In: Münsterländer (Ahäuser Krsztg) 1954, Nr. 1, [S. 4]
Geb. 1608, gest. 1676; Lehrer an Gymnasien in Münster und Dortmund.

(4358) Rembert, K[arl]: Aus den Briefen Eduard Schauenburgs an seine Eltern.
In: Heimat Krefeld 11. Jg. 1932, S. 110-114, 2 Abb.
1839-1843; kommentierte Briefe des Direktors des Krefelder Realgymnasiums aus seinen Studien- und ersten Lehrtätigkeitsjahren in Bonn, Berlin und Siegen.

(4359) Rembert, K[arl]: Die Brüder Schauenburg.
In: Heimat Krefeld 10. Jg. 1931, S. 209-223, 7 Abb.
Geb. 1821, gest. 1901; enthält Biographie des Krefelder Realgymnasialdirektors Eduard Schauenburg.

(4360) Rembert, [Karl]: Aus einem Philologenleben vor 100 Jahren. Nach Briefen Eduard Schauenburgs an seine Eltern.
In: Heimat Krefeld 23. Jg. 1952, H. 3/4, S. 137-149, 1 Abb.
1843-1866; kommentierter Abdruck von Briefen aus Siegen und Düsseldorf, die zum Teil schulgeschichtliche Notizen enthalten.

(4361) Eine Jubelfeier.
In: Hermann 1823, II, S. 411
1823; zum 50jährigen Amtsjubiläum des Lehrers Johann Kaspar Scheemann in Hagen.

(4362) Christoph Scheibler.
In: Hspiegel (Dortmd Nord-West-Ztg) Nr. 50. 1958, [S. 3]
Geb. 1589, gest. 1653; Leiter des Gymnasiums in Dortmund.

(4363) Franz, Rudolf: Christoph Scheibler und die älteste Säkularschrift des Dortmunder Gymnasiums.
In: Beitrr Gesch Dortmund Bd. 23. 1914, S. 258-347
Geb. 1589, gest. 1653; Biographie des Superintendenten und Gymnasiarchen; kommentierter Abdruck der 1643 erschienenen Säkularschrift.

(4364) Der Lebensweg des Schulmeisters Scheidtweiler in Erbenheim.
In: Rur-Blumen 21. Jg. 1942, S. 54-55
Geb. 1699, gest. 1746; Kurzbiographie des Lehrers, der im Raum Jülich tätig war.

(4365) Savelsberg, Heinrich: Geheimer Studienrat Dr. Martin Scheins.
In: Z Aach GV Bd. 41. 1920, S. 1-15, 1 Taf.
Geb. 1847, gest. 1918; Biographie des Lehrers und Mitbegründers des Aachener Geschichtsvereins, enthält Bibliographie Scheins'.

(4366) Jux, Anton: Otto Schell, der bergischen Heimat getreuer Eckart.
In: Rheinisch-Bergischer Kal 1928, S. 20-23, 1 Abb. auf Taf.
Geb. 1858; Würdigung des Jubilars, enthält auch biographische Daten, tätig in Mettmann und Wuppertal-Elberfeld.

(4367) Kürten, Franz Peter: Otto Schell, ein bergischer Volkskundler.
In: Zw Wipper Rhein 4. Jg. 1950, S. 60
Geb. 1858, gest. 1930; Erinnerungen an den Lehrer und Heimatkundler in Wuppertal-Elberfeld.

(4368) Flaskamp, Franz: Friedrich Schepp.
In: Hbll Glocke Nr. 117. 1961, S. 467-468
Geb. 1864, gest. 1941; Lehrer u.a. in Dortmund und außerhalb Westfalens.

(4369) Albert Schettler.
In: Minden-Ravensberger 43. Jg. 1971, S. 132-133, 1 Abb.
1893-1969; Nachruf auf den Schulrat und Rektor in Hagen-Hohenlimburg.

(4370) Florack, Gerhard: Franz Jakob Scheuffgen.
In: Hbll Düren 16. Jg. 1939, S. 36-40
1842-1902; geb. in Solles, Kreis Düren, Gymnasialdirektor in Metz, Dompropst in Trier.

(4371) Rembert, Karl: Adam Wilhelm Scheuten (1753-1801), der Stifter des Krefelder Realgymnasiums.
In: Heimat Krefeld 12. Jg. 1933, S. 130
Geb. 1753, gest. 1801; zum Nachlaß (Kunstsammlung) des Stifters.

(4372) Gustav Schierholz. / O. L.
In: Minden-Ravensberger 44. Jg. 1972, S. 132-133, 1 Abb.
Geb. 1884, gest. 1970; Nachruf auf den Oberstudiendirektor und Heimatkundler in Herford.

(4373) Flaskamp, Franz: Der Lehrer Christoph Schiermeyer.
In: Hbll Glocke 1979, F. 1, S. 124
Geb. 1832, gest. 1885; Lehrer in Rheda-Wiedenbrück-Lintel.

(4374) Schätzlein, -: Anton Schiller.
In: Hbll Wiedenbrück 1921, S. 13-15
Geb. 1735, gest. 1823; Lehrer-Küster in Gütersloh, Angaben zu Volksschule, Lehrereinkünften und Schulfinanzierung.

(4375) Rotthauwe gen. Löns, H.: Gustav Schippers, Ehrenbürger von Hamminkeln.
In: Hk Krs Rees 1958, S. 95-96, 1 Abb.
Geb. 1882; Volksschullehrer, biographische Daten.

(4376) Vormbrock, Carl: Prof. Dr. Friedrich Schirmer.
In: Minden-Ravensberger 30. Jg. 1958, S. 133, 1 Abb.
Geb. 1872, gest. 1956; Nachruf auf den Gymnasiallehrer in Bielefeld.

(4377) Grunau, J. B.: Heinrich Schirmer, der erste Gymnasiarch von Neuß.
In: Hvolk (Neuss) 9. Jg. 1930, Nr. 29, [S. 1]
1562 - gest. 1585; 1562 Ausbau der Lateinschule und Berufung Heinrich Schirmers zum Rektor der Anstalt in Neuss.

(4378)   Vormbrock, Karl: Franz Schlattmann, ein Ravensberger plattdeutscher Heimatdichter.
In: Minden-Ravensberger 26. Jg. 1954, S. 85-86, 1 Abb.
Geb. 1885, gest. 1945; Nachruf auf den Lehrer und Heimatdichter in Bielefeld.

(4379)   Renn, Heinz: Wilhelm Schleeger.
In: Beitrr Jülicher Gesch Nr. 49. 1982, S. 154-155, 1 Abb.
Geb. 1902, gest. 1981; Nachruf auf den Dipl.-Handelslehrer und Oberstudienrat in Jülich.

(4380)   Schlepper, Wilhelm: Erinnerungen eines alten Schulmannes.
In: Lipp Kal 1958, S. 117-119, 1 Abb.
Geb. 1877; autobiographische Aufzeichnungen des Volksschullehrers in Detmold-Spork.

(4381)   Rübel, [R.]: Aus dem Leben eines Schulmeisterleins in alter Zeit.
In: Steinfurter Hbote 1955, S. 5-6
Gest. 1666; Werner Schlinkmann, Lehrer der Sexta und der "Deutschen Schule" in Steinfurt.

(4382)   Lomberg, August: Schmachtenberg. Eine Schulmeisterfamilie aus Haan.
In: Niederberg (Rhein Landesztg Velbert) 1936, Nr. 2, [S. 2-3]
1633-1860; über verschiedene Lehrer der Familie Schmachtenberg aus Haan, die im 17. bzw. 19. Jh. in Haan oder Wuppertal unterrichteten.

(4383)   Volmert, Theo: Ernst Schmalhaus.
In: Quecke Nr. 12. 1952, S. 3, 1 Abb.
1858-1926; Biographie des Volksschullehrers aus Ratingen-Lintorf.

(4384) Schmick, Otto: Jacob Heinrich Schmick. Zu seinem 100. Geburtstag.
In: Siegerländer Hk 1924, S. 19-31, 2 Abb.
Geb. 1824, gest. 1905; nach autobiographischen Aufzeichnungen, tätig an Volksschulen und höheren Bürgerschulen in Netphen und Siegen; ausgebildet am Soester Lehrerseminar.

(4385) Hinrichs, Fritz: Alfred Schmidt als Lehrer und Heimatforscher.
In: Land Wupper Rhein 1961, S. 125-127, 1 Taf.
Gest. 1960; tätig als Volksschullehrer u.a. in Solingen.

(4386) Althaus, Richard: Erzieher, Forscher, Heimatfreund. Erinnerungsblatt für Professor Dr. Heinrich Schmidt.
In: Zw Ruhr Ennepe 13. Jg. 1965, Nr. 7, [S. 7-8], 1 Abb.
Geb. 1834, gest. 1912; Volksschullehrer, ab 1881 30 Jahre am Gymnasium in Hagen tätig.

(4387) MP [Padberg, Magdalene]: Der "Lügenpastor" von Calle. Zum 130. Geburtstag von Pastor Johannes Schmidt.
In: Uns Sauerland 2. Jg. 1954, Nr. 4, S. 32
Geb. 1824, gest. 1881; Vikar in Meschede-Calle, auch tätig am Gymnasium in Werl.

(4388) Lehrer Schmitfranz, ein Obstbaumzüchter der alten Zeit. / Sch.
In: Uns Heimat (Kevelaer, Geldern) 11. Jg. 1923, Nr. 4, [S. 3-4]
1818-1857; in Kerken-Nieukerk tätig.

(4389) Dr. Ferdinand Schmitz zum Gedächtnis. Zum 10. Todestag des Heimatforschers am 5. September. / P. E.
In: Michaelsberg 7. Jg. 1953, S. 34-35
Geb. 1866, gest. 1943; Mittelschullehrer und Heimatforscher in Bergisch Gladbach.

(4390) Engels, Peter: Heimatforscher Dr. Ferdinand Schmitz.
In: Zw Wipper Rhein 7. Jg. 1953, S. 34-36, 1 Abb., S. 43-44, 45-46, 52
Geb. 1866, gest. 1943; Heimatforscher und Lehrer an der höheren Schule in Bergisch Gladbach.

(4391) Hölter, Johannes: Zum Gedenken an Frau Hedwig Schmitz.
In: Hbote Amern Dilkrath 1980, H. 2, S. 42-43, 2 Abb.
Geb. 1896, gest. 1969; Volksschullehrerin in Schwalmtal-Amern.

(4392) Heinrich Schmitz. Ein Leben im Dienst der Heimatforschung. / Th. V.
In: Quecke Nr. 11. 1952, [S. 3-4], 1 Abb.
Geb. 1874, gest. 1943; Volksschullehrer und Heimatforscher in Ratingen-Lintorf.

(4393) Weber, Joseph: Seminar-Direktor a. D. Schulrat Dr. Johannes Schmitz +.
In: Brühler Hbll 3. Jg. 1922, Nr. 2, S. 7-8
Geb. 1847, gest. 1922; tätig u.a. in Brühl.

(4394) Bers, W.: Schulpfleger Pfarrer Wilhelm Schmitz in Siegburg (1847-1873).
In: Hbll Rhein-Siegkrs 31. Jg. 1963, H. 2, S. 66-69, 1 Abb.
Geb. 1803, gest. 1890; biographische Angaben, Entwicklung der Schulaufsicht in Siegburg und Umgebung.

(4395) Wilhelm Schmuck.
In: Minden-Ravensberger 45. Jg. 1973, S. 141, 1 Abb.
Geb. 1895, gest. 1972; Nachruf auf den Rektor in Hüllhorst-Oberbauerschaft.

(4396) Loblied auf einen Lehrer.
In: Heimat (westfälische) 5. Jg. 1923, S. 253 [auch in: Westf. Hbll. 1980, F. 20, [S. 4]]
1821; Abdruck eines zeitgenössischen Zeitungsartikels über den Volksschullehrer Schmüling in Dortmund-Brechten.

(4397) Dirkmann, Anna Antonia: Der Erzieher Johann Heinrich Schmülling. Der erste Direktor des 1811 wiedererstandenen Gymnasiums Braunsberg.
In: Auf Roter Erde (Münster) 34. Jg. 1978, Nr. 211, S. 1-2, 1 Abb.
Geb. 1774; Lehrer am Paulinum in Münster, später Direktor des Gymnasiums Braunsberg.

(4398) Poschmann, Adolf: Heinrich Schmülling im Ermland. Ein Westfale als Erzieher im deutschen Osten.
In: Hbuch Krs Lippstadt 3. Bd. 1952, S. 85-89
1811-1851; Biographie des Gymnasialdirektors in Braunsberg (Ostpreußen), vorher in Münster tätig.

(4399) Preuschoff, Hans: Ein westfälischer Schulmann wirkte im deutschen Osten. Johann Heinrich Schmülling zum Gedenken.
In: Westf Hk 13. Jg. 1959, S. 134-139, 1 Abb.
Geb. 1774, gest. 1851; geb. in Warendorf, tätig in Münster, später in Braunsberg.

(4400) Schulrat Christian Schneider +.
In: Vest Kal 1934, S. 116
Geb. 1856, gest. 1932; Nachruf mit biographischen Daten, Recklinghausen.

(4401) Sonnenburg, F. E.: Aus Eulogius Schneiders Bonner Wirksamkeit.
In: Bonner Archiv 1. Jg. 1889, S. 19-21, 25-25
1789-1790; Sympathien des Professors und nebenamtlichen Lehrers am Gymnasium für die französische Revolution und Maßnahmen gegen ihn.

(4402) Schneider, der Lehrer. (Kleines Lexikon des Kreises Lüdinghausen.)
In: An Stever Lippe Nr. 7. 1966, S. 8
Geb. 1817; über den Volksschullehrer Georg Schneider in Lüdinghausen-Seppenrade.

(4403) Höhner, Hans: In memoriam Rektor Philipp Schneider.
In: Kerpener Hbll Nr. 23./8. Jg. 1970, H. 3, S. 531-534, 1 Abb.
Geb. 1879, gest. 1961; biographische Daten, Angaben zum schriftstellerischen Werk des Kerpener Lehrers.

(4404) Wilhelm Schneidereit. / W. Sch.
In: Minden-Ravensberger 49. Jg. 1977, S. 147-148, 1 Abb.
Geb. 1898, gest. 1976; Nachruf auf Volksschullehrer, u.a. in Herford und Herford-Hiddenhausen tätig.

(4405) Flaskamp, Franz: Heimisches Lehrerbild: Ernst Schnippenkötter.
In: Hbll Glocke 1979, F. 3, S. 131
Geb. 1851, gest. 1933; Volksschullehrer (Rheda-Wiedenbrück-St. Vit, Höxter-Ovenhausen, Duisburg, Telgte), Daten zu anderen Lehrern.

(4406) Schneider, Arthur: Aus dem Rehmer Schulleben vor 100 Jahren.
In: Weserpforte 3. Jg. 1929, S. 113-114
1822-1826; Auszüge aus dem Merkbuch des Lehrers Heinrich Schnücke in Bad Oeynhausen-Rehme.

(4407) Schneider, Arthur: Kantor Schnücke und der Aberglaube.
In: Weserpforte 4. Jg. 1930, S. 37-41
Ca. 1825; Erzählung mit Auszügen aus dem Merkbuch des Lehrers in Bad Oeynhausen-Rehme.

(4408) Schöne, Josef: Die frühere Rektoratsschule als Zubringerschule zum Gymnasium.
In: Borghorster Hbll H. 13. 1967, [S. 19-20]
1911-1942; Erinnerungen des Lehrers Josef Schöne an seine Tätigkeit in Steinfurt-Borghorst.

(4409) Siepmann, Karl Egon: Elend und Jammer waren groß.
In: Oberberg 4. Jg. 1982, Nr. 4, S. 12-14, 3 Abb.
Geb. 1799, gest. 1838; Biographie des Lehrers Johann Christoph Schöneborn, tätig u.a. in Volmarstein; enthält Bericht über Sammlung für Hinterbliebene des Verstorbenen.

(4410) Niggemeier, A.: Ein verdienter Heimatfreund.
In: Egge-Rundschau 1961, Nr. 39, [S. 5]
Geb. 1857, gest. 1937; Volksschullehrer und Rektor Franz Scholand in Altenbeken.

(4411) Köhler, Ferdinand: Alfred Wilhelm Scholten +.
In: Hk Krs Rees 1971, S. 136-137, 1 Abb.
Geb. 1916, gest. 1970; Nachruf auf den im Kreis Rees tätigen Volksschullehrer mit biographischen Angaben.

(4412) Daverkosen, H.: Professor Dr. Robert Scholten. Zur 100. Wiederkehr seines Geburtstages.
In: Hk Krs Rees 1932, S. 119-121, 1 Abb.
Geb. 1831, gest. 1910; Kurzbiographie, u.a. Religionslehrer am Klever Gymnasium.

(4413) Kiepke, Rudolf: Erinnerung an das Gymnasium Theodorianum: Professor Dr. Josef Schoppe.
In: Warte 30. Jg. 1969, H. 8, S. 117, 2 Abb.
Um 1918; Schülererinnerungen an den Französisch- und Englischlehrer in Paderborn.

(4414) Longerich, J.: Bewährter Pädagoge wird 70 Jahre alt!
In: Ahlener Monatsschau 1968, S. 85, 1 Abb.
Geb. 1898; Heinrich Schoppmeyer, Oberstudiendirektor am neusprachlichen Gymnasium in Ahlen.

(4415) Vier hervorragende Männer.
In: Alt-Köln 6. Jg. 1913, S. 72-74, 2 Abb.
Geb. 1833, gest. 1913; enthält Nachruf auf Peter Schorn, Realgymnasialdirektor in Köln.

(4416) Peter Joseph Schorn. / B.
In: Alt-Köln Kal 1914, S. 86
Geb. 1833, gest. 1913; Direktor und Lehrer am Gymnasium in Köln, Kreuzgasse.

(4417) Herwegen, Otto: Die "Alte Kreuzgasse", ein Ruhmesblatt für Köln. Erinnerungen an Prof. Dr. Peter Schorn.
In: Alt-Köln Hbll 9. Jg. 1955, S. 10-12, 3 Abb.
Ende 19. Jh.; Erinnerungen an den Genannten und andere Lehrer des Gymnasiums.

(4418) Kiepke, Rudolf: Erinnerung an das Gymnasium Theodorianum: Prof. Dr. August Schrader.
In: Warte 30. Jg. 1969, H. 5, S. 75-76, 3 Abb.
Nach 1918; Schülererinnerungen an den Physik-, Mathematik- und Chemielehrer in Paderborn.

(4419)   Tümpel, -: Minna Schrader +.
In: Ravensberger Bll 3. Jg. 1903, Nr. 1, S. 1
Geb. 1850, gest. 1902; Volksschullehrerin, Dialektdichterin, tätig u.a. in Bielefeld.

(4420)   Professor Dr. Rudolf Schrader.
In: Minden-Ravensberger 21. Jg. 1949, S. 35-36, 1 Abb.
Geb. 1881, gest. 1948; Nachruf auf den Gymnasiallehrer, tätig in Bielefeld, Moers, Bochum.

(4421)   Johannes Schrammen, Gymnasial-Oberlehrer a. D.
In: Alt-Köln Kal 1919, S. 74-75
Geb. 1835, gest. 1918; Nachruf auf den Gymnasiallehrer in Köln.

(4422)   Bender, Arn.: Plauderei aus der Schule in Altenseelbach vor 60 Jahren.
In: Hbll Freier Grund 2. Jg. 1955, Nr. 9 [S. 3]
1894; enthält biographische Angaben zum Lehrer Joh. Aug. Schreiber, Geb. 1838, gest. 1900 in Neunkirchen-Altenseelbach (Siegerl.).

(4423)   H[artung], K[arl]: Lehrer Carl Schröder. Gedenkblatt für den verdienstvollen Geschichtsschreiber der Stadt Castrop zu seinem 100. Geburtstage am 10. August 1949.
In: Kultur Heimat (Castrop-Rauxel) 1. Jg. 1949, Nr. 9, S. 33-35, 1 Abb.
Geb. 1849, gest. 1924; Biographie des Volksschullehrers und Schriftstellers aus Castrop-Rauxel.

(4424)   Hatzfeld, Johannes: Fräulein Schroers 50 Jahre in Paderborn.
In: Warte 3. Jg. 1935, H. 10, S. 176, 1 Abb.
1935; Lehrerin an der Pelizaeus-Schule.

(4425) Swart-Schroeter, Hilla: Dr. Christian Friedrich Schroeter. Königl. Gymnasialdirektor.
In: Steinfurter Hbote 1958, S. 13-14, 1 Abb.
Geb. 1845, gest. 1905; Erinnerungen der Tochter an den Gymnasialdirektor in Steinfurt-Burgsteinfurt und Lippstadt.

(4426) Eine Notiz aus Mertens' Chronik.
In: M Berg GV 1. Jg. 1894, Nr. 10, S. 141
Gest. 1744; biographische Daten zu Lehrer Heinrich Joh. Georg Schuchard in Wuppertal-Elberfeld.

(4427) Pädagogisches betreffend.
In: Hermann 1829, S. 341-342
1829; Plädoyer für die Veröffentlichung von Lehrerautobiographien, namentlich Appell an Daniel Schürmann, Peter Heinrich Holthaus und Peter Hürxthal.

(4428) Bäcker, Ursula: Zum Wirken von Daniel Schürmann in der Remscheider Stadtkirche.
In: Heimat spricht (Remscheider GA) 27. Jg. 1960, Nr. 12, [S. 3-4], 1 Abb.
Geb. 1752, gest. 1838; Tätigkeiten Schürmanns als Lehrer und Organist in Remscheid um 1805.

(4429) Engels, W.: Selbsthilfe bergischer Lehrer vor 150 Jahren. Daniel Schürmann als Begründer der ersten bergischen Lehrervereinigung und Lehrerwitwenkasse.
In: Heimat Solingen 16. Jg. 1950, Nr. 8, S. 31-32
1785-1863; zu Schürmanns Tätigkeit in und für Schullehrergesellschaften in Remscheid; Auszüge aus Schreiben Schürmanns.

(4430) Hinrichs, Fritz: Daniel Schürmann über das Schulwesen. Ein Bericht des "bergischen Rechenmeisters".
In: Heimat spricht (Remscheider GA) 1950, Januar. Februar
*

(4431) [Hinrichs, Fritz]: Ein Schürmann-Brief.
In: Heimat spricht (Remscheider GA) 1950, 1./2.7.
1831; Abdruck eines Briefes von Daniel Schürmann.

(4432) Hinrichs, Fritz: Frauen um Daniel Schürmann. Aus der Familie des großen bergischen Schulmannes Antoinette Friederike Brochmann und Elisabeth Dahm.
In: Heimat spricht (Remscheider GA) 1950, 10
Mitte 18. - Anf. 19. Jh.; Angaben zur Familie des Remscheider Lehrers.

(4433) Hombrecher, Paul: Ein verdienter bergischer Schulmann.
In: Bergische Heimat (Ronsdorf) 12. Jg. 1938, S. 39-40, 1 Abb.
Geb. 1752, gest. 1838; Daten aus dem Leben Daniel Schürmanns in Wuppertal und Remscheid.

(4434) Kraus, Hans: Nach Schürmanns Rechenbuch sind ...
In: Wipperfürther Geschichtsbll 5. Jg. 1971, Nr. 1-3, [S. 1-7]
[auch in: Rheinisch-Bergischer Kal. 42. Jg. 1972, S. 131-137]
Kurzbiographie Schürmanns und kommentierte Auszüge aus seinem Rechenbuch.

(4435) Kraus, Hans: Das berühmteste Schulbuch im Bergischen Land. "Schürmanns Rechenbuch" von 1801 - Ein Exemplar aus Hohkeppel.
In: Rheinisch-Bergischer Kal 1980, S. 104-107, 6 Abb.
Geb. 1752, gest. 1838; biographische Angaben, Tätigkeiten Schürmanns u.a. in Remscheid.

(4436) Lorenz, Walter: Daniel Schürmanns Werke im Remscheider Stadtarchiv.
In: Heimat spricht (Remscheider GA) 40. Jg. 1973, Nr. 3, [S. 4]
Schriftenverzeichnis.

(4437) Oligschläger, Franz Wilhelm: Daniel Schürmanns Vorfahren.
In: Bergisches Familienblatt 1950, April
*

(4438) [Rees, W.]: Daniel Schürmann. 1752-1838.
In: Bergische Heimat (Ronsdorf) 3. Jg. 1929, Nr. 10, S. 245-247, 1 Abb.
Einige biographische Angaben zu dem Remscheider Lehrer, großenteils mit pädagogischen Ratschlägen durchsetzt.

(4439) Rees, [Wilhelm]: Daniel Schürmann als Liederkomponist.
In: Heimat spricht (Remscheider GA) 30. Jg. 1963, Nr. 10, [S. 3], 1 Abb.
1815; kommentierter Abdruck eines Liedes von Schürmann und Kommentar zu einer musikpädagogischen Veröffentlichung des Solinger Lehrers G. Gustorff von 1815.

(4440) Schmidt[-Wettingfeld], W.: "Was weißt du von Daniel Schürmann?"
In: Heimat spricht (Remscheider GA) 1936, 29.8., 1 Abb.
Kurzbiographie.

(4441) Sichelschmidt, Gustav: Der bergische Rechenmeister. Daniel Schürmann zum 200. Geburtstag am 11.2.52. Ein wissenschaftlicher Kopf von beachtlichem Format.
In: Heimat spricht (Remscheider GA) 1952, Februar
*

(4442) [Hausmann, Frank Rutger]: Seine Wiege stand in Lüttringhausen.
In: Heimat spricht (Remscheider GA) 40. Jg. 1973, Nr. 3, [S. 3-4], 2 Abb.
Kurzbiographie des Remscheider Lehrers Daniel Schürmann.

Biographisches

(4443) Voigt, Günther: Dat steht äwwer nich in Schürmanns Rekkenbauk. Erinnerungen an einen bedeutenden Lehrer.
In: Hgruß (Langerfeld) Nr. 85. 1975, S. 7
Um 1777; Auszüge aus Aufzeichnungen Schürmanns über Wuppertal-Langerfeld.

(4444) Ottsen, O.: Der Moerser Seminarlehrer Friedrich Schürmann.
In: Land Leute Moers 19. Jg. 1937, S. 5-6, 1 Abb.
Geb. 1802, gest. 1872; enthält biographische Angaben zu dem Seminarlehrer.

(4445) Köhnen, Gerhard: Die Orsoyer Lehrerfamilie Schürmann und die Moerser Lehrerkonferenz.
In: Land Leute Moers 18. Jg. 1936, S. 8, 1 Abb., S. 12
18. - 2. Hälfte 19. Jh.; Auszüge aus autobiographischen Aufzeichnungen des Joh. Heinr. Schürmann (1777-1858) zur Entwicklung der Lehrerkonferenzen.

(4446) Köhnen, Gerhard: Die Orsoyer Lehrerfamilie Schürmann und die Moerser Lehrer-Conferenz.
In: Heimat Krefeld 15. Jg. 1936, S. 114-123, 4 Abb.
1755 - Ende 19. Jh.; Biographien der Lehrergenerationen Schürmann, Tätigkeiten Joh. Heinrich Schürmanns für die Moerser Lehrer-Konferenz.

(4447) Wilhelm Schürstedt.
In: Minden-Ravensberger 53. Jg. 1981, S. 143-144, 1 Abb.
Geb. 1899, gest. 1980; Nachruf auf Haupt- und Grundschulrektor in Herford-Hiddenhausen-Oetinghausen.

(4448) Longerich, J.: Prof. Dr. W. Schulte, verdienter Bürger Ahlens.
In: Ahlener Monatsschau 1969, Nr. 1, S. 7
Geb. 1892; Gymnasiallehrer in Ahlen, später Landesarchivrat in Münster.

(4449) Flaskamp, Franz: Ferdinand Schulz.
In: Hbll Glocke Nr. 136. 1963, S. 143 [vielmehr: S. 543]
Geb. 1814, gest. 1893; Altsprachlehrer, Verfasser von Lateinschulbüchern, Schulrat, tätig in Arnsberg und Münster.

(4450) Heinrich Schulz.
In: Minden-Ravensberger 48. Jg. 1976, S. 145, 1 Abb.
Geb. 1885, gest. 1975; Nachruf auf den Studienrat in Herford.

(4451) Flaskamp, Franz: Rudolf Schulze (1884-1957). Orts- und kirchengeschichtliches Verdienst.
In: Warendorfer Schriften H. 8/10. 1978/80, S. 103-110
[zuerst in: Jb westf Kirchengesch. Bd. 71. 1978, S. 237-243]
Geb. 1884, gest. 1957; Studienrat in Warendorf und Münster. Arbeiten zur Schulgeschichte.

(4452) Pfeiffer, Rudolf: Vom bergischen Schulmann Gerhard Schumacher.
In: Bergische Hbll 6. Jg. 1929, Nr. 13, S. 50
Geb. 1828, gest. 1893; Volksschullehrer und Religionslehrer an der Solinger (Lehrer-)Gehilfenschule.

(4453) Kiepke, Rudolf: Erinnerung an das Gymnasium Theodorianum: Prof. Dr. Egon Schunck.
In: Warte 30. Jg. 1969, H. 4, S. 59, 2 Abb.
Um 1918; Schülererinnerungen an den Französisch-, Deutsch- und Griechischlehrer in Paderborn.

(4454) Henrich, Jakob: In der Schule bei Christian Schuß. Eiserns einziger Lehrer von 1865-1874.
In: Uns Heimatland (Siegen) 31. Jg. 1963, S. 150-151, 2 Abb.
1865-1874; Erinnerungen an den Volksschullehrer aus Siegen-Eisern.

(4455) Ein Beckumer Lehrer als Seidenraupenzüchter. / Sch.
In: Hbll Glocke 1928, Nr. 1, S. 4
1844-1901; Angaben zu dem Volksschullehrer Franz Schwarz (gest. 1901).

(4456) Hauptlehrer Schweden in Mülheim-Speldorf.
In: Vaterstädtische Bll (Mülheim) 1909, Nr. 28, S. 3, 1 Abb.
Gest. 1909; biographische Angaben.

(4457) Baedorf, Bernhard: Ein Gestalter des neuzeitlichen Unterrichts in Belgien.
In: Eifel Jb 1938, S. 104-108, 5 Abb.
18.-19. Jh.; Tätigkeiten des ersten Direktors des Brühler Lehrerseminars Schweitler, später Schulrat, und seines Schülers Thomas Braun im belgischen Schuldienst.

(4458) Vahle, Martin: Kantor Johann Carl Philipp Schwettmann, der Mitbegründer des Herforder Heimatvereins.
In: Herforder Hbl 26. Jg. 1957, Nr. 10, S. 41-43, 1 Abb.
Geb. 1813, gest. 1899; Lehrer-Kantor, zum Teil autobiographisch. Gründete auch den Kreislehrerverein (1846).

(4459) Vahle, M[artin]: Kantor Johann Carl Philipp Schwettmann.
In: Ravensberger Heimat 1964, Nr. 9, S. 33, 1 Abb.
Geb. 1813, gest. 1899; Lehrer in Herford.

(4460) Schwettmann, Carl: Die Hauptereignisse meines Lebens und die Feier meines 50jährigen Dienstjubiläums.
In: Herforder Jb 5. Bd. 1964, S. 34-75, 1 Abb.
Geb. 1813, gest. 1899; Erinnerungen des Herforder Volksschullehrers.

(4461) Manenopfer.
In: Hermann 1833, S. 327-328
1833; Vorstellung einer Schrift über die Wuppertaler Gymnasiallehrer Johann Ludwig Seelbach und Gustav Simon.

(4462) Zur Erinnerung an Johann Ludwig Seelbach, weiland Director, u. Gustav Simon, ordentlichen Lehrer des Gymnasiums zu Elberfeld.
In: Hermann 1833, S. 174-176
Gest. 1832; Nachrufe mit biographischen Angaben.

(4463) Laag, O. K.: Lehrer Wilhelm Seele 70 Jahre alt.
In: Mindener Hbll 33. Jg. 1961, S. 37-39, 1 Abb.
Geb. 1891; Lehrer in Bad-Oeynhausen-Lohe.

(4464) Nekrolog. / S-n
In: Hermann 1817, Nr. 45, S. 357-358
1817; Nachruf auf den Lippstädter Lehrer.

(4465) Flaskamp, Franz: Johann Heinrich Seidenstücker.
In: Hbll Glocke Nr. 153. 1964, S. 611-612
Geb. 1765, gest. 1817; u.a. Leiter des Gymnasiums in Lippstadt.

(4466) van Acken, J.: Vikar Sellmanns Schule.
In: Gladbecker Bll 4. Jg. 1915, Nr. 10, S. 73-77
Ende 17. Jh.; Schulerzählung aus Gladbeck.

(4467) Brettschneider, Helmut: Johann Sigismund Seltmanns Schriften und seine Briefe an August Hermann Francke.
In: Reidemeister Nr. 38. 1966, S. 1-8, 10 Abb.
Geb. 1687; Biographie und Briefe des Pädagogen, der 1720-1752 Rektor der Lüdenscheider Lateinschule war.

(4468) Florack, Gerhard: Peter Sénéchaute, vulgo Zibbel. Dankbar fröhliche Erinnerungen gelegentlich seines hundertsten Geburtstages.
In: Hbll Düren 4. Jg. 1927, S. 161-163
Geb. 1827; Gymnasiallehrer in Düren, Erinnerungen eines ehemaligen Schülers und Kurzbiographie.

(4469) Museumsleiter Emil Seuster 75 Jahre.
In: Letmather Heimatschau 1960, H. 3/4, S. 63-65, 1 Abb.
Geb. 1885; u.a. auch als Realschullehrer in Iserlohn-Letmathe tätig.

(4470) Reinartz, Werner: Johann Gerhard Arnold Sieben, Lehrer an der einklassigen Volksschule zu Baesweiler von 1820 bis 1867.
In: Hk Krs Heinsberg 11. Jg. 1961, S. 95-105, 1 Abb.
1798-1867; ausführliche Lehrerbiographie; Quellen: Anstellungsvertrag von 1820, Berufsschein von 1826.

(4471) Oxé, [August]: Max Siebourg.
In: Heimat Krefeld 16. Jg. 1937, S. 73-75, 1 Abb.
Geb. 1863, gest. 1936; ausführlicher Nachruf und Biographie des ehemaligen Vizepräsidenten des rheinischen Provinzialschulkollegiums in Krefeld.

(4472) Wilhelm Siekmann.
In: Minden-Ravensberger 40. Jg. 1968, S. 134, 1 Abb.
Geb. 1887, gest. 1967; Volksschulrektor und Dozent der Pädagogischen Akademie, u.a. in Bielefeld.

(4473) Coenen, Karl: In memoriam Dr. Heinrich Simon.
In: Hk Krs Rees 1960, S. 40-41, 1 Abb.
Geb. 1891, gest. 1959; Lehrer in Wesel u.a.

(4474) Peitzmeier, J.: Wilhelm Simon 80 Jahre.
In: Mitt Höxter Nr. 13. 7. Jg. 1977, S. 3-4
Geb. 1897; Volksschullehrer in Paderborn und Warburg.

(4475) Sökeland, Hermann [Vorbemerkung: Kirchhoff, Karl-Heinz]: Ein Köttersohn als Dorfschulmeister - Szenen aus dem Darfelder Schulleben um 1800.
In: Geschbll Coesfeld 4. Jg. 1979, H. 1/2, S. 98-106
Ende 18. Jh.; kommentierter Abdruck von Aufzeichnungen über den Werdegang des Lehrers Sökeland in Rosendahl-Darfeld.

(4476) Rt. [Remmert, Otto]: Ein alter Gevelsberger Lehrer. Friedrich Jakob Sonderhoff (1780-1862).
In: Ennepesträsser (GZ-EZ) 12. Jg. 1962, Nr. 11/12, [S. 7], 1 Abb.
1810-1852; als Lehrer und Organist in Gevelsberg tätig.

(4477) Rt. [Remmert, Otto]: Pfarrer Albert und Lehrer Jakob Sonderhoff.
In: Ennepesträsser (GZ-EZ) 20. Jg. 1970, Nr. 9/10, [S. 6]
1810-1852; Angaben zur Tätigkeit des Gevelsberger Lehrers und Organisten.

(4478) Zierenberg, Bruno: Vom alten Lehrer Sonderhoff.
In: Am Gevelsberg 8. Jg. 1928, Nr. 2, [S. 2-4]
Gest. 1857; in Gevelsberg von 1810-1853, Briefauszüge.

(4479) Heetmann, R.: Zum Gedenken an die Oestricher Lehrerfamilie Spielhoff.
In: Hbl Letmathe 31. Jg. 1949, Nr. 5/6, [S. 3]
1822 - 20. Jh.; Angaben zu vier Volksschullehrern der Lehrergeneration Spielhoff in Oestrich: Spielhoff, Wilhelm Georg Karl, 1822-1858; Spielhoff, Wilhelm, 1851-1905; Spielhoff, Werner, tätig von 1910-1912; Spielhoff, Adolf.

(4480) Henrich, Jakob: Mit dem Lehrer Spring kam eine neue Zeit. Sein Name verkörpert Eiserns Schulgeschichte jahrzehntelang.
In: Uns Heimatland (Siegen) 32. Jg. 1964, S. 137-138, 1 Abb.
Ende 19. Jh.; Erinnerungen an den Volksschullehrer in Siegen-Eisern und Wilnsdorf-Rinsdorf.

(4481) Flaskamp, Franz: Bernhard Stahm, der "Gründer von Langenhorst".
In: Hbll Glocke Nr. 80. 1958, S. 318-319, 1 Abb.
Geb. 1818, gest. 1900; Taubstummenlehrer an der Übungsschule und Taubstummenschule in Ochtrup-Langenhorst.

(4482) Einführung des Gymnasialdirektors Dr. Stamm.
In: Vaterstädtische Bll (Mülheim) 1910, Nr. 40, S. 2
1910; Bericht über die Einführungsfeier für den Rektor in Mülheim (Ruhr).

(4483) V[ormbrock], K[arl]: Oberstudiendirektor Dr. Ewald Stange.
In: Minden-Ravensberger 26. Jg. 1954, S. 115, 1 Abb.
Geb. 1877, gest. 1953; Nachruf auf den Gymnasiallehrer und Heimatforscher in Bielefeld.

(4484) Oberstudiendirektor Dr. Otto Starck gestorben. / -bt-
In: Quadenhof 14. Jg. 1963, H. 2, S. 3, 4, 1 Abb.
Geb. 1901, gest. 1963; Lehrer in Düsseldorf-Gerresheim.

(4485) Professor Dr. Dr. h.c. Albert Steeger +.
In: Uns Niederrhein 1. Jg. 1958, S. 14
Geb. 1885, gest. 1958; Volksschullehrer u.a. in Krefeld, Leiter des Heimathauses des Niederrheins.

(4486)   Feinendegen, Emil: Albert Steeger.
In: Uerdinger Rundschau 8. Jg. 1958, Nr. 8, S. 3-5
Geb. 1885, gest. 1958; Lehrer bis 1936, später Direktor des Museums in Krefeld.

(4487)   Feinendegen, Emil: Albert Steeger. Zu seinem Leben und Wirken.
In: Geldrischer Hk 1959, S. 66-69, 2 Abb.
Geb. 1885, gest. 1958; Mittelschullehrer und Rektor in Krefeld, überwiegend Angaben zu heimatkundlichen Tätigkeiten Steegers.

(4488)   Vor zehn Jahren starb Albert Steeger. / pd
In: Uerdinger Rundschau 18. Jg. 1968, Nr. 1, S. 7-8 [zuerst in: Westdeutsche Zeitung v. 17.3.1958]
Geb. 1885, gest. 1958; enthält biographische Hinweise.

(4489)   Feinendegen, Emil: Albert Steeger und Uerdingen.
In: Uerdinger Rundschau 18. Jg. 1968, Nr. 1, S. 8-9, 1 Abb.
1949-1955; Angaben zu Tätigkeiten Steegers in Krefeld-Uerdingen auf heimatkundlichem Gebiet.

(4490)   Ein "Jubelgreis" im Mittelpunkt vieler Ehrungen. Das 50-jährige Amtsjubiläum des Lehrers Steffe zu Siegen.
In: Uns Heimatland (Siegen) 34. Jg. 1966, S. 12
Geb. 1797; Jubiläumsfeier des Lehrers Heinrich Steffe.

(4491)   Ligges, Karlheinz: Stehfen - der "Missionar im Bauernkittel".
In: Heimat Hellweg (HA) F. 4. 1957
1863-1879, 1906-1942; Angaben zum Gründer des Waisenhauses in Holzwickede, Präparandie 1872.

(4492) Ligges, Karlheinz: Ein Menschenfreund aus Holzwickede. Stifter des Hellweg. Erziehungshauses und der Präparandenanstalt. (Friedrich Stehfens).
In: Heimat Hellweg (HA) F. 35. 1959, 2 Abb.
19. Jh. - 1922; Angaben zu Friedrich Stehfens und zur Präparandie in Holzwickede-Opherdicke.

(4493) Rheinen, Wilhelm: Zur jülich-bergischen Schulgeschichte in vorpreußischer Zeit. 11. Meister Johann Wilhelm vom Stein.
In: Bergische Geschbll 16. Jg. 1939, Nr. 1/2, S. 13-20. Nr. 3/4, S. 39-48
Um 1775; Biographie und kommentierter Abdruck von ausführlichen Aufzeichnungen des Lehrers zu Lehrerpflichten, -gehalt u.a.; Lehrer in Mönchengladbach-Wickrathberg.

(4494) Jubelfest des Lehrers Steinberg in Hilden; gefeiert den 11. Mai, 1827. / K. L.
In: Hermann 1827, S. 329-332
1827; Bericht über das 50jährige Amtsjubiläum.

(4495) J. Z. [Josef Zacharias]: Professor Carl Steinbrinck. 1852-1933 - Lehrer an der Ostendorfschule.
In: Hbll Lippstadt 51./52. Jg. 1971/72, S. 69
1852-1933; Gymnasiallehrer in Lippstadt.

(4496) Wilhelm Steinbrügge.
In: Minden-Ravensberger 40. Jg. 1968, S. 136, 1 Abb.
Geb. 1906, gest. 1966; Nachruf auf den Oberstudiendirektor, Köln, Halle (Westf.).

(4497) Das Examen. / L. J.
In: Auf roter Erde (Schwelm) 1. Jg. 1922, Nr. 3, [S. 4]
19. Jh.; Schulanekdote zu Pfarrer und Schulinspektor von Steinen in Fröndenberg-Frömern.

(4498) Der Schullehrer Friedrich Steines zu Neu-Löhdorf.
In: Hermann 1831, S. 696
*

(4499) Steinwald, Christian: Meine Amtstätigkeit als Lehrer in Dankersen, Kreis Minden.
In: Mindener Hbll 1951, Nr. 11/12, S. 144-146
1892; Erinnerungen des Volksschullehrers an Schule und Lehrer in Minden-Dankersen.

(4500) Professor Stephan erfand Fernsehen. Er war Lehrer am Gymnasium Arnoldinum vor 60 Jahren.
In: Steinfurter Hbote 1963, Nr. 4, S. 3
1903-1912; im angegebenen Zeitraum in Steinfurt-Burgsteinfurt tätig.

(4501) Krieger, Bernhard: Schulpolitik in Preußen - Zur Beurteilung der Bestrebungen des Geheimrats Stiehl.
In: Monatsh Ev Kirchengesch Rhld 24. Jg. 1975, S. 203-209
Um 1854; Autor wendet sich gegen einen "einheitlich als Dunkelmann eingeordneten Stiehl" und sucht positive Elemente in Stiehls Konzeption des Elementarschulwesens.

(4502) August Stohlmann.
In: Minden-Ravensberger 42. Jg. 1970, S. 133-134, 1 Abb.
Geb. 1881, gest. 1968; Nachruf auf den Hauptlehrer und Kantor in Hüllhorst.

(4503) Franz Stollwerck zum Gedenken. / B. S.
In: Uerdinger Rundschau 9. Jg. 1959, Nr. 3, S. 2-7, 3 Abb.
Geb. 1814, gest. 1884; leitete eine Privatschule für Knaben in Krefeld-Uerdingen, botanische und archäologische Veröffentlichungen.

(4504) Müller, P.: Franz Stollwerck *1814 - 1884+, Privatlehrer in Uerdingen am Rhein, ein vielseitiger Gelehrter und Heimatforscher.
In: Heimat Krefeld 23. Jg. 1952, H. 1/2, S. 66-68. H. 3/4, S. 129-136, 3 Abb.
Geb. 1814, gest. 1884; Biographie mit Angaben zu Stollwercks Privatschule in Krefeld-Uerdingen (Gymnasialklassen bis zur Tertia); der größte Teil des Aufsatzes ist wissenschaftlichen Forschungen Stollwercks gewidmet.

(4505) Vormbrock, [Karl]: Wilhelm Stolte +.
In: Ravensberger Bll 35. Jg. 1935, Nr. 6, S. 42
Geb. 1858, gest. 1935; Taubstummenlehrer in Petershagen.

(4506) [Strangmeier, Heinrich]: Erlebte Schule. Ein Erinnerungsbuch von Heinz Stolz. Angezeigt von Heinrich Strangmeier.
In: Hildener Hbll 10. Jg. 1959, Nr. 9, Sp. 121-132, 1 Abb.
o.Z.; Auszüge aus: Stolz, Heinz [Leiter des Gymnasiums Hilden]: Erlebte Schule. Sechzig Jahre vor und auf dem Katheder. Düsseldorf o. J. (=1957), 156 S.

(4507) Schneider, B.: Ein Lehrer - Patriarch aus Seelscheid vor 100 Jahren.
In: Hbll Rhein-Siegkrs 9. Jg. 1933, H. 2/3, S. 28-30
1792-1815; Biographisches zu Lehrer Wiemar Stommel aus Neunkirchen-Seelscheid.

(4508) Hermann Stoppenhagen.
In: Minden-Ravensberger 38. Jg. 1966, S. 132, 1 Abb.
Gest. 1964; Nachruf auf Hauptlehrer, Minden-Dankersen.

(4509) Sellmann, Adolf: Der Hagener Schuldirektor Adam Storck. Mitherausgeber des "Hermann", gestorben 1822.
In: Hagener Hbll 1935, Nr. 4, S. 25-28
Geb. 1780, gest. 1822; Lehrer und Rektor der Höheren Handelsschule.

(4510) Wickop, Paul: Heinrich Storck - in memoriam.
In: Heimat Duisburg 5. Jg. 1963, S. 117-118, 1 Abb.
Geb. 1900, gest. 1961; Volksschullehrer und Schulrat in Duisburg-Meiderich.

(4511) Karl Stracke. / O. L.
In: Minden-Ravensberger 43. Jg. 1971, S. 135-136, 1 Abb.
Gest. ca. 1969/70; Nachruf auf den Oberstudiendirektor in Herford.

(4512) Herte, Meinolf: Zum Tode des Berufsschuldirektors i. R. Anton Sträter.
In: Kultur Heimat (Castrop-Rauxel) 28. Jg. 1977, Nr. 1/2, S. 56-57, 1 Abb.
Geb. 1899, gest. 1977; tätig in Castrop-Rauxel.

(4513) Gaspers, Josef: Der Heinsberger Stiftsschullehrer Andreas Streithagen als Schriftsteller.
In: Heimat Heinsberg 20. Jg. 1940, S. 90-92
Anf. 17. Jh.; Kurzbiographie, Übersicht und Kommentar zu Chronogrammen und anderen Schriften.

(4514) Franz Strumann. Pfarrer an der alten Kirche in Warendorf, Definitor und Bischöflicher Offizialatsrat.
In: Warendorfer Kreiskal 1923, S. 53-55
Geb. 1855, gest. 1920; enthält Angaben zur Tätigkeit des Pfarrers als Ortsschulinspektor in Warendorf.

(4515) Köser, Werner: Profil unter den Erneuerern. Eine Erinnerung an den Komponisten und Pädagogen Bruno Stürmer.
In: Heimat spricht (Remscheider GA) 1968, Nr. 5

*

(4516) Schäfer, W.: Naturkunde-Unterricht vor 60 Jahren. Erinnerungen an die Dreisbacher Volksschule.
In: Uns Heimatland (Siegen) 1955, S. 130
Ende 19. Jh.; anekdotische Erinnerungen an den Lehrer Stutte.

(4517) Becker, Rudolf: Aus dem Nachlaß eines alten Siegerländer Schulmeisters.
In: Heimatland (Siegen) 1. Jg. 1926, S. 140-144
1802 ; kommentierte Auszüge aus Aufzeichnungen des Johannes Stutte aus Siegen-Langenholdinghausen, enthält ausführliche Angaben zu Einkünften des Lehrers.

(4518) Eduard Sudbrack. / NW
In: Minden-Ravensberger 48. Jg. 1976, S. 142, 1 Abb.
Geb. 1860, gest. 1975; Nachruf auf den Hauptlehrer, Gütersloh-Isselhorst, Bielefeld-Theesen.

(4519) Flaskamp, Franz: Der Lehrer Heinrich Sudbrock.
In: Hbll Glocke 1978, F. 2, S. 112
Geb. 1795, gest. 1854; Lehrer-Küster in Rheda-Wiedenbrück-St. Vit.

(4520) Wehrmann, Volker: Der Urgroßonkel (J. W. Süvern), Mittler zwischen preußischer Kulturpolitik und der Pädagogik Pestalozzis.
In: Hland Lippe 65. Jg. 1972, S. 252-266, 2 Abb.
1775-1829; Preußischer Staatsrat, Tätigkeiten Süverns als Befürworter der "Pestalozzischen Methode".

(4521) Bonney, Marianne: Am 1. Juli verstarb der Heimatforscher Wilhelm Süvern.
In: Lemgoer Hefte H. 11. 3. Jg., 1980, S. 4-5, 1 Abb.
Gest. 1980; Nachruf mit Auszügen aus der Autobiographie Süverns, Lemgo.

(4522) Dr. Suffrian feierte Dienstjubiläum.
In: Uns Heimatland (Siegen) 43. Jg. 1975, S. 94
1875; Jubiläumsfeier des Rektors der höheren Bürgerschule in Siegen.

(4523) Lenz, W.: Walter Sundermann.
In: Minden-Ravensberger 50. Jg. 1978, S. 143-144, 1 Abb.
Geb. 1902, gest. 1977; Nachruf auf den Realschullehrer, Gütersloh, Münster.

(4524) Kohl, Richard: Johannes Sybel, ein unvergessener Lobredner Westfalens.
In: Heimat (westfälische) [19. Jg.] 1937, S. 90-94
Geb. 1605, gest. 1658; Gymnasiallehrer in Soest; Aufsatz behandelt vorwiegend literarische Tätigkeiten Sybels.

(4525) Kanzler Laurentius Sybelius. Rektor in Lippstadt.
In: Hbll Lippstadt 54. Jg. 1974, S. 24, 1 Abb.
Geb. ca. 1520, gest. 1590; kurze Biographie.

(4526) Wilhelm Täpper. Eine literarische Würdigung.
In: Vaterstädtische Bll (Mülheim) [2. Jg.] 1906, Nr. 18, S. 2-3
Gest. 1905; Lehrer und Mundartdichter aus Mülheim (Ruhr).

(4527) Pahmeyer, Friedrich: Wie der 17jährige Lehrer Anton Heinrich Take in Lippinghausen zu Amt und Würden kam.
In: Herforder Hbl 17. Jg. 1938, Nr. 7, [S. 3-4]
1743; Anstellungsurkunde des Lehrers (gest. 1781).

(4528) Schreinemacher, Leo: Heinrich Hermann Joseph Tappeser aus Prummern als Priester und Lehrer in Köln.
In: Hk Krs Heinsberg 1981, S. 88-90
1753; Lehrer am Kölner Gymnasium Montanum, Abdruck des Professoreneides, biographische Angaben.

(4529) Köller, Rudolf: Die sozialpädagogische Wirksamkeit Emil Tasche's, ehemaligen Kantors von Lage.
In: Heimat Welt (Lipp Volksztg) 1924, S. 131-133, 138-139
Geb. 1766, gest. 1802; Anstellung Tasches in Lage, soziale und finanzielle Situation, Reformbestrebungen.

(4530) Köller, Rudolf: Berühmte Lipper. Emil Ludwig Tasche (1766-1806) - Der Pestalozzi Lages.
In: Hland Lippe 60. Jg. 1967, S. 192-197, 2 Abb.
Geb. 1766, gest. 1802; Biographie des Volksschullehrers.

(4531) Sauerländer, [Friedrich]: Soziale Bestrebungen eines lippischen Volksschullehrers vor 100 Jahren.
In: Lipp Kal 1903, S. 19-23
Geb. 1766, gest. 1802; Tätigkeiten des Kantors Tasche in Lage.

(4532) Wehrhan, K[arl]: Emil Ludwig Tasche aus Lage, der Gründer der Lehrer- Witwen- und Waisenkasse.
In: Heimat Welt (Lipp Volksztg) [2. Jg.] 1924, [Nr. 15], S. 113-114
Geb. 1766, gest. 1802; diesbezügliche Tätigkeiten des Kantors.

(4533) Heuer, H.: Unserem Mitarbeiter, Lehrer G. Tauchelt.
In: Siegerländer Hbl 3. Jg. 1954, Nr. 5, S. 4
Geb. 1903; Geburtstagsgruß für den Volksschullehrer in Siegen-Eiserfeld mit biographischen Angaben.

(4534)   [Dittgen, W.]: Heribert Teggers.
In: Hk Krs Dinslaken 1967, S. 148-149
Gest. 1966; Nachruf auf den Lehrer in Goch.

(4535)   Hübner, Wilhelm: Jakob Terheyden 80 Jahre alt.
In: Hk Krs Moers 1965, S. 77-78, 1 Abb.
o.Z.; Volksschullehrer u.a. in Moers.

(4536)   Hermes, Jakob: Professor Dr. Gerhard Terwelp. 1843-1916.
In: Hb Kempen-Krefeld/Viersen 1966, S. 205-207, 1 Abb.
Geb.1843, gest. 1916; Gymnasiallehrer und Priester, Verfasser der Geschichte des Gymnasiums in Kempen.

(4537)   Hermes, Jakob: Professor Dr. Gerhard Terwelp.
In: Kal Klever Land 1967, S. 55-57, 1 Taf.
Geb. 1843, gest. 1916; Religionslehrer u.a. am Gymnasium in Kempen.

(4538)   Pahmeyer, Friedr[ich]: 1857 Peter Tesch 1957. Zum 100. Geburtstag des ersten Herforder Seminardirektors.
In: Herforder Hbl 26. Jg. 1957, Nr. 5, S. 17-18, 3 Abb.
Geb. 1857, gest. 1924; Direktor in Herford von 1903 bis 1922.

(4539)   Dr. Heinrich Teschner - ein Leben für Schule und Kunst.
In: Gladbeck 7. Jg. 1979, Nr. 2, S. 43-45, 47, 3 Abb.
Geb. 1888, gest. 1929; Gymnasialdirektor in Gladbeck.

(4540)   Brinkmann, C. J.: Johann Daniel Tewaag.
In: Auf roter Erde (Schwelm) 14. Jg. 1936, Nr. 3, [S. 4]
Geb. 1754, gest. 1823; Rektor der Lateinschule in Bochum.

(4541) Rolf, Heinz-Walter: Aus dem Tagebuch eines Blomberger Lehrers (1843-1871).
In: Hland Lippe 62. Jg. 1969, Nr. 6, S. 211-214
Geb. 1821, gest. 1882; Aufzeichnungen des Lehrer-Organisten Friedrich Textor.

(4542) Brangs, Hans: Schullehrer Joh. Clemens Theiß.
In: Heimat Solingen 22. Jg. 1956, Nr. 5, S. 18
Geb. 1725, gest. 1795; Lehrer-Organist in Solingen.

(4543) Bovelette, Heinrich: Magister Johann Thelen aus Stockheim. 1665-1685.
In: Dürener Geschbll Nr. 8. 1956, S. 107
1665-1685; Lehrer am Gymnasium in Düren, biographische Daten und Abdruck des Nachrufes.

(4544) Erinnerung an Lehrer Thiel. / J. H.
In: Hohenlimburger Hbll 20. Jg. 1959, S. 138-139
o.Z.; Anekdoten über den Hagen-Hohenlimburger Lehrer.

(4545) Burkardt, K.: Lehrer Johann Peter Thiel's Gehaltsnöte.
In: Hohenlimburger Hbll 19. Jg. 1958, S. 97-101
1772, 1784; Einkünfte des Lehrer-Küster-Organisten, Abdruck einer Beschwerde des Lehrers aus Hagen-Hohenlimburg.

(4546) Burkardt, K.: Jubelfeier des Herrn Lehrers Thiel 1849.
In: Hohenlimburger Hbll 20. Jg. 1959, S. 85-90, 1 Abb.
1849; Abdruck der Jubilarrede und biographische Daten zu dem Lehrer in Hagen-Hohenlimburg.

(4547) Adrian, Gerhard: Bernhard Thiersch.
In: Dortmundisches Mag 1909, S. 1-4, 1 Abb., S. 11-14
Geb. 1793, gest. 1855; über das "Preußenlied" des nach 1833 in Dortmund tätigen Gymnasiallehrers; biographische Angaben, Werkverzeichnis.

(4548) Bers, W.: Eugen Theodor Thissen, 1842-1847 Kaplan und Lehrer der Höheren Stadtschule in Jülich.
In: Hk Krs Jülich 1960, S. 83-87, 2 Abb.
Geb. 1813, gest. 1877; Biographie des späteren Frankfurter Pfarrers und Politikers.

(4549) Thöne, Wilhelm: Magister Heinrich Thöne, Stifter des Warburger Gymnasiums.
In: Warte 1. Jg. 1933, H. 6, S. 89-91, 3 Abb.
1566-1637; Biographie des Cantors, Scholasters und Kurmainzer Rates, Daten zur Schulstiftung.

(4550) Gail, Anton J.: Magister Konrad Tigemann von Minden und die Dürener Lateinschule.
In: Dürener Geschbll Nr. 65. 1976, S. 89-98
1. Hälfte 16. Jh.; kommentierte Auszüge aus Widmungsschreiben des Eucharius Cervicornus (Hirtzhorn) an den Magister.

(4551) Kraas, H.: Ein Schulstreit in Hemer im Jahre 1707.
In: Heimat (Iserlohn) 9. Jg. 1926, Nr. 7, S. 61 [auch in: Süderland. 7. Jg. 1929, S. 143-144; wiederholt in: ebd. 14. Jg. 1936, S. 92-93]
1707; Unstimmigkeiten zwischen Lehrer-Küster Daniel Tilmann und dem Pfarrer; Entlassungsgesuch des Lehrers.

(4552) Lentz, A.: Heimatforscher Hauptlehrer i.R. Timmermann verstorben.
In: Selfkantheimat 3./4. Jg. 1957/58, S. 8
1890-1957; Volksschullehrer u.a. in Aachen-Horbach.

(4553) Rübel, R.: Clemens Timpler, der erste Professor der Philosophie an der Hohen Schule zu Steinfurt.
In: Steinfurter Hbote 1956, S. 29-30, 33-35
Geb. 1569, gest. 1624; Biographie und Werkübersicht.

(4554) Bierbaum, A.: Wilhelm Tittel.
In: Westf Schulmuseum 1. Jg. 1920, Nr. 3, S. 9
Geb. 1874, gest. 1920; Würdigung der Tätigkeiten des Vorsitzenden des Westfälischen Provinziallehrervereins anläßlich seiner Berufung in die Arnsberger Regierung.

(4555) Engelhardt, Walther: Karl Bernhard Todt. Ein Freund von Robert Franz und von 1887 bis 1905 Professor am Essener Burggymnasium.
In: Münster am Hellweg 17. Jg. 1964, Nr. 3, S. 34-37
Geb. 1842, gest. 1907; Biographie des Prof. Karl Bernhard Todt.

(4556) Tönsmeyer, Hans Dieter: Dr. phil. Josef Tönsmeyer 1902-1978.
In: Rheine 1980, Nr. 1, S. 14-16, 2 Abb.
Geb. 1902, gest. 1978; Studienrat in Rheine und Heimatgeschichtsforscher.

(4557) Das Lehrerseminar zu Brühl. 1. Rede des Studiendirektors Wigger bei der Schlußfeier des Seminars. 2. Verdiente Lehrer des Brühler Lehrerseminars.
In: Brühler Hbll 6. Jg. 1925, Nr. 10, S. 37-39, 3 Abb.
Geb. 1805, gest. 1874; enthält u.a. Biographie des Seminarlehrers Michael Töpler.

(4558) Evertz, Franz: Michael Toepler.
In: Brühler Hbll 13. Jg. 1956, S. 4-5
Geb. 1804, gest. 1874; Musiklehrer am Lehrerseminar Brühl.

(4559) FRIEPA [Pahmeyer, Friedrich]: Konrektor Walter Tosberg.
In: Herforder Hbl 24. Jg. 1955, Nr. 7, S. 27, 2 Abb.
Gest. 1955, Lehrer in Herford.

(4560) Auffenberg, Carl: Zur Erinnerung an Dr. Adolf Trampe.
In: Warte 26. Jg. 1965, H. 11, S. 164-165, 1 Abb.
Geb. 1886, gest. 1914; Oberlehrer am Lehrerseminar in Paderborn.

(4561) Janßen, Hans G.: Gerhard Trimborn, Lehrer an der Schule zu Berendonk bei Kevelaer.
In: Geldrischer Hk 1977, S. 117-121, 1 Abb.
1876-1920; kommentierte Auszüge aus der Schulchronik von Kevelaer-Berendonk, die die Geschichte der katholischen Volksschule Berendonk dokumentiert; Biographie des Chronisten (gest. 1927).

(4562) Gymnasialdirektor Dr. Carl Tücking, Geschichtsschreiber der Stadt Neuß, 25 Jahre tot.
In: Hvolk (Neuss) 8. Jg. 1929, Nr. 46, [S. 3-4], 1 Abb.
Geb. 1827, gest. 1904; Kurzbiographie und Bibliographie Tückings.

(4563) Szezygiel, Gerda: Augustin Wibbelt in der Lateinstunde. Lehrjahre bei Vikar Tümler in Enniger.
In: Westf Hk 31. Jg. 1977, S. 95-96
Geb. 1832, gest. 1916; über den Lehrer und Vikar Bernhard Tümler; nach Aufzeichnungen Wibbelts; Ennigerloh-Enniger.

(4564) Tümmler, Hans: Meine ersten fünf Essener Jahre.
In: Hstadt Essen 27. Jg. 1977, S. 97-107, 7 Abb.
1931-1936; Erinnerungen des damaligen Studienassessors an seine Tätigkeit am evangelischen Mädchengymnasium (Maria-Wächter-Schule).

(4565) Zerwes, Wolfgang: Hans Tümmler. Schulmann, Historiker, Goetheforscher.
In: Hstadt Essen 27. Jg. 1977, S. 108-110
Geb. 1906; zum 70. Geburtstag des Essener Studienrats und Professors.

(4566) K. H. [Hartung, Karl]: Oberstudiendirektor a. D. Josef Twent gestorben am 9. Dezember 1969 in Castrop-Rauxel.
In: Kultur Heimat (Castrop-Rauxel) 22. Jg. 1970, Nr. 1/2, S. 41-43, 1 Abb.
Geb. 1888, gest. 1969; u.a. tätig in Castrop-Rauxel.

(4567) [Hartung, Karl]: Wilhelm Ullmann, letzter Lehrer und Rabbiner der jüdischen Gemeinde zu Castrop 1919-1935.
In: Kultur Heimat (Castrop-Rauxel) 22. Jg. 1970, Nr. 3/4, S. 151-152, 1 Abb.
Geb. 1890, gest. 1970; Biographie des 1935 ausgewanderten Lehrers.

(4568) Vatteroth, Karl Ludwig: Die Essener Sehbehindertenschule.
In: Münster am Hellweg 34. Jg. 1981, H. 7/12, S. 106-143, 16 Abb.
1925-1981; ausführliche Chronik (äußere und innere Entwicklung), Biographie des Gründers Karl Vatteroth (1901-1961).

(4569) Everwand-Viehmeyer, Maria: Hann-Dirk Viehmeyer.
In: Heimat Wort Bild Nr. 63. 1933, [S. 2-3]
Geb. 1793; Lehrer in Harsewinkel-Marienfeld bis 1862.

(4570) Everwand-Viehmeyer, Maria: Hann-Dirk Viehmeyer.
In: Hbll Wiedenbrück 1928, Nr. 1, S. 2
Geb. 1793, gest. 1862; Volksschullehrer, von 1820-1862 in Harsewinkel-Marienfeld tätig.

(4571) Everwand-Viehmeyer, Maria: Hann-Dirk Viehmeyer.
In: Hbll Glocke 1928, S. 6-7
Geb. 1793, gest. 1862; Lehrer in Harsewinkel-Marienfeld, Angaben zu Seidenbau.

(4572)   Ingenhaag, Anton: Friedrich Vieter als Mensch und Lehrer. Er wirkte über 50 Jahre erfolgreich in Wachtendonk.
In: Geldrischer Hk 1962, S. 120-122, 1 Abb.
Geb. 1819, gest. 1898; Biographie des Volksschullehrers.

(4573)   Schulrevision. Eine Vincke-Anekdote.
In: Siegerländer Hk 1963, S. 118-119
19. Jh.; weit verbreitete Erzählung über eine Visitationsreise Vinckes im Märkischen.

(4574)   Foerst-Crato, Ilse: Ludwig Freiherr Vincke.
In: Mindener Hbll 36. Jg. 1964, S. 289-299, 7 Abb.
Geb. 1774, gest. 1844; zur Tätigkeit des Landrats 1798-1803 im Kreis Minden, u.a. hinsichtlich Schulbau.

(4575)   Jüngling an Jahren - Greis an Weisheit. Freiherr v. Vincke 1. Oberpräsident Westfalens.
In: Uns Heimatland (Siegen) 45. Jg. 1977, S. 61
Geb. 1774, gest. 1844; enthält Hinweise auf Lehrerseminare.

(4576)   Kruse, Hans: Ludwig v. Vincke und die Einrichtung der Provinz Westfalen.
In: Münsterische Hbll [4. Jg.] 1916, Nr. 3, S. 82-89, 3 Abb. [identisch mit: ebd. 2. Bd. 1919, S. 82-89, 3 Abb.]
Kurzbiographie mit Hinweisen auf die Errichtung von Gewerbeschulen.

(4577)   Stenger, Albrecht: Freiherr Ludwig von Vincke. Sein religiöses Denken und soziales Wirken.
In: Jb westf Kirchengesch 27. Jg. 1926, S. 54-71
Geb. 1774, gest. 1844; enthält auch Angaben zu schulpolitischen Tätigkeiten Vinckes.

(4578) Wilhelm Vinke.
In: Minden-Ravensberger 50. Jg. 1978, S. 141, 1 Abb.
Geb. 1885, gest. 1977; Nachruf auf den Volksschulrektor in Versmold.

(4579) Honselmann, K.: Domschüler Vizelin wird in Holstein verehrt. Hinweis durch ein Zeitungsbild.
In: Hborn Paderborn Nr. 108. 1965, S. 123-124, 1 Abb.
Gest. 1154; Domschüler und Hilfslehrer in Paderborn von 1105 bis ca. 1115.

(4580) Meyer, -: Lebensgang eines musterhaften Volksschullehrers im Paderborner Lande vor 100 Jahren.
In: Hborn Paderborn 10. Jg. 1930, Nr. 4, S. 14-15
Geb. 1810, gest. 1892; Lehrer und Organist Johann Vössing, Volksschullehrer in Paderborn-Wewer.

(4581) Hartung, Karl: Die Lehrer-Dynastie Vogel in Castrop von 1650-1858.
In: Kultur Heimat (Castrop-Rauxel) 24. Jg. 1972, Nr. 1/2, S. 56-60, 2 Abb.
1650-1858; Kurzbiographien von Volksschullehrern aus Castrop-Rauxel.

(4582) Voigt, Günther: Die Aufzeichnungen des Lehrers Johann Theodor Vogel.
In: Langerfeld Wandel Jahrhunderte H. 9. 1963, S. 16-26
Geb. 1766, gest. 1837; Veröffentlichung autobiographischer Aufzeichnungen, geschrieben 1832 in Wuppertal-Langerfeld.

(4583) August Volkmann.
In: Minden-Ravensberger 39. Jg. 1917, S. 132-133, 1 Abb.
1886-1966; Nachruf auf den Volksschullehrer in Bünde und Bielefeld.

(4584) Bers, Günter: Hermann Vollhauer (Polyglopsius). Rektor der Jülicher Partikularschule 1575-1589.
In: Beitrr Jülicher Gesch Nr. 20. 1968, S. 5-7
1575-1589; Auszüge aus Veröffentlichungen Vollhauers u.a. zu Gründung des Jülicher Gymnasiums.

(4585) Steffen, Karla: Wenn die Dorfmusik spielt. 12. Des Schulmeisters Abschied.
In: Wittgenstein 47. Jg. Bd. 23., 1959, H. 3, S. 157-162
Ende 19. Jh.; Abschiedsgesuch und Abschiedsfeier des Lehrers Johannes Vomhof in Bad Berleburg-Dotzlar (erzählender Stil).

(4586) Meyer, A.: Aus der Geschichte der Schule in Merzenich unter preußischer Herrschaft. Lehrer Vonderbank 1829-1882.
In: Hbll Düren 10. Jg. 1933, S. 41-43, 49-51, 1 Abb.
Geb. 1829, gest. 1882; ausführliche Biographie des Volksschullehrers und Angaben zur Geschichte der Schule.

(4587) Carl Vormbrock.
In: Minden-Ravensberger 31. Jg. 1959, S. 118-119, 1 Abb.
Gest. 1958; Nachruf auf den Lehrer und Gründer des "Minden-Ravensberger".

(4588) Hermann Vorstius.
In: Hk Krs Dinslaken 1970, S. 141
o.Z.; Nachruf auf den Mittelschullehrer in Voerde (Niederrh.).

(4589) Dkm [Diekmann, H.]: Besuch bei Kantor Voß vor 185 Jahren. Aus alten Urkunden und Dokumenten eines Heimatfreundes in Oerlinghausen.
In: Lipp Bll Hkunde 1951, Nr. 3, S. 11, 1 Abb.
1766-1777, 1816; über den Lehrer-Kantor und Leineweber Voß.

(4590)   Wachler, Max: Ein zweiundzwanzigjähriger Rektor des Friedrichs-Gymnasiums.
In: Herforder Hbl 8. Jg. 1929, Nr. 12, S. 45-46
1790-1794; Tätigkeiten des Johann Friedrich Ludwig Wachler als Leiter des Gymnasiums in Herford.

(4591)   Lemme, -: Karl Wagenfeld als Mensch und Lehrer.
In: Hbll Glocke 1963, Nr. 141, S. 563
Geb. 1869, gest. 1939; Darstellung der literarischen Tätigkeit Wagenfelds und Kurzbiographie; tätig u.a. in Recklinghausen und Münster.

(4592)   Schulte, Wilhelm: Dr. h. c. Karl Wagenfeld zum Gedächtnis.
In: Auf roter Erde (Schwelm) 16. Jg. 1939, Nr. 12, [S. 1]
Nachruf, Angaben zu schriftstellerischen Arbeiten.

(4593)   Walber, Johann Christian [Vorwort H. Strangmeier]: Jugenderinnerungen eines Volksschullehrers.
In: Hildener Jb 1956/59, S. 102-117, 2 Abb., Anhang
Geb. 1798, gest. 1859; Autobiographisches zum beruflichen Werdegang des Lehrers in Hilden, Erkrath und Solingen-Wald, sowie genealogische und schulgeschichtliche Dokumente im Anhang.

(4594)   Flaskamp, Franz: Schulrat Heinrich Wallbaum.
In: Hbll Glocke 1962, Nr. 126, S. 504
Geb. 1838, gest. 1905; Seminarlehrer in Ochtrup-Langenhorst, Kreisschuldirektor und Schulrat in Münster.

(4595)   Stollenwerk, A.: Maurus Walter. Ein bedeutender Jülicher Gymnasialdirektor und Erzabt.
In: Hk Krs Jülich 1960, S. 95-96, 1 Abb.
Geb. 1825, gest. 1890; Kurzbiographie des späteren Erzabtes von Beuron.

(4596) Küppers, -: Aus dem Tagebuche eines Füssenicher Lehrers von 1756-99.
In: Hbll Düren 3. Jg. 1926, S. 244-245
1766-1770; kommentierte Aufzeichnungen des Lehrers Petrus Antonius Walter, Lehrer in Düren, nach 1770 in Zülpich-Füssenich.

(4597) Müllers, Heinrich: Zur jülich-bergischen Schulgeschichte in vorpreußischer Zeit. 8. [vielmehr: 9.] Der Lehrer Mathias Wateler und sein Sohn Johann Arnold.
In: Bergische Geschbll 15. Jg. 1938, Nr. 2, S. 41-44
Ende 17. Jh.; biographische Angaben zur Tätigkeit Watelers in Düren, Stolberg, Bedburg-Kirchherten u.a.

(4598) Bahrs, Hans: Auf einen alten Lehrer.
In: Hspiegel (Wesel) 1954, Nr. 11, [S. 3]
Anf. 20. Jh.; Schülererinnerungen an Gymnasiallehrer Weber in Wesel.

(4599) Der alte Weckermann. Zugleich ein Kapitel Schulgeschichte.
In: An Stever Lippe Nr. 8. 1966, S. 8, 1 Abb.
Geb. 1887; Volksschullehrer in Werne-Stockum (ehem. Krs. Lüdinghausen).

(4600) Weddigen, Otto: Peter Florens Weddigen.
In: Dortmundisches Mag 1909, S. 62-65, 2 Abb.
Geb. 1758, gest. 1809; Biographie des Begründers des Westfälischen Magazins und anderer Periodika, zeitweise tätig als Lehrer am Gymnasium in Bielefeld.

(4601) Hirtsiefer, Wilhelm: Aus dem Tagebuch des Lehrers Johann Peter Weeg in Neunkirchen.
In: Hbll Rhein-Siegkrs 26. Jg. 1958, H. 74, S. 28
Geb. 1768, gest. 1842; Autobiographisches aus den Jahren 1798-1820.

(4602) Wehrhan, K[arl]: Die Verdienste des Generalsuperintendenten Fr. Weerth um die Hebung des Schulfleißes.
In: Bll lipp Hkunde 2. Jg. 1901, Nr. 6, S. 41-43
Geb. 1774, gest. 1836; Biographie und kommentierte Auszüge aus Verordnungen zu Schulbesuch und Schuldisziplin im Fürstentum Lippe.

(4603) Wehrhan, K[arl]: Ferdinand Weerth (1774-1836).
In: M Berg GV 8. Jg. 1901, Nr. 1, S. 5-12
1774-1836; Prediger, General-Superintendent, Reformator des lippischen Schulwesens.

(4604) Heinrich Christian Wehmeyer. Ein ravensbergisches Lehrerleben im 19. Jahrhundert.
In: Hspiegel (Bad Oeynhausen) 1933, Nr. 1, [S. 1-2]
Geb. 1814, gest. 1877; Volksschullehrer in Löhne-Bischofshagen u.a.

(4605) Wienke, Heinrich: Rektor Karl Wehrhan, ein Forscher und Sammler im Dienste der Heimat.
In: Lipp Kal 1951, S. 56-58, 1 Abb.
Geb. 1871, gest. 1939; Kurzbiographie des Mittelschulrektors.

(4606) Rösche, Gerhard: Die Weihes. Vom Wirken einer Pfarrerfamilie im Löhner Land.
In: Beitrr Hkunde Löhne H. 8/9. 1982, S. 9-42 [besonders S. 20-31, 1 Abb.], 3 Abb.
Geb. 1752, gest. 1829; enthält Biographie des Pfarrers und Schulinspektors Karl Justus Weihe, der in Löhne-Gohfeld u.a. Unterricht in Leistungsgruppen einführte.

(4607)   Clarenbach, -: Zum Gedächtnis an Rektor Heinrich Weimann, einem treuen Sohn der Börde.
In: Hk Krs Soest 7. Jg. 1928, S. 59-61
Geb. 1863, gest. 1927; Nachruf und biographische Daten zu dem Volksschullehrer und Volksschulrektor in Welver-Borgeln.

(4608)   Evertz, Wilhelm: 1921 [vielmehr 1821]: Lehrermord in Wiesdorf.
In: Land Wupper Rhein 1970, S. 130-132
1821; kommentierte Aufzeichnungen des Ortspfarrers zum Mord am Lehrer Weinen.

(4609)   Im Dienste der Allgemeinheit. Dr. Ewald Weisemann vier Jahrzehnte Lehrer an der EMA-Schule.
In: Heimat spricht (Remscheider GA) 1952, April
*

(4610)   W. Hartmann und Dr. E. Weisemann.
In: Heimat spricht (Remscheider GA) 1954, Juli
*

(4611)   Dr. Ewald Weisemann zum Gedächtnis.
In: Heimat spricht (Remscheider GA) 1963, Nr. 10
*

(4612)   Langewiesche, -: Wilhelm Wellpott gestorben.
In: Ravensberger Bll 30. Jg. 1930, Nr. 9, S. 74
Gest. 1930; Nachruf auf den Volksschullehrer in Bad Oeynhausen.

(4613)   Karl Wentz.
In: Minden-Ravensberger 36. Jg. 1964, S. 129-130, 1 Abb.
Geb. 1874, gest. 1963; Nachruf auf den Oberlehrer, Seminardirektor und Schulrat in Gütersloh und Minden.

(4614) Ostermann, Wilhelm: Karl Wentz.
In: Minden-Ravensberger 53. Jg. 1981, S. 80-81, 2 Abb.
Geb. 1874, gest. 1963; Oberregierungs- und Schulrat in Minden.

(4615) Vater Werth, Lehrer in Herbede. / Br.
In: Uns Heimat (Hattingen) 1922, S. 39-40
Geb. 1800, gest. 1886; Volksschullehrer in Witten-Herbede.

(4616) Dr. Karl Westermann 80 Jahre.
In: Hk Krs Rees 1964, S. 135
Geb. 1883; Studienrat in Wesel, heimatgeschichtliche Veröffentlichungen.

(4617) Gausmann, Heinrich: Erinnerungen an meinen Jagdnachbarn, Gymnasialprofessor Dr. Bernhard Westhoff.
In: Warte 19. Jg. 1958, H. 1, S. 10. H. 3, S. 45
1923; anekdotisches zu außerschulischen Tätigkeiten des Lehrers in Paderborn.

(4618) Kiepke, Rudolf: Es war einmal ...
In: Warte 14. Jg. 1953, H. 1, S. 6-7, 1 Abb.
Nach 1918; Schülererinnerungen an den Gymnasiallehrer Bernhard Westhoff, tätig am Gymnasium Theodorianum in Paderborn.

(4619) Kiepke, Rudolf: Erinnerung an das Gymnasium Theodorianum: Professor Dr. Westhoff.
In: Warte 30. Jg. 1969, H. 3, S. 37-38, 2 Abb.
1914-1918; Schülererinnerungen an einen Lateinlehrer in Paderborn.

(4620) Wetzel, Herbert: Johannes Wetzel. Zeichen- und Schreiblehrer bei der Real-, Höheren Töchter- und Fortbildungsschule Mülheim a. d. Ruhr.
In: ZGV Mülheim N. F. 1957, Nr. 7, S. 25-28, 1 Taf.
Geb. 1828, gest. 1889; Biographie.

(4621) Brand, -: Joan Bernard Wewerdinck, Ludimagister in Ostbevern. 1686 bis 1729.
In: Warendorfer Bll 8. Jg. 1909, Nr. 1, S. 1-2. Nr. 2, S. 6-7. Nr. 3, S. 10-11. Nr. 5, S. 22-23
1686-1729; biographische Angaben, Abdruck der Einkünfte der Schule in Ostbevern.

(4622) Welter, Ernst: Dr. Ernst Weyden. Lebensbild eines Kölner Patrioten.
In: Alt-Köln 6. Jg. 1913, S. 21-23, 1 Abb.
Geb. 1805, gest. 1869; Realschullehrer in Köln.

(4623) Vor 150 Jahren wurde Ernst Weydten geboren.
In: Alt-Köln Hbll 9. Jg. 1955, S. 39, 1 Abb.
Geb. 1805, gest. 1869; Lehrer an der Bürgerschule in Köln, Kurzbiographie.

(4624) Bayer, [Josef]: Dr. Ernst Weyden.
In: Alt-Köln 6. Jg. 1913, S. 41-42, 1 Abb.
Ergänzung zu: Welter, Ernst: Dr. Ernst Weyden. in: Alt-Köln, ebd. S. 21-23.

(4625) Rohde, P. Adjutus: Notizen eines Lehrers (in einem Buche, gedruckt 1520, - Justi Lipsi Flores etc. - auf d. freien Blättern sich findend).
In: M Berg GV 13. Jg. 1906, Nr. 5, S. 95-96
1670-1673; Aufzeichnungen des Henricus Wiedenhoüen zu verschiedenen Ereignissen im Kirchspiel Mirtel.

(4626) Wilhelm Wiegelmann.
In: Minden-Ravensberger 38. Jg. 1966, S. 132-133, 1 Abb.
1895-1965; Nachruf auf den Hauptlehrer in Vlotho-Uffeln und Porta Westfalica-Eisbergen.

(4627) Peter A. Wiegmann.
In: Minden-Ravensberger 38. Jg. 1966, S. 137, 1 Abb.
Geb. 1900, gest. 1964; Nachruf auf den Lehrer und Konrektor in Bielefeld.

(4628) Wienke, Heinrich: Wanderer zwischen Gestern und Morgen. August Wiemann zum Gedächtnis.
In: Lipp Kal 1952, S. 71-72, 1 Abb.
1884-1951; Schüler an der Präparandie in Detmold 1898.

(4629) Wiemann, Theodor: August Wiemann - Wanderer zwischen Gestern und Morgen.
In: Hland Lippe 74. Jg. 1981, S. 111-118, 1 Abb.
1884-1951; Volksschullehrer von 1913-1950 in Horn-Bad Meinberg-Billerbeck, Detmold und Blomberg-Reelkirchen.

(4630) Rübel, R.: Eine Lehrerfamilie im alten Steinfurt.
In: Steinfurter Hbote 1959, S. 27-28
1770-1838; Angaben zu Josef Wiens (1770-1838), Volksschullehrer in Steinfurt; Eberhard Wiens (Geb. 1798, gest. 1848), Gymnasiallehrer am Paulinum in Münster.

(4631) Flaskamp, Franz: Johann Bernard Wiesch. Ein westfälischer Landlehrer an der Wende des 18. und 19. Jahrhunderts.
In: Hbll Glocke Nr. 69. 1957, S. 274-275
Geb. 1766, gest. 1824; Lehrer in Gescher.

(4632) Marell, B.: Joh. Bern. Wiesch, ein Lehrer und Priester.
In: Hbll Nordmünsterland 1922, Nr. 8, [S. 1-2]. Nr. 10, [S. 2]. Nr. 11, [S. 1-2]. Nr. 12, [S. 1-2]
Um 1800; Volksschullehrer und Priester, gest. 1824 in Gescher.

(4633) Pieletzki, Maria: Aus dem Leben eines Landschullehrers vor 100 Jahren.
In: Hk Krs Coesfeld 1926, S. 71-74
1766; Erzählung über den Lehrer Johann Bernard Wiesch (gest. 1824) in Gescher-Tungerloh-Pröbsting, basiert z.T. auf Schulchronik.

(4634) Lümkemann, Paul: Dr. Ludwig Wiese.
In: Herforder Hbl 4. Jg. 1925, Nr. 2, S. 3. Nr. 3, S. 9-10. Nr. 4, S. 14. Nr. 5, S. 17-18. Nr. 6, S. 2. Nr. 7, S. 26-27. Nr. 9, S. 33-34. Nr. 10, S. 37-38
Geb. 1806, gest. 1890; Biographie des Lehrers aus Herford und späteren Geheimen Oberregierungsrates im Ministerium für Unterrichtsangelegenheiten.

(4635) Schneidewin, [Max]: Einige Ergänzungen zu Prof. Dr. Lümkemanns Aufsätzen über Herfords verdienten Sohn Dr. L. Wiese.
In: Herforder Hbl 6. Jg. 1927, Nr. 3
1806-1890; Ergänzungen zu: Paul Lümkemann: Dr. Ludwig Wiese. Herforder Hbl. 4. Jg. 1925.

(4636) Bette, Ludwig: Bernhard Overberg und Anton Wiggermann.
In: Gladbecker Bll 13. Jg. 1926, Nr. 11, S. 86-87
Geb. 1764, gest. 1825; zur Tätigkeit Wiggermanns als Schulvisitator und Normallehrer im Vest Recklinghausen.

(4637) Müller, Heinz Otto: Die Wilbergstraße in Elberfeld. Erinnerung an Johann Friedrich Wilberg.
In: Uns berg Heimat 14. Jg. 1965, [S. 2-3], 1 Abb. [auch in: Hildener Hbll. 16. Jg. 1965, H. 8, Sp. 115-118]
Geb. 1766, gest. 1846; Kurzbiographie des Schulreformers in Wuppertal-Elberfeld.

(4638) Pädagoge und Dichter: Karl Willeke.
In: De Suerlänner 1959, S. 15, 1 Abb.
Geb. 1875, gest. 1956; u.a. Leiter der Hallenschule in Hagen.

(4639) Hans Wiltberger zum Gedenken. / wi
In: Gladbeck 1975, Nr. 2, S. 34-36, 3 Abb.
Geb. 1887, gest. 1970; Gymnasiallehrer und Komponist in Gladbeck.

(4640) Becker, -: Johannes Windel.
In: Ravensberger Bll 22. Jg. 1922, Nr. 1-3, S. 8
1854-1922; Nachruf auf den Oberstudiendirektor in Minden und Hameln.

(4641) Jugend-Erinnerungen eines sechzigjährigen Uerdingers. 5. Fortsetzung
In: Uerdinger Rundschau 16. Jg. 1966, Nr. 3, S. 15
Um 1916; Erinnerungen an den Lehrer Winkhold in Krefeld-Uerdingen.

(4642) Spangenberg, Fr.: Christoph Wischendorf (zum 70. Geburtstag am 9. Juli 1920).
In: Westf Schulmuseum 1. Jg. 1920, Nr. 6, S. 21-23, 1 Abb.
Geb. 1850; tätig im Kreislehrerverein Siegen.

(4643) Rübel, R.: Ein Dichter an der Hohen Schule zu Burgsteinfurt.
In: Steinfurter Hbote 1954, S. 41-42, 1 Abb.
Geb. 1725, gest. 1789; Biographie des Johann Philipp Lorenz Withof, Professor in Hamm, Steinfurt-Burgsteinfurt und Duisburg.

(4644) Hatzfeld, Johannes: Frau Direktorin Witkopp 70 Jahre.
In: Warte 2. Jg. 1934, H. 5, S. 87, 1 Abb.
Geb. 1864; tätig an der Pelizäusschule in Paderborn.

(4645) Lenz, W.: Zur "Finger-Rechenmaschine" aus Gütersloh.
In: Gütersloher Beitrr H. 44/45. 1976, S. 905-908, 2 Abb.
1921; Hinweise auf den Lehrer Wilhelm Wlecke als Erfinder der Maschine.

(4646) Richard Woernle (+).
In: Minden-Ravensberger 32. Jg. 1960, S. 128-129, 1 Abb.
Gest. 1958; Leiter der Handwerker- und Kunstgewerbeschule in Bielefeld.

(4647) [Crecelius, Wilhelm]: Friedrich Woeste.
In: Heimat (Iserlohn) 11. Jg. 1928, Nr. 10, S. 77-78. Nr. 11, S. 84-85 [auch in: Schlüssel. 22. Jg. 1977, H. 4, S. 143-151; zuerst in: Z Berg GV. 1879]
Geb. 1807, gest. 1878; neben Würdigung der schriftstellerischen Tätigkeit Woestes Angaben zu dessen Lehrtätigkeit an der Privatschule in Hemer.

(4648) Gudelius, Georg: Aus J. F. L. Woestes "Chronik der Familie Woeste".
In: Schlüssel 21. Jg. 1976, H. 4, S. 117-132 [besonders S. 124-130], 3 Abb.; 22. Jg. 1977, H. 1, S. 11-30, 3 Abb., Beil.
19. Jh.; Autobiographisches zur Schülerzeit in Halle (1822) und Tätigkeit als Privatlehrer in Iserlohn (1839); biographische Angaben zum Vater Woestes, Ludolf Woeste, Lehrer in Hemer, sowie Dokumente (1829-1855).

(4649) Gudelius, Georg: Friedrich Woestes Schulzeit "auf dem Halleschen Waisenhause".
In: Schlüssel 26. Jg. 1981, S. 3-18, 4 Abb., 2 Beil.
1822-1826; Biographisches zur Schülerzeit Woestes in Halle.

(4650) Kleibauer, Heinrich: Johann Friedrich Leopold Woeste.
In: Schlüssel 2. Jg. 1957, H. 1, S. 1-7, 3 Abb.
Geb. 1807, gest. 1878; biographische Angaben zu Woestes Privatlehrertätigkeit in Hemer und Würdigung seines literarischen Schaffens.

(4651) Ferdinand Josef Wolf, ein sauerländischer Schulmann.
In: Ruhrwellen 12. Jg. 1936, Nr. 6, [S. 3-4]
Geb. 1765, gest. 1808; u.a. tätig am Klostergymnasium Arnsberg-Wedinghausen.

(4652) Breuer, Konrad: Winand Wolf. 50 Jahre Lehrer zu Gevelsdorf von 1835 bis 1885.
In: Hk Krs Jülich 1958, S. 79-80
Geb. 1813, gest. 1899; Volksschullehrer in Titz-Gevelsdorf.

(4653) Köhnen, Gerhard: "Ich war in Duisburg einst Student ...". Was die Chronik eines alten Mülheimer Bürgers erzählt.
In: Land Rhein Ruhr 1965, S. 14-21, 4 Abb.
Geb. 1773, gest. 1843; aus der Autobiographie des Pastors Johann Heinrich Wolff mit Angaben zum Vater, Lehrer in Essen-Haarzopf und Duisburg-Duissern.

(4654) Müller, Carl Werner: Tagebuchaufzeichnungen eines rheinischen Dorfschullehrers aus dem Jahre 1831.
In: Rh-westf Z Volkskunde 25. Jg. 1979, S. 287-293
1831; kommentierter Abdruck. Lehrer Johann Arnold Wolff, tätig an der Schule in Villip (Bonn-Bad Godesberg), biographische Angaben.

(4655) Gerhard Wortmann.
In: Minden-Ravensberger 50. Jg. 1978, S. 136, 1 Abb.
1933-1976; Nachruf auf den Studiendirektor in Halle (Westf.).

(4656) Weyer, Wilhelm: Adolf Wurmbach und sein Werk.
In: Siegerland Bd. 32. 1955, S. 57-70, 1 Abb.
Geb. 1891; Kurzbiographie des Kreuztal-Krombacher Lehrers, Werkbetrachtungen.

(4657) Adolf Wurmbach wurde 75 Jahre alt. / W. M. M.
In: Uns Heimatland (Siegen) 34. Jg. 1966, S. 85-86, 2 Abb.
Geb. 1891; Volksschullehrer und Heimatdichter im Siegerland.

(4658) Müller, Wilhelm: In memoriam Adolf Wurmbach.
In: Siegerland Bd. 44. 1967, S. 65-70, 1 Abb.
1891-1968; Lehrer und Schriftsteller, Siegerland, Gelsenkirchen.

(4659) Müller, Wilhelm: Zur Erinnerung an Adolf Wurmbach.
In: Siegerländer Hk 1969, S. 31-35, 1 Abb.
Geb. 1891, gest. 1968; Kurzbiographie des Lehrers aus dem Siegerland.

(4660) Dr. Wilhelm Wurning. / O. L.
In: Minden-Ravensberger 53. Jg. 1981, S. 142, 1 Abb.
Geb. 1885, gest. 1979; Studienrat in Gütersloh und Bielefeld.

(4661) Bloth, Hugo Gotthard: Der Pädagoge Franz Ludwig Zahn (1798-1890) und seine Amtsenthebung durch Ferdinand Stiehl (1812-1878).
In: Monatsh Ev Kirchengesch Rhld 24. Jg. 1975, S. 163-202, Abb.
Geb. 1798, gest. 1890; Biographie und Kritik Zahns an den Stiehl'schen Regulativen.

(4662) Goebel, Klaus: Diesterwegs Nachfolger in Moers. Die politische Vorgeschichte der Berufung Franz Ludwig Zahns zum Seminardirektor 1832.
In: Rheinische Vierteljahresbll Jg. 36. 1972, S. 229-244
1831-1832; ausführliche Darstellung der Empfehlungen Diesterwegs bezüglich eines Nachfolgers und der Kandidatur Zahns.

(4663) Neugebauer, Martin: Erinnerungen an Professor Zander.
In: Heimat Wort Bild 1956, S. 86
o.Z.; Studienrat am Gymnasium in Gütersloh.

(4664) Flaskamp, Franz: In memoriam Lehrer Leo Zellner.
In: Hbll Glocke Nr. 163. 1965, S. 651
Geb. 1899, gest. 1965; Werklehrer; Herford, Rheda-Wiedenbrück.

(4665) Bergmann, [Rudolf]: Die Anfänge der Remscheider Turnbewegung.
In: Heimat spricht (Remscheider GA) Nr. 27. 1957, [S. 2-3], 1 Abb.
Geb. 1789, gest. 1831; Biographie des Leiters der Turnschule Düsseldorf, Christian Wilhelm Zernial.

(4666) Wichern, -: Nachruf für Herrn Professor Dr. Zickgraf.
In: Ravensberger Bll 25. Jg. 1925, Nr. 3/4, S. 9
Geb. 1875, gest. 1924; Lehrer in Bielefeld, naturwissenschaftliche Forschungen.

(4667) 25jähriges Amtsjubiläum des Gymnasialdirektor Dr. Zietzschmann.
In: Vaterstädtische Bll (Mülheim) 4. Jg. 1908, Nr. 17, S. 2-3, 1 Abb.
1883-1908; biographische Angaben zu dem Mülheimer Schulleiter, Abdruck der Beschlüsse zur Umwandlung des Realgymnasiums in ein Gymnasium.

(4668) Gymnasialdirektor Geheimer Regierungsrat Dr. Zietzschmann.
In: Vaterstädtische Bll (Mülheim) 1910, Nr. 13, S. 5-6
1910; Angaben zur Tätigkeit des Rektors in Mülheim (Ruhr) (1883-1910), Hinweise zur Abschiedsfeier.

(4669) Regierungs- und Schulrat i.R. Dr. Wilhelm Zimmermann. Der Geschichtsschreiber des rheinischen Volksschulwesens.
In: Hk Krs Euskirchen 1964, S. 113, 1 Abb.
20. Jh.; Biographisches und Angaben zu den schulgeschichtlichen Veröffentlichungen Zimmermanns.

(4670) Tümmler, Hans: Magister Johann Heinrich Zopf. Ein Essener Schulmann im 18. Jahrhundert.
In: Hstadt Essen 20. Jh. 1969, S. 121-126, 2 Abb.
Geb. 1691, gest. 1774; Leiter des Evangelisch-Lutherischen Gymnasiums von 1719 bis 1774.

(4671) Baum, Marie-Luise: Hauslehrer im Elberfelder Wunderbau. Aus Aufzeichnungen von Anton Wilhelm Zuccalmaglio.
In: Uns berg Heimat 14. Jg. Mai 1965, [S. 1-3], 1 Abb.
Mitte 19. Jh.; Privatlehrer in Wuppertal-Elberfeld.

III. Sigel- und Standortverzeichnis

Die Sigel der bibliographierten Zeitschriften sollen für den Benutzer möglichst leicht erschließbar sein. Deshalb setzen sie sich zusammen aus im Bibliothekswesen gängigen Abkürzungen und meistens einem Hinweis auf ihren lokalen Bezug.

Die folgenden Abkürzungen sind in den Standortnachweisen enthalten:

EAB	Erzbischöfliche Akademische Bibliothek
IgLRh	Institut für geschichtliche Landeskunde der Rheinlande
KrsA	Kreisarchiv
LLB	Lippische Landesbibliothek
LSB	Landes- und Stadtbibliothek
MM	Märkisches Museum
PSB	Staatsbibliothek Preußischer Kulturbesitz
SB	Stadtbibliothek
SLB	Stadt- und Landesbibliothek
Staatsa	Staatsarchiv
StA	Stadtarchiv
UB	Universitätsbibliothek
VK	Volkskundliche Kommission
WHB	Westfälischer Heimatbund (Münster)
ZfI	Zeitungsforschungsinstitut

Aachengau	Der Aachengau	SB Aachen
Achera	Achera	SB Wuppertal
Ahauser Krskal	Ahauser Kreiskalender	UB Münster
Ahlener Monatsschau	Ahlener Monatsschau	KrsA Warendorf
Ahlener Monatsschau	Ahlener Monatsschau	KrsA Warendorf, SLB Do
Almanach Krs Neuss	Almanach für den Kreis Neuss	UB Köln
Alte neue Heimat (Gelsenkirchen)	Alte und neue Heimat (Gelsenkirchener Allgemeine Zeitung)	MM Witten

Altenaer Beitrr	Altenaer Beiträge	SLB Dortmund
Alt-Bonn	Alt-Bonn	StA Bonn, UB Köln
Alt-Düsseldorf	Alt-Düsseldorf	IgLRh Bonn
Alt-Köln	Alt-Köln; Kölsch Levve (1920-1925)	UB Bonn, IgLRh Bonn, PSB Berlin
Alt-Köln Hbll	Alt-Köln. Heimatblätter für die Stadt Köln	UB Bonn, StA Bonn, UB Köln
Alt-Köln Kal	Alt-Köln-Kalender; Stadtkölnischer Hauptkalender (1931)	UB Bonn
Alt-Ratingen	Alt-Ratingen	LSB Düsseldorf
Alt-Recklinghausen	Alt-Recklinghausen	StA Recklinghausen
Alt-Schiefbahn	Alt-Schiefbahn	StaatsA Düsseldorf
Am Gevelsberg	Am Gevelsberg	WHB, StaatsA Münster
An Ems Lippe	An Ems und Lippe; Unsere Heimat Kreis Beckum (1968-74); Heimatkalender für den Kreis Beckum (1952-67)	SLB Dortmund
An Erft Gilbach	An Erft und Gilbach	UB Bonn
An Stever Lippe	An Stever und Lippe	SLB Dortmund
Angerland Jb	Angerland-Jahrbuch	UB Düsseldorf
Ann Hist V Niederrh	Annalen des historischen Vereins für den Niederrhein, insbesondere die alte Erzdiözese Köln	UB Münster
Anrather Hbuch	Anrather Heimatbuch	StA Krefeld
Archiv Wigand	Archiv für Geschichte und Alterthumskunde Westphalens	SLB Dortmund, UB Düsseldorf
Auf Roter Erde (Münster)	Auf Roter Erde	SLB Dortmund, StaatsA Münster

Sigelverzeichnis

Auf roter Erde (Schwelm)	Auf roter Erde (Schwelm)	MM Witten, StA Schwelm
Aus Aachens Vorzeit	Aus Aachens Vorzeit; Mittheilungen des Vereins für Kunde der Aachener Vorzeit (1887/88)	UB Düsseldorf, SB Wuppertal
Aus alten Tagen (Lindlar)	Aus alten Tagen (Bergischer Türmer, Lindlar)	UB Köln
Aus alten Tagen (Lindlar)	Aus alten Tagen (Bergischer Türmer)	UB Köln
Aus alter Zeit (Ahaus)	Aus alter Zeit (Ahaus)	VK Münster, StaatsA Münster
Beckumer Krskal	Beckumer Kreiskalender	StaatsA Münster
Beitrr Gesch Dortmund	Beiträge zur Geschichte Dortmunds und der Grafschaft Mark	SLB Dortmund
Beitrr Gesch Grevenbroich	Beiträge zur Geschichte der Stadt Grevenbroich	UB Düsseldorf
Beitrr Gesch Hagen-Haspe	Beiträge zur Geschichte von Hagen	MM Witten
Beitrr Gesch Heinsberg	Beiträge zur Geschichte von Heinsberg und Umgebung	KrsA Heinsberg
Beitrr Gesch Neuss-Grevenbroich	Beiträge zur Geschichte der Kreise Neuß-Grevenbroich (Neuß-Grevenbroicher Zeitung)	StA Neuss
Beitrr Gesch Stadt Stift Essen	Beiträge zur Geschichte von Stadt und Stift Essen	SLB Dortmund
Beitrr Gesch Stift Werden	Beiträge zur Geschichte des Stiftes Werden	SLB Dortmund

Beitrr Hkunde Krs Borken	Beiträge zur Heimatkunde des Kreises Borken	SLB Dortmund, UB Münster
Beitrr Hkunde Löhne	Beiträge zur Heimatkunde der Städte Löhne und Bad Oeynhausen; Beiträge zur Heimatkunde des Amtes Löhne (1968-77)	SLB Dortmund, UB Münster
Beitrr Hkunde Schwelm	Beiträge zur Geschichte und Heimatkunde der Stadt Schwelm	SLB Dortmund
Beitrr Jülicher Gesch	Beiträge zur Jülicher Geschichte; Jülicher Heimatblätter (1958-68)	UB Düsseldorf, UB Bonn
Beitrr Stadtgesch (Gelsenkirchen-Buer)	Beiträge zur Stadtgeschichte (Gelsenkirchen)	SLB Dortmund
Bergische Bll	Bergische Blätter	SB Wuppertal
Bergische Geschbll	Bergische Geschichtsblätter; Bergisch-Jülichsche Geschichtsblätter (1929-31); Jülich-Bergische Geschichtsblätter (1932-40)	SB Wuppertal
Bergische Hbll	Bergische Heimatblätter (Bergische Zeitung) (1903-34); Bergische Heimat (Ohligser Anzeiger) (1925-32)	SLB Dortmund, StA Solingen
Bergische Heimat (Bergische Wacht)	Bergische Heimat (Bergische Wacht)	UB Düsseldorf, IgLRh Bonn

Bergische Heimat (Ronsdorf)	Berg-Niederrhein (1934); Meine Heimat (Ronsdorf) (1935-37); Heimatrundschau für Bergisch Land und Niederrhein (1939-41); Bergische Heimat (Ronsdorf) (1926-33, 1938)	UB Bonn, SB Wuppertal
Bergische Volksbücher	Bergische Volksbücher (Lindlar)	UB Köln
Blick Netpherland	Blick ins Netpherland (Heimatverein Netpherland e. V.)	SB Siegen
Bll Hkunde (Barmen-Elberfeld)	Blätter für Heimatkunde (Barmer Zeitung)	StA Wuppertal, StA Schwelm, UB Köln, StA Solingen
Bll Hkunde (Euskirchen)	Blätter für Heimatkunde (Euskirchener Volkszeitung)	UB Köln
Bll Kunde Westfalen	Blätter zur näheren Kunde Westfalens	StA Soest, SLB Dortmund
Bll lipp Hkunde	Blätter für lippische Heimatkunde	LLB Detmold
Bochum Hbuch	Bochum. Ein Heimatbuch	StA Bochum
Bochumer Wanderer	Der Bochumer Wanderer	SB Bochum
Bonner Archiv	Bonner Archiv; Rheinische Geschichtsblätter (1895-1914)	StA Bonn, UB Düsseldorf
Bonner Geschbll	Bonner Geschichtsblätter	SB Wuppertal
Borghorster Hbll	Borghorster Heimatblätter	UB Münster, SLB Dortmund

Brackweder Hbll	Brackweder Heimatblätter; Heimatkundliche Mitteilungen des Heimatvereins für den Amtsbezirk Brackwede	SLB Dortmund
Breckerfelder Telegraph	Breckerfelder Telegraph	StA Schwelm
Breckerfelder Telegraph	Breckerfelder Telegraph	StA Schwelm
Breyeller Hbll	Breyeller Heimatblätter	UB Düsseldorf
Brühler Hbll	Brühler Heimatblätter ...	UB Bonn, StaatsA Düsseldorf
Büdericher Hbll	Büdericher Heimatblätter	UB Düsseldorf, StA Krefeld
Burg Quelle (Blankenheim)	Um Burg und Quelle	UB Köln
Cis Hilinciweg	Cis Hilinciweg	KrsA Mettmann
Danzturm	Der Danzturm	StA Iserlohn
Danzturm	Der Danzturm	StA Iserlohn
De Suerlänner	De Suerlänner; Der Sauerländer (1938-42); Sauerländer Hinkende Bote (1969)	SLB Dortmund, UB Münster
Delmenhorster Hjb	Delmenhorster Heimatjahrbuch	VK Münster
Dortmunder Jb	Dortmunder Jahrbuch	SLB Dortmund
Dortmundisches Mag	Dortmundisches Magazin; Westfälisches Magazin N. F. (ab 1911)	SLB Dortmund
Dürener Geschbll	Dürener Geschichtsblätter	UB Düsseldorf, StA Düren

Düsseldorfer Jb	Düsseldorfer Jahrbuch; Beiträge zur Geschichte des Niederrheins (1886-1912); Zeitschrift des Düsseldorfer Geschichtsvereins (1882-83); Monatsschrift des Vereins f. d. Geschichte und Altertumskunde von Düsseldorf u. Umgebung (1881)	UB Düsseldorf
Duisburger Forsch	Duisburger Forschungen	UB Düsseldorf, SLB Dortmund
Egge-Rundschau	Egge-Rundschau	SLB Dortmund
Eifel Jb	Eifelkalender (1926-55); Eifel-Jahrbuch	UB Düsseldorf, IgLRh Bonn
Elberfelder Südstadt	Die Elberfelder Südstadt	KrsA Mettmann
Elsetal	Im Elsetal (Bünder Tageblatt, Ennigloher Zeitung)	VK Münster, StA Bünde
Emscherbrücher	Der Emscherbrücher	SLB Dortmund
Emscher-Lippeland	Das Emscher-Lippeland	VK Münster, StA Gelsenkirchen
Ennepesträsser (GZ-EZ)	Der Ennepesträssser (Gevelsberger Zeitung)	SLB Dortmund
Ennepersträßer (Schwelm)	Der Ennepersträßer (Schwelmer Tageblatt)	StA Schwelm, StA Hagen
Ennepetaler Hbrief	Ennepetaler Heimatbrief	SLB Dortmund
Eremit Venn	Der Eremit am Hohen Venn	StaatsA Düsseldorf, SB Wuppertal, UB Düsseldorf
Erftbote	Erftbote	UB Düsseldorf
Erftland	Erftland	UB Bonn, UB Düsseldorf

Esch Tie	Esch und Tie	VK Münster
Fredeburger Hbll	Fredeburger Heimatblätter	VK Münster, EAB Paderborn
Freie Hansestadt Herford	Freie und Hansestadt Herford	SLB Dortmund
Gabbeck (Köln)	Der Kölsche Gabbeck oder der Führer durch die Vergangenheit und Gegenwart.	UB Köln
Geldrischer Hk	Heimatkalender für den Kreis Geldern (später: für Stadt u. Landkreis; später: für den Landkreis); Geldrischer Heimatkalender (1952 ff.)	UB Düsseldorf, UB Bonn, PSB Berlin
Gelsenkirchen alte und neue Zeit	Gelsenkirchen in alter und neuer Zeit	SLB Dortmund
Gemeindebote (Schlangen)	Der Gemeindebote (Schlangen)	SLB Dortmund
Gesch Köln	Geschichte in Köln	UB Köln
Gesch Landeskde	Geschichtliche Landeskunde	SB Wuppertal, UB Köln
Geschbll Coesfeld	Geschichtsblätter des Kreises Coesfeld	StaatsA Münster
Geschbll Waldeck	Geschichtsblätter für Waldeck	SLB Dortmund
Geschichtl Eupen	Geschichtliches Eupen	UB Düsseldorf
Geseker Hbll	Geseker Heimatblätter	SLB Dortmund
Gladbeck	Gladbeck	VK Münster
Gladbecker Bll	Gladbecker Blätter für Orts- und Heimatkunde	StA Recklinghausen, UB Münster, StA Bochum
Godesberger Hbll	Godesberger Heimatblätter	UB Düsseldorf, UB Bonn
Gräfrather Hspiegel	Gräfrather Heimatspiegel	UB Düsseldorf, StA Solingen

Gütersloher Beitrr	Gütersloher Beiträge zur Landes- und Heimatkunde	SLB Dortmund
HV Steinhagen	Heimatverein Steinhagen	StA Bielefeld
Hagen einst jetzt	Hagen einst und jetzt	SB Soest
Hagen laiwe Häime	Hagen use laiwe Häime (1950-54); Heimatblätter für (auf den Raum) Hagen und das märkische Sauerland (1954-56)	StA Hagen
Hagener Hbll	Hagener Heimatblätter	StA Hagen
Hagener Hk	Hagener Heimatkalender (1960-79); Heimatbuch Hagen und Mark	SLB Dortmund
Haldern einst jetzt	Haldern einst und jetzt	StaatsA Düsseldorf (Kalkum)
Hammagazin	Hammagazin	SLB Dortmund
Hammer Hbll	Hammer Heimatblätter	StaatsA Münster
Hb Kempen-Krefeld/Viersen	Heimatbuch des Grenzkreises Kempen-Krefeld (1950 ff.); Heimatbuch des Kreises Viersen	SB Krefeld
Hbeilage Gemeinnützige	Heimatbeilage des Gemeinnützigen	SA Hagen
Hbl Aldekerk	Heimatblatt für Aldekerk, Stenden, Ober-Eyll, Rheurdt und Schaephuysen	StaatsA Düsseldorf
Hbl Letmathe	Heimatblatt für die Stadt Letmathe (1972 ff.); Heimatblatt für die Gemeinde Oestrich	StA Iserlohn, SLB Dortmund, VK Münster

Hbll Aachen	Heimatblätter des Kreises Aachen; Heimatblätter des Landkreises Aachen (1958 ff.)	SB Aachen, StaatsA Düsseldorf, UB Bonn
Hbll Amt Marl	Heimatblätter für das Amt Marl	StA Recklinghausen
Hbll Bödefeld	Heimatblätter für das Kirchspiel Bödefeld	SLB Dortmund
Hbll Castrop-Rauxel	Heimatblätter für Castrop-Rauxel und Umgebung	StA Bochum
Hbll Dülmen	Dülmener Heimatblätter; Heimatblätter (Dülmen) (1925-38)	VK Münster, StaatsA Münster
Hbll Düren	Heimat-Blätter der Dürener Zeitung	StA Düren, StaatsA Düsseldorf
Hbll Erkelenz	Heimatblätter (Erkelenzer Kreisblatt) (1921, Nr.1-3); Monatsschrift für Heimatkunde (Erkelenzer Kreisblatt)	IgLRh Bonn, KrsA Heinsberg
Hbll Freier Grund	Heimatblätter des Freien Grundes	SLB Dortmund
Hbll Geilenkirchen	Heimatblätter (Geilenkirchener Zeitung, Westdeutsche Grenzpost)	KrsA Heinsberg
Hbll Glocke	Heimatblätter der Glocke für die Kreise Beckum, Warendorf und Wiedenbrück	SLB Dortmund, StaatsA Münster
Hbll Lippstadt	Heimatblätter (Lippstadt)	SLB Dortmund, StA Lippstadt
Hbll Lübbecke	Heimatblätter für den Kreis Lübbecke	KrsA Minden, VK Münster, UB Münster

Hbll Monschau	Heimatblätter des Kreises Montjoie (Monschau)	UB Köln, UB Düsseldorf
Hbll Nordmünsterland	Heimatblätter für das Nordmünsterland	VK Münster
Hbll Rhein-Siegkrs	Heimatblätter des Siegkreises; Heimatblätter des Rhein-Siegkreises	SB Wuppertal
Hbll Rote Erde	Heimatblätter der Roten Erde	SLB Dortmund
Hbll Soest	Heimatblätter (Soester Kreisblatt)	StA Soest
Hbll Soester Anzeiger	Heimatblätter (Soester Anzeiger)	StA Soest
Hbll Wiedenbrück	Heimatblätter (Wiedenbrücker Zeitung, Gütersloher Volkszeitung)	StaatsA Münster
Hborn Paderborn	Heimatborn (Paderborn)	SLB Dortmund, StaatsA Münster
Hborn (Arnsberg)	Heimatborn (Arnsberg)	SLB Dortmund
Hbote Amern Dilkrath	Heimatbote für Amern und Dilkrath	UB Bonn
Hbote (Paderborn)	Heimat-Bote (Paderborner Anzeiger); Heimatbote (Paderborner Anzeiger, Lippspringer Anzeiger, Neuhäuser und Delbrücker Anzeiger)(1928-35); Der Heimatbote (Paderborner Nachrichten= Westfalen Post) (1958 ff.)	StA Paderborn
Hbuch Krs Lippstadt	Heimatbuch des Kreises Lippstadt	StA Lippstadt

Hbuch Stadt- u Landkrs Iserlohn	Heimatbuch für den Stadt- und Landkreis Iserlohn	SLB Dortmund
Heimat Arnsberg	Heimat (Arnsberg)	SLB Dortmund
Heimat Düssel	Die Heimat. Der Düssel entlang	UB Düsseldorf
Heimat Düsseldorf	Die Heimat (Düsseldorf)	UB Düsseldor
Heimat Duisburg	Duisburger Heimatkalender (1959-1960); Heimat Duisburg	SB Duisburg
Heimat Emsdetten	Die Heimat (Emsdetten); Meine Heimat (Emsdetten) (1924-25)	UB Münster
Heimat Heinsberg	Die Heimat (Heinsberg)	UB Düsseldorf, StA Krefeld, KrsA Heinsberg
Heimat Hellweg	Heimat am Hellweg. Kalender für Hamm und den Landkreis Unna	StA Soest
Heimat Hellweg (HA)	Heimat am Hellweg (Hellweger Anzeiger)	SLB Dortmund
Heimat Krefeld	Die Heimat (Krefeld)	StA Krefeld, SB Wuppertal
Heimat Rhein Maas	Heimat zwischen Rhein und Maas (Viersen)	StaatsA Düsseldorf
Heimat Solingen	Die Heimat (Solinger Tageblatt)	StA Solingen
Heimat Vergangenheit Gegenwart	Die Heimat in Vergangenheit und Gegenwart	SLB Dortmund, StA Recklinghausen
Heimat Welt (Lipp Volksztg)	Heimat und Welt (Lippische Volkszeitung, Lippische Nachrichten)	LLB Detmold

Sigelverzeichnis

Heimat Wort Bild	Die Heimat in Wort und Bild (Westfälische Zeitung, Gütersloher Zeitung)	WHB Münster
Heimat spricht (Remscheider GA)	Die Heimat spricht zu dir (Remscheider General Anzeiger)	SLB Dortmund, UB Düsseldorf
Heimat (Brilon)	Die Heimat (Sauerländer Zeitung)	StA Brilon StaatsA Münster
Heimat (Iserlohn)	Heimat. Monatsblatt f. d. Geschichte und Heimatkunde des märkischen und kölnischen Sauerlandes	MM Witten
Heimat (Tremonia)	Die Heimat (Tremonia, Dortmund)	SLB Dortmund, ZFI Dortmund
Heimat (westfälische)	Heimatblätter. Monatsschrift f. d. niederrheinisch-westfälische Land, bes. f. d. Ruhrgebiet (1919-22); Die Heimat. Monatsschrift für Land, Volk und Kunst in Westfalen (1922-29); Die westfälische Heimat (1930-33) Heimat und Reich	SLB Dortmund
Heimatland (Siegen)	Heimatland (Siegener Zeitung)	SB Siegen, UB Köln
Heimatliche Bll (Moers)	Heimatliche Blätter (Niederrheinischer Generalanzeiger)	UB Köln
Herforder Hbl	Herforder Heimatblatt	SLB Dortmund, StA Soest, StaatsA Münster
Herforder Jb	Herforder Jahrbuch	SLB Dortmund

Hermann	Hermann (Schwelm)	StA Schwelm, UB Düsseldorf, UB Köln, SB Trier
Herne	Herne - unsere Stadt	SLB Dortmund
Herweske Klocken	Herweske Klocken (Herforder Zeitung)	VK Münster
Hgrüße (Siegen)	Heimatgrüße (Das Volk)	SB Siegen
Hgruß (Langerfeld)	Heimatgruß (Wuppertal-Langerfeld)	UB Düsseldorf
Hildener Hbll	Hildener Heimatblätter	UB Düsseldorf
Hildener Jb	Hildener Jahrbuch	SB Wuppertal, UB Düsseldorf
Hist Bll (Bielefeld)	Historische Blätter (Westfälische Zeitung)	StA Bielefeld
Hist Jb Dormagen	Historisches Jahrbuch der Stadt Dormagen	UB Köln
Hjb Wittlaer	Heimat-Jahrbuch Wittlaer	UB Düsseldorf, UB Bonn
Hk Duisburg	Heimatkalender Duisburg (1938-39); Duisburger Heimatkalender (1940-1942); Kriegs-Heimatkalender für Ruhr und Niederrhein	UB Düsseldorf, UB Köln, SB Essen
Hk Erkelenz	Heimatkalender der Erkelenzer Lande	UB Düsseldorf, SB Mönchen-Gladbach
Hk Grevenbroich	Heimat-Kalender für den Landkreis Grevenbroich	StaatsA Düsseldorf
Hk Hamm	Heimatkalender für Kreis und Stadt Hamm, Unna, Kamen und das Gebiet der ehemaligen Grafschaft Mark	SLB Dortmund

Hk Hüsten	Heimatkalender für den Amtsbezirk Hüsten	UB Münster, PSB Berlin
Hk Krs Coesfeld	Heimatkalender des Kreises Coesfeld (und der angrenzenden Gebiete)	SLB Dortmund, StaatsA Münster
Hk Krs Dinslaken	Heimatkalender für den Landkreis Dinslaken	StaatsA Düsseldorf, UB Düsseldorf, UB Bonn
Hk Krs Euskirchen	Heimatkalender für den Landkreis Euskirchen; Jahrbuch des Kreises Euskirchen	UB Düsseldorf
Hk Krs Heinsberg	Heimatkalender des Kreises Heinsberg; Heimatkalender der Heinsberger Lande (1925-50); Heimatkalender für den Großkreis Geilenkirchen-Heinsberg (1938); Heimatkalender des Selfkantkreises Geilenkirchen-Heinsberg (1951-72)	UB Bonn, UB Düsseldorf
Hk Krs Jülich	Heimatkalender für den Kreis Jülich; Heimatkalender für den Landkreis Jülich (1951-57)	UB Düsseldorf

Hk Krs Köln	Heimatkalender des Kreises Köln-Land (1926-27); Heimatkalender des Landkreises Köln (1928-39) Heimatkalender des Kreises Köln	StaatsA Düsseldorf, UB Bonn
Hk Krs Moers	Heimatkalender für den Kreis Moers (1938-66, 1972-75); Heimatkalender. Landkreis Moers (1967-71); Jahrbuch Kreis Moers	UB Düsseldorf, UB Bonn
Hk Krs Rees	Heimatkalender für den Landkreis Rees; Niederrheinischer Heimatkalender (1925-1935); Heimatkalender für den Kreis Wesel/Rees (1939); Jahrbuch Kreis Rees (1970-74)	UB Bonn, IgLRh Bonn, StaatsA Düsseldorf
Hk Krs Schleiden	Heimatkalender des Eifelgrenzkreises Schleiden (1951-63); Heimatkalender des Landkreises Schleiden (1964-69); Heimatjahrbuch des Kreises Schleiden (1970); Jahrbuch des Kreises Schleiden	UB Düsseldorf

Sigelverzeichnis

Hk Krs Soest	Soester Heimatkalender (1922-35); Heimatkalender des Landkreises Soest (1970-74); Heimatkalender des Kreises Soest (1936-65); Heimatkalender, Kreis Soest	StA Soest, UB Düsseldorf
Hk Krs Wesel	Heimatkalender des Kreises Wesel	UB Düsseldorf
Hk Krs Wiedenbrück	Heimatkalender für den Kreis Wiedenbrück	VK Münster, StaatsA Münster
Hk Landkrs Münster	Heimatkalender für den Landkreis Münster	SLB Dortmund
Hk Lembeck	Heimatkalender der Herrlichkeit Lembeck	SLB Dortmund, StaatsA Münster
Hk Lüdenscheid	Heimatkalender für den Raum Altena - Lüdenscheid (1969); Heimatkalender für den Kreis Lüdenscheid	SLB Dortmund
Hk Lüdinghausen	Lüdinghäuser Kreis Kalender; Heimatkalender Lüdinghausen (1927-32)	SLB Dortmund, StaatsA Münster
Hk Monschau	Heimatland. Kalender des Kreises Monschau (1954); Heimatkalender des Kreises Monschau (1955); Heimatjahrbuch. Landkreis Monschau (1956-60); Heimatkalender. Landkreis Monschau	StaatsA Düsseldorf, SB Aachen

Hk Paderborner Land	Heimatkalender für das Paderborner Land	StaatsA Münster, SLB Dortmund
Hk Stadt Landkrs Essen	Heimatkalender der Stadt Essen (1939); Heimatkalender für Stadt und Landkreis Essen (1940-41); Heimatkalender für Groß-Essen	SLB Dortmund
Hklänge (Greven)	Heimatklänge (Greven)	StaatsA Münster
Hklänge (Nümbrecht)	Heimatklänge (Nümbrecht)	StaatsA Düsseldorf
Hland Lippe	Heimatland Lippe (1962 ff.); Mitteilungsblatt des Lippischen Heimatbundes	SLB Dortmund
Hland (Neuß-Grevenbroicher Ztg)	Heimatland (Neuß-Grevenbroicher Zeitung)	StaatsA Düsseldorf
Hland (Siegen)	Heimatland (Siegener Zeitung)	Siegerland Museum
Höxter-Corvey	Höxter-Corvey	SLB Dortmund
Hohenlimburger Hbll	Hohenlimburger Heimatblätter für den Raum Hagen; Heimatblätter für Hohenlimburg ... (1926-36)	SLB Dortmund, StA Hagen
Hspiegel Holzhausen	Heimatspiegel von Holzhausen	SLB Dortmund
Hspiegel (Bad Oeynhausen)	Heimatspiegel (Bad Öeynhäuser Lokalanzeiger)	VK Münster
Hspiegel (Dortmd Nord-West-Ztg)	Heimatspiegel (Dortmunder Nord-West-Zeitung)	SLB Dortmund

Hspiegel (Wesel)	Heimatspiegel (Generalanzeiger, Volksblatt für Wesel ...)	UB Düsseldorf, StaatsA Düsseldorf
Hstadt Essen	Die Heimatstadt Essen	SB Essen
Hstimmen Olpe	Heimatblätter für das (südliche) obere Sauerland (1922-34); Heimatblätter für das Kurkölnische Sauerland (1935-36); Heimatblätter für den Kreis Olpe (1937-41); Heimatstimmen aus dem Kreise Olpe	SLB Dortmund, MM Witten, StaatsA Düsseldorf
Hülser Hbll	Hülser Heimatblätter	StA Krefeld
Hürther Heimat	Hürther Heimat	UB Düsseldorf, UB Bonn
HV Steinheim	Jahresheft Heimatverein Stadt Steinheim	LLB Detmold
Hvolk (Neuss)	Heimatvolk und Heimatflur (Neuss-Grevenbroicher Zeitung)	UB Düsseldorf
Hwarte (Hilden)	Heimatwarte (Rheinisches Volksblatt, Hildener Zeitung)	UB Düsseldorf
Ill Hk Lippe	Illustrierter Hauskalender für das Fürstentum Lippe	LLB Detmold
Jahresbericht Hist V Ravensberg	Jahresbericht des Historischen Vereins für die Grafschaft Ravensberg	SLB Dortmund, StA Bielefeld
Jahresgabe V Hkunde Schwelm	Jahresgabe des Vereins für Heimatkunde Schwelm	SLB Dortmund
Jan Wellem	Jan Wellem	UB Düsseldorf

Jb Angermunder Kulturkreis	Jahrbuch des Angermunder Kulturkreises	KrsA Mettmann
Jb Köln Gesch V	Jahrbuch des Kölnischen Geschichtsverein	UB Bonn, UB Köln
Jb Krs Düren	Jahrbuch des Kreises Düren; Heimatjahrbuch. Kreis Düren (1962)	StaatsA Düsseldorf, UB Bonn, UB Düsseldorf
Jb Krs Höxter	Kreis Höxter. Jahrbuch; Höxtersches Jahrbuch	SLB Dortmund
Jb Orts-Hkunde Grafschaft Mark	Jahrbuch des Vereins für Orts- und Heimatkunde in der Grafschaft Mark	SLB Dortmund, MM Witten
Jb Orts-Hkunde Süderland	Jahrbuch des Vereins für Orts- und Heimatkunde des Süderlandes	MM Witten
Jb westf Kirchengesch	Jahrbuch des Vereins für die Evangelische Kirchengeschichte der Grafschaft Mark (1890-1902); Jahrbuch des Vereins für die Evangelische Kirchengeschichte Westfalens (1903-26); Jahrbuch des Vereins für westfälische Kirchengeschichte	SLB Dortmund, UB Düsseldorf
Jöllenbecker Bll	Jöllenbecker Blätter	SLB Dortmund
Kal Klever Land	Kalender für das Klever Land	UB Düsseldorf
Kal Krs Lippstadt	Kalender für den Kreis Lippstadt	VK Münster
Kerpener Hbll	Kerpener Heimatblätter	UB Bonn

Kiepenkerl Jb Minden	Kiepenkerl-Jahrbuch für Minden - Ravensberg - Lippe	SLB Dortmund
Kiepenkerl (Bielefeld)	Der Kiepenkerl (Westfalenblatt, Gütersloher Morgenblatt)	SLB Dortmund
Klafeld-Geisweid	Klafeld-Geisweid im Blickpunkt (1958-74); Hüttental Blickpunkt	SLB Dortmund
Kriegs-Hk Ruhr	Kriegs-Heimatkalender für Ruhr und Niederrhein	UB Düsseldorf
Krs Coesfeld Jb	Kreis Coesfeld. Jahrbuch	VK Münster
Kultur Heimat (Castrop-Rauxel)	Kultur und Heimat (Castrop-Rauxel)	SLB Dortmund, StA Bochum, StaatsA Münster
Land Leute Moers	Land und Leute der Grafschaft Moers	IgLRh Bonn
Land Rhein Ruhr	Land an Rhein und Ruhr (NRZ)	UB Köln
Land Wupper Rhein	Land an Wupper und Rhein	SB Wuppertal, KrsA Mettmann
Langerfeld Wandel Jahrhunderte	Langerfeld im Wandel der Jahrhunderte	SB Wuppertal
Laurentiusbote	Laurentiusbote (Odenkirchen)	StA Mönchengladbach
Lebendiges Frechen	Lebendiges Frechen	StA Solingen, StaatsA Düsseldorf
Lemgoer Hefte	Lemgoer Hefte	SLB Dortmund ?
Letmather Heimatschau	Letmather Heimatschau	StA Iserlohn
Leverkusen	Leverkusen	StA Solingen
Lipp Bll Hkunde	Lippische Blätter für Heimatkunde	LLB Detmold
Lipp Dorfkal	Lippischer Dorfkalender	LLB Detmold

Lipp Hk	Lippischer Heimatkalender	LLB Detmold
Lipp Kal	Lippischer Kalender	LLB Detmold
Lipp Landeskal	Lippischer Landes-Kalender	LLB Detmold
Lipp Mitt	Mitteilungen aus der lippischen Geschichte und Landeskunde; Lippische Mitteilungen aus Geschichte und Landeskunde (1957 ff.)	SLB Dortmund, LLB Detmold
M Berg GV	Monatsschrift des Bergischen Geschichtsvereins	UB Düsseldorf
M rhein westf Gesch forsch	Monatsschrift für die Geschichte Westdeutschlands (1878-1881); Monatsschrift für die rheinisch-westfälische Geschichtsforschung und Alterthumskunde	UB Düsseldorf
Märker	Der Märker	SLB Dortmund
Märkisch-Sauerland	Märkisch-Sauerland (Lüdenscheider Nachrichten, Lüdenscheider Generalanzeiger)	StaatsA Düsseldorf
Mag Westfalen	Dortmundisches Magazin (1796); Neues Dortmundisches Magazin (1997-1798); Magazin für Westfalen (1799)	UB Köln
Marler Jb	Marler Jahrbuch	SlB Dortmund
Marler Monat	Marler Monat	SLB Dortmund
Marler Monat	Marler Monat	SLB Dortmund
Medamana	Medamana	UB Düsseldorf

Meinhardus	Meinhardus	SLB Dortmund
Michaelsberg	Rund um den Michaelsberg	UB Bonn
Mindener Hbll	Mindener Heimatblätter (1923-64); Mitteilungen des Mindener Geschichtsvereins	UB Düsseldorf
Minden-Ravensberger	Der Ravensberger; Der Minden-Ravensberger (1956 ff.)	SLB Dortmund, LLB Detmold
Mitt Höxter	Kreis Höxter. Mitteilungsblatt des Kreisheimatpflegers	SLB Dortmund
Mitt Lohausen	Mitteilungsblatt. Heimat- und Bürgerverein Lohausen	UB Düsseldorf
Monatsbll Siegerländer HV	Monatsblätter des Siegerländer Heimatvereins	StaatsA Münster
Monatsh Ev Kirchengesch Rhld	Monatshefte für Rheinische Kirchengeschichte (1907-41); Monatshefte für evangelische Kirchengeschichte des Rheinlandes	UB Düsseldorf
Monschauer Land	Monschauer Land	UB Düsseldorf
Mülheimer Hbll	Mülheimer Heimatblätter (Mülheimer Stadt-Anzeiger)	StA Mülheim
Mülheimer Hbll	Mülheimer Heimatblätter	StA Mülheim
Mülheimer Jb	Heimatkalender Mülheim-Ruhr; Mülheimer Jahrbuch Jahrbuch. Mülheim a.d. Ruhr	UB Düsseldorf, IgLRh Bonn

Münster am Hellweg	Das Münster am Hellweg	SLB Dortmund
Münsterische Hbll	Münsterische Heimatblätter	WHB Münster
Münsterländer Hk	Münsterländer Heimatkalender	StaatsA Münster
Münsterländer (Ahäuser Krsztg)	Der Münsterländer (Ahäuser Kreiszeitung)	UB Münster, Verlagsarchiv Lensing (Ahaus)
Münsterland	Westmünsterland; Münsterland (1919-22)	WHB Münster, SLB Dortmund
NS-Hk Lippe	Nationalsozialistischer Heimat-Kalender für Lippe	SLB Dortmund, LLB Detmold
Nettelstedter Bll	Nettelstedter Blätter der "Elisabeth-Meyer-Spelbrink-Stiftung"; Nettelstedter Blätter für Ortsgeschichte (1954-58)	SLB Dortmund
Neue Bll Warendorf	Neue Blätter für Orts- und Heimatkunde im Kreise Warendorf	StaatsA Münster
Neues Rhld	Neues Rheinland	UB Köln
Neuestes Mag Westf	Neuestes Magazin, der Geographie, Geschichte, Statistik, überhaupt der genaueren Kunde Westfalens ge widmet	UB Köln
Neusser Jb	Neusser Jahrbuch für Kunst, Kulturgeschichte und Heimatkunde	SB Wuppertal, UB Düsseldorf
Niederberg (Rhein Landesztg Velbert)	Niederberg (Rheinische Landeszeitung)	StA Solingen, StaatsA Düsseldorf
Niederbergische Beitrr	Niederbergische Beiträge	StaatsA Düsseldorf

Niederbergische Heimat	Niederbergische Heimat (Velberter Zeitung)	UB Bonn, StaatsA Düsseldorf
Niederrh Bll	Niederrheinische Blätter	UB Köln
Niederrh Geschfreund	Niederrheinischer Geschichtsfreund	UB Bonn, IgLRh Bonn
Niederrh Gesch-Altertumsfreund	Niederrheinischer Geschichts- und Altertumsfreund	StaatsA Düsseldorf
Niederrh Hbll	Niederrheinische Heimatblätter (Emmerich)	IgLRh Bonn
Niederrh Heimat (NVZ)	Niederrheinische Heimat (NVZ Krefeld)	StA Krefeld
Niederrh Hfreund	Niederrheinischer Heimatfreund (Rheydter Zeitung)	StaatsA Düsseldorf, IgLRh Bonn
Niederrh Jahrweiser	Heimatkalender am Niederrhein (1933); Niederrheinischer Jahrweiser	SB Krefeld, UB Köln
Niederrh Jb	Niederrheinisches Jahrbuch	SB Wuppertal, StaatsA Düsseldorf
Niederrh Museum	Niederrheinisches Museum	UB Düsseldorf
Niederrhein Wandern	Der Niederrhein. Zeitschrift für Heimat und Wandern (1935-66); Mitteilungen des Vereins linker Niederrhein (1929-34) Der Niederrhein. Zeitschrift für Heimatpflege und Wandern	StaatsA Düsseldorf, IgLRh Bonn, SB Wuppertal

Niederrhein (Düsseldorf)	Niederrhein. Illustrierte Wochenschrift für Arbeit, Art und Kunst der nördlichen Rheinlande; Der Niederrhein. Illustrierte Monatschrift für Heimatkunde und Heimatpflege (1920-22)	UB Düsseldorf, StaatsA Düsseldorf
Niederrhein (Fischeln)	Heimathskunde (Fischeln) (1879-84); Der Niederrhein. Wochenblatt f. niederrheinische Geschichte und Alterthumskunde (Fischeln) (1878-79); Der Niederrhein. Beiträge zur Geschichte und Naturkunde (Uerdingen) (1884-87); Die Heimath (Neuss, Krefeld, Fischeln)	StaatsA Düsseldorf, UB Düsseldorf, UB Bonn
Niederrhein (Goch)	Niederrhein (Niederrheinisches Volksblatt)	UB Köln IgLRh Bonn
Norbertus-Bl Arnsberg	Norbertus-Blatt des Kirchenbauwerkes der Propsteigemeinde Arnsberg	StA Arnsberg
Norbertus-Blatt	Norbertus-Blatt des Kirchenbauwerkes der Probsteigemeinde Arnsberg	StA Arnsberg
Oberberg	Oberberg	UB Düsseldorf
Oberberg Bote	Der Oberbergische Bote	UB Düsseldorf
Oberbergische Heimat	Oberbergische Heimat	UB Bonn

Oedter Hbll	Oedter Heimatblätter	IgLRh Bonn
Paderborner Corveyer Land	Paderborner und Corveyer Land	StaatsA Münster
Quadenhof	Rund um den Quadenhof (Düsseldorf)	UB Düsseldorf
Quecke	Die Quecke (Lintorf)	KrsA Mettmann, StaatsA Düsseldorf Kalkum
Ravensberger Bll	Ravensberger Blätter für Geschichte, Volks- und Heimatkunde; Rundschreiben an die Mitglieder des Bielefelder Geschichts- und Heimatvereins (1946-49)	SLB Dortmund, StA Bielefeld
Ravensberger Heimat	Ravensberger Heimat (Herforder Kreisblatt)	StA Herford
Ravensberger Hscholle	Ravensberger Heimatscholle (Herforder Kreisblatt)	VK Münster
Rechtsrh Köln	Rechtsrheinisches Köln	UB Düsseldorf
Reidemeister	Der Reidemeister	SLB Dortmund, StaatsA Münster, UB Düsseldorf
Residenz	Die Residenz (Schloß Neuhaus)	StA Paderborn
Residenz (Schloß Neuhaus)	Die Residenz. Nachrichten aus Schloß Neuhaus	StA Paderborn
Rhein Ruhr	Rhein und Ruhr	IgLRh Bonn
Rheine	Rheine gestern heute morgen	SLB Dortmund
Rheinische Hpflege	Rheinische Heimatpflege	SB Wuppertal, UB Düsseldorf
Rheinische Vierteljahresbll	Rheinische Vierteljahresblätter	UB Düsseldorf

Rheinischer Jahrweiser	Rheinischer Jahrweiser für den Feierabend am heimischen Herd	IgLRh Bonn
Rheinisch-Bergischer Kal	Bergischer Volkskalender (1919-20); Bergischer (Heimat-) Kalender (1921-36, 1950-59); Jahrbuch des Rheinisch-Bergischen Kreises (1937-39); Rheinisch-Bergischer Kalender	UB Düsseldorf, StaatsA Düsseldorf, StA Solingen
Rheinprovinz	Die Rheinprovinz; Die Wohlfahrtspflege im Rheinland	UB Köln, UB Düsseldorf
Rheydter Jb	Rheydter Jahrbuch für Geschichte, Kunst und Heimatkunde	SB Wuppertal, StA Krefeld
Rh-westf Z Volkskunde	Zeitschrift des Vereins für rheinische und westfälische Volkskunde; Rheinisch-westfälische Zeitschrift für Volkskunde (1954 f.)	UB Bonn, UB Münster
Romerike Berge	Romerike Berge	SB Wuppertal
Rüttenscheider Jb	Rüttenscheider Jahrbuch; Jahrbuch Essen-Rüttenscheid (1960-64)	SB Essen
Ruhmreiche Berge (Berg Landesztg)	Ruhmreiche Berge (Bergische Landeszeitung)	StaatsA Düsseldorf
Ruhmreiche Berge (Heidersche Ztg)	Ruhmreiche Berge (Heidersche Zeitung)	IgLRh Bonn

Sigelverzeichnis

Ruhrländisches Hbuch	Ruhrländisches Heimatbuch; Ruhrländischer Heimatkalender (1951-53)	UB Bonn
Ruhrwellen	Ruhrwellen (Zentralvolksblatt, Arnsberg)	StaatsA Münster
Rurland	Das Rurland	UB Bonn
Rur-Blumen	Rur-Blumen	StA Düren, UB Bonn, IgLRh Bonn
Sauerländischer Gebirgsbote	Der Sauerländische Gebirgsbote	MM Witten
Sauerland (Halver)	Das Sauerland (Halversche Zeitung)	StaatsA Münster
Sauerland (Sauerländer Hbund)	Trutznachtigall (1919-27); Heimwacht (1928); Sauerlandruf (1953-67) Sauerland	UB Münster, UB Düsseldorf
Schermbeck	Schermbeck Gestern und Heute	StaatsA Düsseldorf
Schlüssel	Der Schlüssel (Hemer)	SLB Dortmund
Schmallenberger Hbll	Schmallenberger Heimatblätter	SLB Dortmund
Scholle Schacht (Essen)	Scholle und Schacht	StA Gelsenkirchen
Schriften Gesch Ronsdorf	Schriften zur Geschichte der evangelisch-reformierten Gemeinde Ronsdorf	StA Wuppertal
Schrr Eschweiler	Schriftenreihe des Eschweiler Geschichtsvereins	StaatsA Düsseldorf
Schrr Rösrath	Schriftenreihe des Geschichtsverein für die Gemeinde Rösrath und Umgebung	KrsA Mettmann
Schwanenturm	Rund um den Schwanenturm	StaatsA Düsseldorf

Schwelmer Hbrief	Schwelmer Heimatbrief	SLB Dortmund
Selfkantheimat	Selfkantheimat	UB Düsseldorf
Siegerländer Hbl	Eiserfelder Heimatblatt (1952-74); Siegerländer Heimatblatt	SLB Dortmund, UB Münster, SB Siegen
Siegerländer Hk	Siegerländer Heimatkalender	UB Düsseldorf, IgLRh Bonn, SLB Dortmund, StaatsA Münster
Siegerland	Siegerland	UB Düsseldorf
Soester Kal Krssynode	Soester Kalender für die Kreissynode Soest; Heimatkalender für die Kreissynode Soest	StA Soest
Soester Z	Zeitschrift des Vereins für die Geschichte von Soest und der Börde; Soester Zeitschrift	StA Soest, SLB Dortmund, StaatsA Münster
Steinfurter Hbote	Steinfurter Heimatbote	StaatsA Münster
St. Töniser Hbrief	St. Töniser Heimatbrief	StA Krefeld
Süchtelner Hbll	Süchtelner Heimatblätter	UB Düsseldorf
Süderland (Altena)	Süderland	SLB Dortmund
Tor	Das Tor; Düsseldorfer Heimatblätter	UB Düsseldorf
Uerdinger Rundschau	Uerdinger Rundschau	StaatsA Düsseldorf
Uns Bocholt	Unser Bocholt	SLB Dortmund
Uns Heimat Borken	Heimatkalender des (Land)kreises Borken (1924-55); Unsere Heimat. Jahrbuch des Landkreises Borken	SLB Dortmund, UB Düsseldorf, WHB Münster
Uns Heimat Euskirchen	Unsere Heimat (Euskirchener Volksblatt)	IgLRh Bonn

Uns Heimat Rheinhausen	Unsere Heimat. Mitteilungsblatt des Verkehrs- und Heimatvereins Rheinhausen	StaatsA Düsseldorf
Uns Heimat (Aachener Volksztg)	Unsere Heimat (Aachener Volkszeitung, Dürener Zeitung)	StaatsA Düsseldorf
Uns Heimat (Hattingen)	Unsere Heimat (Hattingen)	StA Solingen, StaatsA Düsseldorf
Uns Heimat (Kevelaer, Geldern)	Unsere Heimat (Kevelaer, Geldern)	IgLRh Bonn, StaatsA Düsseldorf
Uns Heimat (Münsterischer Anzeiger)	Unsere Heimat (Auswahlsammlung aus den Jgg. 1 u. 2: Auf Roter Erde, Münster)	SLB Dortmund
Uns Heimat (Viersen)	Unsere Heimat (Dreistädtezeitung Viersen-Dülken-Süchteln)	IgLRh Bonn
Uns Heimatland (Siegen)	Unser Heimatland (Siegener Zeitung)	SLB Dortmund, UB Düsseldorf
Uns Köln	Unser Köln. Nachrichten aus der Kölner Arbeitsgemeinschaft für Heimatpflege	UB Köln
Uns Niederrhein	Unser Niederrhein (Dinslaken)	UB Bonn, IgLRh Bonn
Uns Porz	Unser Porz	UB Düsseldorf, SB Wuppertal
Uns Sauerland	Unser Sauerland (Westfalen Post, Bezirksausgabe Sauerland)	SLB Dortmund, StaatsA Münster

Uns berg Heimat	Unsere bergische Heimat (Generalanzeiger Wuppertal)	SB Wuppertal
Uns lipp Heimat	Unsere lippische Heimat (Lippische Rundschau)	LLB Detmold
Unter der Grotenburg	Unter der Grotenburg (Lippische Tageszeitung)	LLB Detmold
Use laiwe Häime (Volmarstein)	Use laiwe Häime	MM Witten
Vaterländische Bll	Vaterländische Blätter. Lippisches Magazin	LLB Detmold
Vaterstädtische Bll (Mülheim)	Vaterstädtische Blätter (Mülheimer Generalanzeiger)	StA Mülheim
Venn Schneifel	Zwischen Venn und Schneifel	StA Düsseldorf
Vest Kal	Vestischer Kalender (auch: Vestischer Volkskalender)	StA Recklinghausen
Vest Z	Zeitschrift der Vereine für Orts- und Heimatkunde im Veste und Kreise Recklinghausen (1891-1903); Vestisches Jahrbuch (1942-62); Vestische Zeitschrift	SLB Dortmund, MM Witten, SB Wuppertal, StA Recklinghausen
Vest (Buer)	Das Vest (Buersche Volkszeitung); Vestische Heimat	VK Münster, StA Recklinghausen

Vestische Heimat	Vestische Heimat. In Verb. m. d. Verein f. Orts- und Heimatkunde Buer; Vestische Heimat. Vestische Wochenschrift für Kunst und Leben	StA Gelsenkirchen, UB Münster
Volkstum Heimat (Recklinghausen)	Volkstum und Heimat (Recklinghäuser Zeitung)	StA Recklinghausen
Vom Rhein zur Ahr	Vom Rhein zur Ahr (Kölnische Rundschau)	UB Bonn
Warburger Kreiskal	Warburger Kreiskalender	StaatsA Münster, StA Warburg
Warendorfer Bll	Warendorfer Blätter für Orts- und Heimatskunde	StaatsA Münster, MM Witten
Warendorfer Kreiskal	Warendorfer Kreiskalender	KrsA Warendorf
Warendorfer Schriften	Warendorfer Schriften	KrsA Warendorf
Warte	Die Warte (Paderborn)	SLB Dortmund, StA Soest, LLB Detmold
Wesel Dom	Wesel und sein Dom	SLB Dortmund
Weserpforte	An der Weserpforte	VK Münster
Westf Forsch	Westfälische Forschungen	SLB Dortmund
Westf Geschbll	Westfälische Geschichtsblätter	StA Soest
Westf Hbll	Westfälische Heimatblätter (Hamm)	SLB Dortmund
Westf Hk	Westfälischer Heimatkalender	SLB Dortmund, UB Düsseldorf
Westf Schulmuseum	Westfälisches Schulmuseum (Westfälische Schulzeitung)	SLB Dortmund

Westf Z	Zeitschrift für Vaterländische Geschichte und Altertumskunde; Westfälische Zeitschrift (1930 f.)	SLB Dortmund
Westfalen	Westfalen (Münster)	SLB Dortmund
Westfalenland (Hagen)	Westfalenland (Westfälisches Tageblatt, Hagen)	StA Hagen, MM Witten, StaatsA Münster
Westfalenspiegel	Westfalenspiegel	WHB Münster, UB Dortmund
Westph Mag	Westphälisches Magazin zur Geographie, Historie und Statistik; Neues Westphälisches Magazin zur Geographie, Historie und Statistik (1789-92); Neues fortgesetztes Westphälisches Magazin zur Geographie, Historie und Statistik (1798/99)	StA Dortmund, UB Köln
Westph Rheinland	Westphalen und Rheinland	UB Köln UB Bonn
Westphalia (Hamm)	Westphalia	UB Düsseldorf
Westphalia (Herford)	Westphalia, eine Zeitschrift zur Belehrung und Unterhaltung	StA Herford
Weweraner	Der Weweraner	StA Paderborn
Wipperfürther Geschichtsbll	Wipperfürther Geschichtsblätter	StaatsA Düsseldorf, UB Düsseldorf
Wittekind	Wittekind (Herford)	StaatsA Münster
Wittgenstein	Das schöne Wittgenstein; Wittgenstein (1956ff.)	SLB Dortmund, UB Düsseldorf

Z Aach GV	Zeitschrift des Aachener Geschichtsvereins	UB Düsseldorf, SB Wuppertal
Z Berg GV	Zeitschrift des Bergischen Geschichtsvereins	SB Wuppertal, StaatsA Düsseldorf
ZGV Mülheim	Zeitschrift des Geschichtsvereins Mülheim an der Ruhr	StaatsA Düsseldorf, UB Düsseldorf
Zw Eifel Ville	Zwischen Eifel und Ville	UB Bonn
Zw Emscher Lippe	Zwischen Emscher und Lippe	StA Recklinghausen
Zw Ruhr Ennepe	Zwischen Ruhr und Ennepe	SLB Dortmund
Zw Scholle Grube	Zwischen Scholle und Grube	UB Bonn
Zw Wipper Rhein	Zwischen Wipper und Rhein	UB Bonn, UB Düsseldorf

IV. Register

1. Autorenregister

Abel, -	1023
Abel, Anton	3707
Abel, Bernhard	1031
Abel, Karl	975
Abeler, Julius	2284
Abels, H.	801
Acken, J. van	4466
Adämmer, Friedrich	553, 554
Adelmeier, Erna	3804
Adloff, Hans	2359
Adolphs, Lotte	355, 356, 1978
Adrian, Gerhard	4547
Aengenheyster, Leonhard	735
Ahlen, J. van	516
Albert, G.	3218
Albrecht, Dores	2130
Alemann, Wolf-Ernst	649
Allekotte, H.	2492
Althaus, Richard	4386
Altrogge, Theodor	1924, 1925
Amos, Heinrich	1376, 3191
Amsel, -	1647
Andereya, -	740
Angermann, Gertrud	151, 1914, 2992, 3216, 3381, 4193
Antze, A.	2374
Apel, Hans-Jürgen	2627
Arbogast, Wolfgang	3908
Arends, Felix	2418
Arens, Eduard	2496
Arens, Josepha	459
Arretz, Willi	1111, 1331, 1336
Arretz, Willi	1330
Asbach, J.	10
Aschenberg, -	568, 3119
Asholt, Martin	159, 3014
Aßhauser, E.	4151
Atorf, Anton	2177

Aufderheide, Joh. Friedr. Wilh.	163
Auffenberg, Karl	3662, 4560
Aulke, Anton	3387
Bach, J. G.	1521
Bachmann, Fritz	2459
Backs, Chr.	2497
Backs, Christian	2498
Bade, Conrad	2765
Bäcker, Hermann	23
Bäcker, Ursula	3740, 4428
Baedorf, Bernhard	4457
Bährends, Joh.Friedrich Christoph	2689
Bahlmann, P.	2272, 2381, 2382
Bahne, Siegfried	1194
Bahrs, Hans	152, 4598
Baldauf, Johannes	4066
Baldsiefen, A.	1650
Baldus, Josef	1117, 1118
Balkenholl, Otto	1536
Baltruschat, Hans	577
Banz, Ferdinand	808
Barich, Fritz	1719
Barner, Karl	663
Bart, Jan	4221
Bartmann, -	294
Bartz, August	386, 387
Bast, Heinrich	2535
Bauer, G.	2299
Bauermann, Otto	1442, 1443, 1444, 1445, 1454, 1469, 1473, 1474, 1479, 1826, 2051, 2237, 2882, 2883, 3424, 4047, 4120
Baum, Emmel	434
Baum, Marie-Luise	4671
Baumeister, -	2070
Bayer, Josef	4624
Beaujean, Hans	3135
Becher, Franz	2132
Becker, -	4640
Becker, Günther	866
Becker, Klemens	2340, 2341, 2342
Becker, Paul	2939, 4215

Becker, Rudolf	4517
Beckmann, -	162, 843
Beeck, Karl-Hermann	3601
Beek, Greta van der	3149, 3249
Behrendsen, H.	1834
Beilecke, Paul	1024, 1899, 2717, 4020
Beilstein, Frank	2444
Beissel, St.	3211
Bender, Arn.	4422
Bendheuer, H.	1207
Bennewitz, Gert	3327
Benninghaus, Rüdiger	3294
Benscheid, Adolf	1609, 3645
Benzler, Max	635, 3422
Berg, Carl jr. vom	1762, 1778, 1799, 2419, 2545, 2695, 2884, 3324
Berg, Carl vom jr.	1800, 2420
Bergenthal, Josef	4095
Bergfeld, Alfred	580
Bergmann, Gustav	848
Bergmann, Herbert	1342, 1343, 1344
Bergmann, Rudolf	4665
Berkemeyer, E.	2371
Berkenkamp, Horst	2753
Bernhardt, J.	2885
Bers, -	2466, 2465, 3899, 4003
Bers, Günter	2592, 3244, 3778, 4584
Bers, W.	2593, 2594, 3828, 3838, 4079, 4548, 2628
Bers, Wilhelm	2629, 2830, 3491, 4394
Bertelsmann, Otto-Wilhelm	4014
Bertling, Georg Friedrich	2866
Bertram, Benno	2955, 2956
Bertram, Wilh.	2853
Bertrams, Franz	377, 379
Besouw, Heinrich	775
Besouw, Rudolf	2638, 2713
Bessenbach, Carl	2467
Besser, Horst	187
Bette, Ludwig	517, 518, 1200, 2490, 2503, 2778, 2779, 4636

Betten, Bernhard	2588
Beyer, Fridolin	254
Beyer, Paul	2305
Biegener, Franz	1282
Bieler, Paul	2796
Bierbaum, A.	4554
Bierhoff, Otto	4144
Biesenbach, Heinrich	2421
Birkelbach, Wolfgang	413
Birlinger, Anton	3003
Bisinger, J.	2422
Blaesen, Paul	3109
Blatt, Josef	178, 368
Blennemann, Joachim	1652
Blesken, A. H.	599, 967, 1830, 4179, 4184
Blocks, Christoph	3405
Bloemertz, Elisabeth	341
Blomenkamp, Martin	1000
Blotenberg, Johannes	3084
Bloth, Hugo Gotthard	2513, 3588, 3589, 3590, 3798, 4661
Blum, Alfred	397
Blum, F. A.	3311
Blumenroth, Heinrich	253, 3600
Bobisch, August	435
Bockemühl, Erich	3440, 4320
Böckelmann, Friedrich	3132, 4210
Bodden, Josef	849
Bodens, Wilhelm	3744, 3745
Bodensieck, K. H.	4110
Bodensiek, Gustav	2711
Bödeker, Heinrich	906
Boehme, Friedrich	732, 733, 1209
Boemanns, -	1500
Boer, Hans-Peter	1988, 2011, 2045
Böger, Richard	3315
Böhme, Albert	1699
Böhme, Lieselotte	2595
Böhmer, Emil	1345, 2822, 2823, 2824, 2825, 2826, 3866, 4159
Bökelmann, Hans L.	556
Bömer, A.	2739, 3926, 4249

Bönneken, Ernst	1989, 1990, 3458
Böttges, Walter	776, 822, 823, 2648
Bohnemann, Erich	126
Bondermann, Wilh.	1648
Bongard, Hans	1425
Bongartz, Helmut	3382
Bonner, Emil	581
Bonney, Marianne	907, 4115, 4117, 4521
Bonrath, Franz	805, 806
Bonsen, Friedrich zur	2740
Boos, Karl	2109
Borgdorf, J.	1858
Bork, Kunibert K.	21
Bornemann, -	2164
Bosch, Ernst Carl	1617
Bovelette, Heinrich	4543
Braeckeler, Katharina	2748
Braeger, Ernst	3469
Bräker, Siegfried	3889
Brämer, -	2534, 3669, 3839
Brambrink, Heinrich	2368
Brand, -	4621
Brandhorst, Hans Eberhard	2700
Brandhorst, Hans-Eberhard	2712
Brandhorst, Wilhelm	706
Brands, Walther	2736, 2737
Brangs, Hans	2052, 2886, 4542
Braß, Jean	2976, 2977
Braun, H. C.	2306
Braun, Käthe	1423, 1424
Brebaum, Ursula	3087
Brecht, Martin	998
Bredenbrock, L.	280
Breidbach, Fritz	1736
Breidenbach, Wilhelm	883, 887, 888, 890
Breimann, H.	274
Breitenbürger, August	1875, 3453
Bremer, -	865
Bremer, Josef	543, 544
Brenger, Josef	3140
Brenken, K.	4158

Brenne, Alfred	127, 2110, 3602
Brepohl, W.	3383
Brettschneider, Helmut	4467
Breuer, Josef	1101
Breuer, Karl Hugo	3485
Breuer, Konrad	1508, 2190, 3486, 4652
Brilling, Bernhard	3288
Brinkmann, -	304
Brinkmann, Alfred	1813
Brinkmann, C. J.	4540
Brinkmann, Ernst	296, 4198
Brinkmann, Martin	3489
Brinkmann, Otto	2680
Brixius, M.	3047
Brock, Rudolf	502
Brocke, Heinrich Oskar	1001
Brockhaus, Robert	1723
Brockhoff, Friedrich	3492
Brockmann, -	60
Bröker, Elisabeth	2343, 3085
Broekmann, Joseph	2621
Broermann, -	1494, 3652
Broermann, Karl	1058
Broß, B.	519
Brückmann, -	474, 1872
Brües, Otto	2639, 4225
Brüggemann, Ludwig	1172
Brünger, Wilhelm	1876
Bruns, -	1328
Bryk, Kurd	1208
Bub, -	3376
Buchloh, Wilhelm	1124
Buchner, Walter	1386
Buchwald, Ursula	809
Bücher, Helmut	2575
Bulmahn, Heinrich	1156, 1158
Bültjes, Franz	3523, 4021, 4022
Bürger, Johannes	3550
Bürmann, F.	2582
Büscher, Jul.	1807, 1809, 1832
Bunnefeld, -	2940

Buntenkötter, V.	4228
Buntzli, Wilhelm	1900
Burkardt, B.	3128
Burkardt, K.	1131, 4545, 4546
Busch, Gustav	1392, 1393, 1394, 1395
Buschbell, Gottfried	3894, 3895, 4312
Buschmann, Ernst	1983
Buschmann, Friedrich	759
Busse, Adolf	3408
Bußmann, Ernst	1195, 2589
Butterweck, W.	112
Butterweck, Wilhelm	36, 908
Butterwegge, Hubert	3809
Buyten, Gerty	2124
Cames, Hubert	29
Candels, Heinrich	422
Carlé, Theodor	2780, 3997
Carp, Helmut	2957
Carus, Wilhelm	3531
Casper, Bernhard	4051
Caumanns, P.	1025, 1094, 2015
Clar, M.	2423
Clarenbach, Adolf	1601, 1623, 4607
Classen, Wilhelm	2630
Claßen, Wilh.	322
Clauberg, E.	48, 2053
Clément, E.	2986, 3769
Coenen, Karl	4473
Cohnen, Franz-Josef	1334, 1335, 4063
Cohrt, Claudius	1606
Consten, Wilh.	1119, 2273, 2631, 3432
Copei, Fritz	3256
Corbach, Gottfried	128, 1581
Corsdress, Otto	2325
Corsten, Karl	802
Corsten, Wilhelm	378, 784, 2460
Corvinus, Peter	108, 235
Cramer, Hans	2815
Cramer, Ing.	681
Cranz, Carl	2958
Crecelius, Wilhelm	2980, 4647

Cromberg, D.	981
Crummenerl, Max	952
Cüppers, W.	2424
Cüppers, Wilhelm	3316
Cürten, Wilhelm	11
Cuno, -	3120
Czwoydzinski, Eduard	2425
d'Ester, Karl	3348
Daecke, Berta	3545
Dahlmann, Carl	2975
Dahm, -	2426
Dahm, August	2427, 2428
Dahmen, Josef	2950
Dango, Franz	1636
Daniels, U.	3233
Daube, A.	520
Daum, Gottfried	1634, 2254
Dauven, Peter	16
Daverkosen, H.	4412
Debusmann, Eduard	2312
Dechange, Günter R.	2831
Decius, Heinrich	665, 3557, 3859
Decker, Franz	3097
Decker, Karl	3564
Deerberg, Eduard	999, 3565
Deidert, Rudolf	2542
Deilmann, Joseph	1337, 1551, 1552, 1558, 1559, 1560, 2063, 2064, 2356, 3928, 4087, 4127, 4212
Deitenbeck, Günther	37, 953
Deitmaring, Felix	2456
Delhougne, B.	1548, 1549
Delißen, Hans	1332
Delius, Hellmut	2854
Dellwig, Friedrich	616
Deneke, J.	3932
Denkler, Alois	1363
Denzel, Ernst	1630
Deppemeier, Heinrich	963
Derksen, Johannes	3806
Detmer, Heinrich	3514

Detten, - von	89
Deussen, Heinz Herm.	34, 628, 1582
Dewald, Karl	485
Dick, Helmut	880
Didier, N.	734
Diebschlag, A.	2261
Diebschlag, Hermann	609
Dieckmann, Alois	211
Diehle, -	297
Diekmann, H.	338, 4589
Diekmann, Wilhelm	175
Dieregsweiler, Rudolf	3533
Dierkes, Klaus	2344
Diesterweg, Adolph	2262, 3576
Dietrich, W.	521
Dietrich, Wilhelm	3677, 3957
Dietz, Josef	199, 200
Dietz, Margarethe	3099
Dietz, Wilhelm	39, 1059, 1060, 2168
Dietzel, Gottfried T. W.	461
Dingwerth, Leonhard	623, 1295
Dirkmann, Anna Antonia	3462, 3659, 4397
Dirksen, August	3090
Disse, Bernhard	3510
Dittgen, W.	269, 3371, 3441, 3442, 3482, 3615, 3923, 4189, 4534
Döhmann, -	2890
Dörnmann, -	357, 2445
Dösseler, E.	2687
Dösseler, Emil	561, 798
Dohmen, Leo	2005
Dolle, Clemens	1315
Doller, Richard	2525
Domine, -	2350
Donat, Walter	3024
Donowe, -	1189
Dorider, A.	15, 1201, 2402, 2403, 2404, 2781, 2782
Dorn, Klaus	2766
Dornschneider, Elmar	727
Dorstmann, -	255

Dräger, Franz	1773, 1774, 2038, 2039
Dransfeld, Friedrich	35
Drathen, Katharina	3373
Drawe, F.	864
Dreckhoff, H.	1600
Drerup, Engelbert	1489
Dresbach, Ewald	1742, 2686
Drexler, O.	2263
Driver, F. M.	3933
Düchting, Elektus	2800
Dünhof, Karl	3619
Dürwald, Karl-Heinz	4350
Düwell, Kurt	2274
Dupont, M.	369
Ebbinghaus, Alfred	641
Echternkamp, Gustav	650, 651
Ecke, Peter	2793
Eckmann, Margarete	3622
Ehringhaus, F.	3629
Ehrlich, Karl Gotthilf	1932
Eich, -	2959
Eichler, Carl	2351
Eickel, Heinr.	145, 1713
Eickel, Heinrich	2319
Eickel, Josef	1147
Eickelt, Herbert	206, 3222
Eickhoff, P.	1230, 3906
Eilers, Rolf	2353
Elhardt, Rudolf	3584
Elkemann, F.	603, 988, 2040, 2290
Elram, - v.	1802
Engel, Gustav	1273, 2326
Engel, Josef	3910
Engelbert, -	834
Engelbert, Günther	3298
Engelhardt, Walther	4555
Engels, -	2111
Engels, Peter	898, 2315, 4083, 4390
Engels, Wilhelm	1217, 4429
Ennen, Edith	803
Erdmann, Wilhelm	1002

Erkens, J.	3167
Erler, Georg	3333
Erley, Willi	1307
Ernst, -	3223
Ernst, Hubert	976
Eschbach, H.	330
Eschelbach, Rudolf	3230
Esleben, Bernhard	3846
Esleben, I.	1594
Esser, Adolf	300
Esser, H.	2091, 2092, 2162, 2249
Esser, Helmut	2389, 3019, 3556, 3724, 3851, 3852, 4268
Esser, Hermann	4145
Esser, Peter	3479
Eßer, Willy	3939
Eulemann, -	153, 154
Euwens, Jan-Wellem	796
Eversmann, Aloys	4148
Eversmeier, -	429
Evertz, Franz	4558
Evertz, Wilhelm	4608
Everwand-Viehmeyer, Maria	4570, 4571
Ewald, -	1264
Ewig, Walter	870, 871, 872, 873, 3654
Eyl, Werner	1784, 4086
Fabra, Philipp	2749
Färber, Fritz	1096, 1097, 1767, 4126
Fallaschinski, Karlheinz	1277
Fascies, Bernhard	1361, 2829
Faulenbach, Heiner	2718
Faust, Wilh.	3070
Fehr, Martin	1801
Feil, Georg	2184, 2383
Feinendegen, Emil	2649, 3530, 4486, 4487, 4489
Feldens, Franz	444, 445
Feldhues, Karl	1202
Feldmann, -	3205
Feldmann, Gustav	3196
Feldmann, Paul	1403, 2048
Felgentreff, Ruth	3680

Felten, -	3705, 3984
Felten, W.	1266, 4033
Fettweis, Peter	828
Feuerstein, H.	3237
Feuerstein, Walter	3497
Fiebig, Paul	1927
Fiedler, -	61
Filbry, Gunter	1926
Finger, M.	2313
Finis, Robert	4287
Fischbach, Alfred	1882, 3674
Fischer, -	495
Fischer, Adolf	2596, 2597, 3540, 4034
Fischer, Helmut	642
Fischer, Jul.	2042
Fischer, Paul	1797
Fischermann, M.	1509
Fittig, Ernst	1346, 2701
Flaskamp, Franz	560, 677, 1006, 1231, 1232, 1233, 1234, 1235, 1236, 1237, 1238, 1243, 1245, 1246, 1247, 1270, 1859, 1908, 1940, 1947, 2214, 2801, 3299, 3367, 3415, 3417, 3515, 3538, 3539, 3551, 3625, 3630, 3632, 3634, 3636, 3638, 3641, 3656, 3683, 3693, 3781, 3789, 3795, 3845, 3869, 3870, 3871, 3881, 3893, 3929, 3945, 3955, 3961, 3980, 3993, 4006, 4089, 4094, 4180, 4181, 4281, 4300, 4368, 4373, 4405, 4449, 4451, 4465, 4481, 4519, 4594, 4631, 4664
Fleitmann, Wilhelm	264, 522, 523, 524, 525, 1203, 1790, 1860, 1865, 1866, 1973, 2024, 2185, 2308, 3111, 3112, 3113, 3505, 3679
Fliedner, Luise	2576, 2577
Fliedner, Wilhelmine	2578
Florack, Gerhard	4285, 4370, 4468
Flunkert, August	285
Föhl, Walther	367, 3567, 3821
Förster, G.	2532
Foerst-Crato, Ilse	4574

Foitzik, Waltraud	3053
Foxius, Armand	2301
Francke, August Ludwig	3685, 3959
Francken, Christel von	1278
Frank, Emil	3687
Franssen, Jakob	766
Frantzen, Otto	3151
Franz, Rudolf	4363
Franzheim, Liesel	2632
Franzke, Karl	2598
Freisenhausen, -	2405, 2406, 2407
Freisewinkel, Paul	32
Freitag, Hans-Ulrich	3429
Frerichmann, A.	1586
Fricke, -	1160
Fricke, W.	3770
Frie, Bernhard	1204
Friedrich, Paul	4016
Fritz, Alfons	2275, 2276, 2277, 2278, 2279, 3004, 4168
Fröhling, C. P.	2296, 2297
Frohn, Robert	3251
Frohne, Ludwig	1501
Frohnhoff, Jean	1179
Fromm, E.	2280
Fromme, Fritz	3711, 3886
Fuchs, H.	384
Fürstenberg, Clemens von	3688, 4311
Fürstenberg, Pia Gräfin	3699
Fuhrmann, Kurt	2143
Funcke, Eduard	4038
Funken, H. P.	630
Funken, Josef	1086, 2746
Fussen, Willi	3706
Fußhöller, Leo	2832
Gabriel, -	236
Gabriel, W.	237
Gaertner, Kurt	44, 45, 1196, 1205, 2783, 2784, 2785, 2786, 2787, 2788, 3026
Gail, Anton J.	4550
Gallenkamp, -	2664

Gallings, Anton	1087
Gamann, Heinrich	1417, 2228, 3192
Gansauer, Bernd	991, 992
Gansen, Peter	2812, 3830
Gaspers, Josef	4513
Gastes, L. A.	370
Gaßmann, -	3712
Gatz, Erwin	16
Gatz, Erwin	534
Gaul, Heinrich	2468, 2469
Gausmann, Heinrich	4617
Gehlen, -	2018, 3985
Gehne, Fritz	1867, 1868, 3771, 4104
Gehre, Ulrich	3308
Geisau, - von	2928, 2929, 2930
Geise, -	3156
Geist, Georg	3661
Geißler-Monato, Max	3715
Georg, -	2258, 3064
Georg, G.	244
Gerber, August	816
Gerber, Werner	3025
Gerdom, Karl	3561
Gerhardi, Rudolf	3721
Gericke, Paul	1026
Gerke, Fritz	3487, 3488
Gerke, Georg	2390
Gerlach, Erika	2797
Gerss, F.	2470
Gerste, Martin	2167
Gier, Ernst-Hubert	1665
Gier, H.	850
Giersiepen, Wilhelm	3628
Gies, Grete	500
Giese, -	3231
Giese, Franz-Joseph	2747
Gladbach, Wilhelm	3883
Glasmeier, -	3018
Glebe, Adolf	2867
Gleim, Betty	4252
Glinkamp, Friedrich W.	1168

Glunz, Franz	4216, 4217
Göbbels, -	224
Goebel, Ferdinand	4251
Goebel, Klaus	1347, 1357, 1687, 1689, 1700, 1901, 1902, 2191, 3300, 3317, 3541, 3579, 3581, 3603, 3604, 3605, 3606, 3608, 4160, 4662
Goebel, Walter	2154
Göres, Johannes	1561
Göbels, Karl	3290, 3291
Göddenhoff, Julius	1523, 1524, 1525, 1526, 1527, 1528, 1531, 1537, 1541, 1827, 2919
Goertz, -	680
Görtz, G.	1011
Goldstein, -	3519, 3637
Gontermann, Heinz E.	1418
Goretzki, -	87
Goßmann, Joseph	78
Gotzes, August	1562
Goyen, Josef	1779
Grabski, Robert	673
Graffmann, Heinrich	2159
Grashof, Aug. W. Th.	1563
Grasreiner, Reinhold	486, 674
Graß, Alfons	1426, 1427
Gratzel, J.	3193
Graus, Adolf	2911
Gregorius, Martha	652
Greiff, Bernh.	1777
Greiwe, Franz	4128
Greiwe, Heinrich	108, 235
Greshake, Karl	4237
Grevel, W.	2941
Grevel, Wilhelm	760
Griese, Gustav	1624
Griese, Wilhelm	2337
Griesenbeck, Theophilus Jacobus	2153
Grochtmann, Hermann	262, 605
Groenewald, Karl	4150
Groeteken, -	1325, 2820, 2924
Groß, -	3134

Große, Hans	4258
Großmann, Karl	109, 1155, 1567, 1569, 1570, 1915, 1916, 2066, 2240, 2702, 3042, 3214, 3621, 4170, 4329
Grothues, Heinrich	1579
Grube, F.	2004
Grubenbecher, P.	895, 896
Grüber, Karl	3987
Grünhage, C.	3963
Grues, H.	3512
Grunau, J. B.	4377
Gudelius, Georg	4648, 4649
Güldner, Ernst	3761
Güldner, Hans	1715
Günther, Julius	1446, 1447, 1781, 1782, 1825
Güthling, -	4344
Güttsches, Arnold	817
Haack, -	1296
Haardt, Dietrich	4247
Haas, Paul	249
Haase, -	3457
Haase, Robert	617, 618, 1961, 3450
Hackler, Christian	99
Häker, Friedrich	839, 840
Haerthe, E.	240
Hagemann, -	974
Hahn, Richard	1061
Halbach, Gustav Hermann	1218, 3646, 4073, 4290
Hallet, Renate	1141
Hamacher, Erwin	3261
Hamacher, Theo	3810, 3813, 3962
Hammacher, Edith	4129
Hammerschmidt, Kunibert	2725
Hanke, K.	2023
Hanke, Lieselotte	3187
Hannen, Josef	64, 67, 68, 418, 419, 423, 424, 425, 426, 749, 892, 1313, 1708, 3917
Hanschmidt, Alwin	2037
Happe, K.	1152
Haren, G.	1653
Harleß, Hermann	2552

Hartlieb von Wallthor, Alfred	2970, 2971, 2972, 3700, 3787
Hartmann, Fritz	49
Hartmann, Hans	3217
Hartmann, Hermann	4244
Hartmanns, -	2484
Hartnack, Wilhelm	2084
Hartung, Karl	256, 2367, 3286, 3287, 3887, 4423, 4566, 4567, 4581
Haselbeck, Karl	884, 885, 889, 1644
Hasenclever, Adolf	1227, 3988
Hashagen, Justus	2093
Hasseberg, Adolf	462, 948
Hasseberg, Alfred	463
Hatzfeld, Johannes	4424, 4644
Hatzig, -	2484
Haupt, Friedrich	3243
Haupt, Gerhard	3110
Hauptreif, Artur	1465
Haupts, Heinrich	2281
Hauschild, G.	3080
Hausemann, Friedrich	672
Hauser, Hermann	220
Hausmann, D.	1310, 1311
Hausmann, Frank Rutger	4442
Hawelmann, Walter	3796
Hecker, -	3272
Hecker, Heinz	2007, 3088
Heckmanns, Franz	1750, 2169
Hees, Alb.	3915
Heeser, Johann Eberhard	2855
Heetmann, R.	4479
Heidebrinck, -	62, 1329
Heidemann, Joachim	909
Heiden, Chr.	69
Heiduschka, J.	2152
Heiger, H.	1965
Heikaus, Walter	1662
Heiler, Karl	4340
Heilmann, Oskar	3805
Heimbach, Walter	2514
Heinemann, Claus	791

Heinemann, Gustav	2471
Heinen, Reinhold	2633
Heinrich, -	4017
Heinz, J.	3815, 3816
Heinz, Werner	3225
Heinze, Gustav	3409
Heinzerling, Hedwig	3198, 4345
Heitkemper, Paul	415, 3868
Heitmann, -	3817
Heitmann, Georg	557
Heitmann, H.	436
Helbeck, Gerd	2798
Hell, Fritz	3368
Hell, Hans	3201
Hellkötter, Wilhelm	2610
Hellmich, -	1105
Hellweg, Ed.	214
Helmert, Friedrich	398, 2309
Hemsing, J.	3002
Hemsing, Johannes	4143
Hengemühle, Franz	1911, 3037
Hengesbach, Fritz	921, 3964, 4222
Hengst, Karl	3232
Hengstenberg, -	569
Henkelmann, Heinrich	1539, 1938, 2250
Henne, Reinhard	3779
Hennecke, Ursula	1608, 2069
Hennert, Horst	2595
Hennig, -	1498
Hennig, Hans	640
Henrich, Gustav	1404, 1883
Henrich, Jakob	687, 1083, 3624, 3823, 3824, 3825, 4454, 4480
Henrichs, L.	1572, 1577, 1992, 2913, 2914
Henseler, A.	3066
Hering, Gerhard	2726
Herkenhöhner, W.	1587
Herkenrath, -	3067
Herling, Werner	833
Hermann-Braun, Lucia	3253
Hermanns, -	133, 134, 135, 136

Hermanns, Leo	3907
Hermanns, Paul	1020
Hermes, Jakob	1887, 2613, 3433, 4536, 4537
Hermjakob, Wilhelm	3520, 4194, 4195
Hermkes, Max	2155, 3527
Hermundur, -	1547
Herold, -	290
Herold, Heinrich	961, 4229
Herpers, -	3095
Herpers, Richard	3096
Herte, Meinolf	4512
Herweg, Willi	695
Herwegen, Otto	4417
Herwers, Bernhardine	2117
Herwig, Heinrich	169
Herwig, Willi	696, 1466, 1467, 3323, 3370
Herzberg, Kurt	3401
Herzfeld, Carl	2429
Herzig, Arno	3777
Hesse, Gertrud	2112
Hesse, Josef	311, 1976, 3463, 3820
Heuer, H.	4533
Heukelum, Josef van	878
Heuser, Karl Wilhelm	1219, 3840
Heusgen, -	1504
Heyderhoff, Jul.	2430
Hilbk, Hans	2515
Hild, Margret	1220
Hildebrand, E.	3093
Hildebrand, Hermann	1803
Hilgemann, Fritz	1487
Hilgemann, Günther	1492
Hilger, Hans	324
Hille, Peter	3056
Hillebrand, Fritz	3843
Hillenkamp, Walther	2931, 2932, 2933
Hillermann, Heinrich	191
Hinnenthal, Johann Philipp	3758
Hinnerks, Wilhelm	1434
Hinrichs, Fritz	851, 3765, 852, 1760, 2651, 3369, 4299, 4385, 4430, 4431, 4432

Hinrichs, Hans Werner	3835
Hinteler, Hermann	2499
Hippenstiel, Hans	464
Hirsch, Helmut	2982
Hirschberg, Gisela	3726
Hirschberg-Köhler, Gisela	3727
Hirschmann, -	1602
Hirtsiefer, Wilhelm	4601
Hochacker, Heinrich	216
Hock, Anton	964
Hockenbeck, -	3077, 3078
Hoecken, Karl	3791
Höfel, Rudolf op ten	3818, 4078
Höhner, Hans	782, 4403
Höher, Walter	596
Hofer, Josef	3108
Hoff, Hans	4067
Hoffknecht, Meinolf	3358, 3364, 3365
Hoffmann, Edwin	3971
Hoffmann, G.	2856
Hoffmann, Otto	1377, 2229
Hoffmann, W.	3130
Hofmann, Otto	3498
Hogrebe, Josef	2741
Hohmann, Wilhelm	4313
Holl, A.	1305
Holländer, Theodor	526
Holler, Siegfried	3194
Hollmann, Helmut	1532
Hollmann, Helmuth	2057
Holschbach, Hermann	4306
Holte, Helmut	721
Höhner, Hans	782, 4403
Höhner, Hans	782, 4403
Hölter, Johannes	4391
Höner, Wilhelm	1129
Höninger, -	4230
Höppener, -	680
Hövelmann, -	2827
Hövelmann, Gregor	2485
Hövelmann, Jos.	316, 315

Holthaus, Peter Heinrich	1348, 2225
Holthoff, Fritz	2446
Holtmann, Friedrich	3203
Holtschmidt, -	2553
Holtschoppen, H.	1512
Holzrichter, Gerda	3335
Homann, Hans	359, 364, 1112, 1249, 1869
Homann, Hans	365
Homann, Hermann	3388, 4321
Hombrecher, Paul	2241, 4433
Honselmann, K.	4579
Honselmann, Klemens	2868
Honselmann, W.	582
Hopmann, Maria Viktoria	2384
Hoppe, -	1996, 3035
Hoppe, Hans	4124
Horrick, Hubert	1330
Horrick, Hubert van	1333
Horsch, Karl	1610
Horsch, R.	4060
Horstbrink, Fr.	3562
Hosch, Dorothea	1026
Hostert, Walter	2682
Huck, Jürgen	50
Hübner, Wilhelm	4535
Hückels, Gisela	3896
Hüffmann, Helmut	431, 653, 660
Hülsmann, Josef	2251
Hüsing, Hugo	1568, 2065
Hütten, -	57
Huismann, Ferd.	3548
Hundt, -	3566
Hundt, Theo	3010
Hunecke, Heinz	3170
Hunke, Adolf	1971
Hunke, Gertrud	3239
Huppertz, Heinrich	3168
Husemann, -	1349
Husemann, Friedrich	2516
Huthmacher, Luise	1765
Hutmacher, Josef	477

Huven, Michael	1367
Huyskens, -	1573
Ibing, Max	195
Imhorst, Heinrich	1482
Imig, Jakob	1711
Inderfurth, August	4155
Ingenhaag, Anton	1574, 1575, 4572
Irle, Albert	3470
Irle, Lothar	835, 1398, 2094
Isselstein, Josef	2789
Ites, Marcus	2391
Iwanski, Wilhelm	4202
Jacobs, Carl	2472
Jäker, Heinrich	1432
Jagow, Otto	1607
Jakobs, Hub.	4280
Jakubowicz, Viktor	3979
Jansen, -	620
Jansen, A.	263
Jansen, Adolf	3104
Jansen, Fritz	570, 2148
Jansen, Peter	471, 472, 473, 1585, 1953, 1979, 2055, 2138, 3995, 4201
Janssen, -	328, 741
Janssen, Wilhelm	1982
Janßen, Hans G.	4561
Jaspers, C.	2915
Jaspers, Ludwig	494
Jeismann, Karl-Ernst	38, 42, 3312, 4010, 41
Jelkmann, -	1716
Jellinghaus, H.	4263
Jenssen, Christian	3443
Jeuckens, Robert	4036
Jösting, Werner	2517
Johnen, -	922
Jorde, Fritz	1683
Jüngst, L. B.	3271
Jürgens, -	3089
Jürging, Paul	164
Jung, -	1637
Jung, Anita	993

Jung, Dietrich	3774
Jung, Rudolf	241, 1373, 1419, 1639, 3471
Jung, Wilhelm	829
Justus, -	2036
Jux, Anton	129, 137, 807, 1128, 1722, 3411, 3437, 3931, 4366
Kabiersch, Adolf	2186
Kabza, Alexander	2311
Kämper, Otto	3914
Kaefer, Karl-Bruno	2192
Kahlau, Josef	409
Kahlmeyer, Adalbert	496, 527, 2144
Kaiser, W.	2120
Kaltenpoth, Hugo	3121
Kalthoff, Auguste	2131
Kamp-Aufderheide, Ingrid	1962, 3384
Kamper, Karl	2923
Kampermann, Hilde	2983
Kampmann, -	1933
Kaspers, Heinrich	3921
Kassiepe, Max	437, 438
Kassler, Horst	1092
Kasten, Hans-Egon	3247
Kastner, Dieter	2640
Katter, Wilhelm	488
Kau, Jakob	334, 336, 350, 351, 352, 354
Kaufmann, Karl Leopold	750
Kaufmann, Otto	1121, 1122, 1123
Kaulard, Johann	1428, 3464
Kaute, W.	317
Kauven, -	1595
Keber, Paul	2161, 2703, 2704, 2705
Keinemann, Friedrich	2068, 2742
Keller, Karl	2486, 2487, 3032
Keller, Manfred	3701
Keller, Werner	2554
Kellner, Johannes	2518
Kemmerich, Karl	1655
Kerres, -	147, 148
Kerrl, Theodor	1934
Kersting, Heinrich	4351

Kesting, Friedrich-Wilhelm	3277
Keßels, Paul	2491
Keßler, Arnold	2857
Keussen, Hermann	1029, 1757, 3524
Keussen, Norbert	818
Kewe, Adolf	3942, 4190
Kiehn, Ludwig	3305, 3306
Kiepke, Rudolf	2151, 2767, 2768, 3670, 3749, 4157, 4242, 4254, 4301, 4413, 4418, 4453, 4618, 4619
Kiesgen, Laurenz	3938
Kill, Gerhard	3518
Kirchheimer, Siegfried	2473
Kirchhoff, Hans Georg	2508
Kissing, E.	1240, 1241
Kissing, Ewald	2814, 4238
Klaas, Ernst	180
Klanke, Carola	4172
Klare, Wolfgang	4183
Klausmeier, Fritz	705, 1008
Kleeff, Herm.	3322
Kleff, -	3392
Kleffmann, F.	504
Kleibauer, Heinrich	3349, 4650
Kleiböhmer, Helmut	1533, 1534
Klein, Fr.	644
Klein, H.	1405
Klein, H. J.	1968
Klein, Herm.	1080
Klein, J. H.	1712, 1761
Kleine, -	82
Kleine, Hubert	2754
Klinkenberg, G.	767
Klockenhoff, Karl	994, 4196
Klockow, Helmut	2665, 2666
Klövekorn, Alfons	1113
Klövekorn, Leo	2608, 2917, 4041
Klöcker, Michael	2606, 2804
Klöckner, Alfred	1397
Kloss, Heinz	910
Klosterhalfen, Johannes	3292

Kluft, Heinrich Ewald	1772, 3956
Klug, Clemens	3978
Knaden, Josef	3958
Knapp, Hermann	2667
Knefel, Conrad Ernst	2555
Knein, Hermann	1818
Kniffler, G.	18, 2431
Knipp, Willi	24
Knoch, Heinz	3756
Knoll, Joachim H.	4055, 4209
Knoop, O.	3819
Koberg, Max	867
Koch, -	751
Koch, Horst G.	3195
Koch, Johann Wilhelm	2316
Koch, Jürgen	1169
Koechling, Ludwig	1987
Köhler, Ferdinand	4411
Köhler, Friedrich	2075
Köhnen, Gerhard	2026, 3580, 4446, 4445, 4653
Köller, Rudolf	844, 4529, 4530
Könen, Karl	3049
König, Franz	1316
Koenig, Gustav A.	2614
König, Mechthild	654
Köppen, Ernst	3375
Köppen, Josef	830
Köser, Werner	4515
Köster, Hendrika	1937
Köttgen, Elisabeth	2317
Kohl, R.	3447, 3480
Kohl, Richard	2556, 2557, 4524
Kohlhaas, Anton	66, 3141
Kohlmann, Theodor	3986
Koll, Hans Dieter	1036
Kollin, Ewald	761
Kollmann, Karl	1130, 2020
Kolvenbach, Josef	2818
Komberg, Robert	284
Kombüchen, P.	143
Konder, M.	3672

Konen, W.	2432, 2433
Korff, J.	2264
Korn, Adolf	2973
Korn, Elisabeth	1743
Korn, Karl	995
Korn, W.	3142
Korth, Walter	874
Kosack, E.	3122
Kosten, Peter	3772
Koszyk, Kurt	298
Kotte, Alois te	192
Kraas, H.	636, 637, 4551
Kraayenbrink, J.	1613
Krabbe, Christ.	193
Krämer, D.	3953
Krämer, Friedrich	3413
Krafft, Karl	3521
Krafft, Walter	1378
Kraft, Fritz Gerhard	439, 1544
Krammwinkel, H.	2116
Krankenhagen, Wilhelm	1162
Kranki, Alexander	3033
Krantz, -	2599
Kratz, Ernst	3992
Kraus, Hans	1645, 4354, 4434, 4435
Kraus, Karl	722
Kreck, Hans	366
Kreilkamp, Barbara	188
Kremer, -	1210
Kremer, Friedrich	1789
Kremer, Peter	371, 4111, 4112
Kreuels, Alfred	2641
Kreuter, Otto	1173
Kreuzer, Alfred	4255
Kricker, Gottfried	2080, 2081
Krieger, Bernhard	4501
Krieger, W.	3790
Krings, -	4011
Krins, Franz	2000, 2706
Krins, H.	1513
Kritzler, E.	579

Kröger, -	4013, 4197
Kronshage, Hermann	1078, 1642, 1643
Krueger, Bernhard	43
Krüger, Christel	1890, 3043, 3692, 3788
Krüger, Norbert	2137
Krükel, Lambert	2536, 4002
Krüper, -	4018
Krumm, Georg	242
Krusdick, Heinrich	724
Kruse, -	2833
Kruse, Hans	47, 2858, 2859, 3585, 3586, 3587, 4576
Kuckhoff, Joseph	3034
Kühn, Adolf	4026, 4029, 4032
Kühn, Fritz	3657
Kühn, Oskar	2519
Kühn, Wilhelm	4031
Künne, A.	72
Küpper, Jürgen	205
Küppermann, W.	4137, 4139
Küppers, -	1107, 1720, 4596
Kürten, Franz Peter	4367
Kuhlen, Wilhelm	1564
Kuhlmann, A.	110
Kuhlmann, Dr.	2869
Kuhs, G.	130
Kuithan, -	2392
Kuithan, P.	3065
Kullmann, Willibald	2942, 2943
Kumann, -	2743
Kuntze, Eugen	3263, 3998, 4231, 4232, 4233, 4239
Kusenberg, -	2794
Laag, O. K.	4463
Labus, Heinz	1167
Laduga, Friedrich	1625, 1871, 1948, 2076
Lagemann, Werner	342
Lambert-Völkel, Gertrud	3760
Lambracht, Hermann	1811, 3158, 3159
Lammert, -	2903
Lammert, Fritz	399, 1724, 1739
Lampmann, Theophil	1626

Lamprecht, K.	1709, 1949
Lange, -	2363
Lange, Fritz Chlodwig	4219
Lange, Helmut	3681
Lange, K. F.	2364
Lange, Karl J.	783, 1960
Lange, Ulrich	875, 881
Langen, Josef	3144
Langen, Josef Friedrich	3143
Langenbach, Wilhelm	2049
Langensiepen, E. F.	2182
Langer, Wolfhart	4185, 4186
Langewiesche, -	4612
Langhans, Adolf	2960
Lappe, Josef	2500
Latzke, Johannes-Gerhard	3178
Lauchert, F.	3005
Laues, A.	414
Laufenberg, Jakob von	3098
Laumanns, Carl	923, 924, 925, 2668, 2669, 2670, 2671, 2672, 3038, 3258, 3362, 3513, 3702, 4208
Laumen, Josef	70, 3743
Lechtenbörger, Wilhelm	704
Ledermann, Karl	2360
Lehnhäuser, Anton	3289
Leidinger, Paul	1941, 2944, 2945, 3454, 3552, 3951, 4274, 4322
Leimbach, Hermann	2107
Leineweber, -	51, 90
Leister, -	2819
Lemacher, Heinrich	4162
Lemme, -	4591
Lemmer, Adolf	138
Lenders, Johannes	65, 1794
Lennarz, -	1106
Lentmann, Otto	3467
Lentz, A.	4552
Lentz, Heinrich	3377
Lentzen, J. P.	1635
Lenz, W.; Ostermann, W.	4645

Lenz, W.	2146, 3633, 3977, 4223, 4523
Lepper, Herbert	2600
Lepper, Wilhelm	661
Leuchter, Joseph	55
Leven, Anton	3152
Lewe, Otto	3027
Ley, Wilhelm	3720, 3857
Leyendecker, Leo	3934
Lichtenberg, Josef	824, 825
Liebing, S.	982, 2001
Lieck, Heinrich	4070
Liers, Fritz	4000
Liesen, G.	610
Ligges, Karl-Heinz	467, 615, 1884, 1885, 2585, 3282, 4491, 4492
Limberg, F.	3475
Limp, Belina	2601
Limper, Wilhelm	2805
Lindemann, Ernst	1206, 1974, 2077
Linden, -	1265
Linden, Horst	299, 303, 2121, 3853, 4039, 4046
Lindenkneip, Gottfried	683
Lindern, Georg von	2372
Lindner, Wolfram	3180, 3181
Lingemann, Hilde	3173
Lingen, Hermann Joseph	1991
Linkenbach, Johann Wilhelm	1062
Linn, Hans	978
Linner, Rosel	1358
Linßen, Joh.	736
Lipgens, Walter	1114
Lipp, Johannes	535, 536, 2145
Loeblein, Robert	3182, 3183
Löcken, Gerhard	310, 383
Löer, Ulrich	2870, 2871, 3039
Löffler, Klemens	2393, 2744, 3020
Löhmann, -	4015, 4355
Löhr, Franz	3204
Loewenberger, J.	106
Lohmann, X.	2355
Lomberg, August	2265, 3607, 3766, 4382

Longerich, Josef	6, 2013, 2285, 2310, 4448
Longerich. Josef	4414
Loos, Robert	1063
Lorenz, Walter	4123, 4436
Luck, Walther	2777
Luckhaus, Ernst	3507
Lübbermann, E. A.	2802
Lübbers, Bernhard	919
Lübbert, Heinz	3238
Lübke, Peter	4091
Lück, Alfred	1387, 3759
Lück, Edgar	1081
Lücker, -	1420
Lückerath, Wilhelm	1583, 633
Lueg, Carl Heinrich	490
Lueg, Franz	468
Lülff, Erich	1535
Lümkemann, Hermann	2558
Lümkemann, Paul	4634
Lütgert, Wilhelm	2520
Lyon, Ernst	3297
Maatz, Rudolf	1542
Maciejewski, Margret	440
Macke, E.	2834
Mahlberg, Gustav	879
Majert, Regina	3101
Mallinckrodt, Kurt von	725
Marcks, Friedrich	2961
Marell, B.	2369, 4632
Margraff, Johanna	4093
Maria-Agnes	3253
Marré, -	2934
Martens, Hannes	826
Martin, Paul	209
Marx, Heinrich	312, 1319, 1320, 1321, 1322, 1323, 1324, 1776, 1956, 2041, 3188
Mäschig, Theo	1268
Maschke, Martin	1493
Massau, Edmund	2659
Mast, Paul	361
Maßner, Hanns-Joachim	441, 4187

Matenaar, Franz	3930
Mathar, Ludwig	372, 1032, 4114
Meckies, Herbert	2611
Meerfeld, A.	411
Mehl, F.	2962, 2963
Meier, Friedrich	3350
Meier, Wilhelm	797
Meiners, Wilhelm	799, 1942
Meinung, Arno	400
Meise, Heinrich	602
Melchers, Paul	3380, 3704
Mellmann, -	1433
Mengedoth, Otto	716
Menne, F.	2291
Menne, Ferdinand	1833
Merkel, Albert	1514
Merkelbach, Albert	1515
Merkelbach, Otto	1516, 3202
Mertens, -	3481
Mertens, Kurt	2731
Mertens, Leo	1045
Mesch, G.	911
Meßling, Erich	3517
Mette-Holzen vorm Luer, Julius	3967
Meurer, -	331
Meurer, M.	332
Meurer, Max	2125
Meves, Emil	408, 2135
Meyenberg, Franziska	1912
Meyer, -	4580
Meyer, A.	632, 984, 985, 986, 987, 4586
Meyer, Anton Hans	1284, 2673, 3040
Meyer, Christian	3410, 3773, 4188
Meyer, Elisabeth	2365
Meyer, Ernst	996, 997, 2696
Meyer, H.	2147
Meyer, H. F. W.	395
Meyer, Konrad	1153
Meyer, Lydia	1379, 1380
Meyers-Michel, Claire	451, 3107
Michaelis, Georg jr.	92

Michel, Fr.	980
Michel, Johann	1640
Michels, Fritz	349
Michels, Joh.	3068
Michels, Paul	1148, 2017
Middell, Gertrud	3423
Mieles, Hans	2658
Miething, Ursula	3131
Milz, Fritz	17
Minke, Alfred	452
Minster, Ruth	4304
Mintmanns, Ludwig	780, 4265
Möhler, Friedrich	1170, 1171
Mölleken, Wolfgang	4171
Möller, Fritz	538
Möller, Hubert	212, 213, 2792
Möller, J.	947
Möller, Ludwig	2559
Mönkemeyer, Heinz	712
Mönks, Heinrich	774, 1753
Mönninghoff, Bernhard	2463
Mohn, Ute	983
Molly, Joh. Leonh.	1966
Monschaw, H. von	2615
Montanus, -	3738
Moormann, -	2946
Mortier, Heinrich	1702
Mülder, Theo	1517
Müll, Hedwig	2377
Müller, Carl	1511, 2170, 2642
Müller, Carl Werner	4654
Müller, Gerhard	1649
Müller, Heini	2434
Müller, Heinz Otto	4637
Müller, Helmut	2474
Müller, P.	4504
Müller, Rolf	2660
Müller, Rudolf H.	4141
Müller, Wilhelm	4658, 4659
Müllers, Heinrich	738, 1013, 1021, 1022, 1543, 2537, 3722, 4597

Münch, Willi	1664
Mürmann, Franz	2935
Mues, Willi	2462
Muhle, Josef	604, 2529, 2530
Mumm, Richard	2435
Mummenhoff, Wilhelm	2790, 2791, 3461, 3999
Munter, -	2095
Muschalek, K.-M.	2683, 3393, 3394, 3396, 3397, 3398, 3676, 3713
Muthmann, Ernst	2987
Naarmann, Friedrich	1627
Nagel, -	2493
Nagel, Franz	1705
Natorp, -	2252
Natorp, Gustav Ludwig	1659
Naumann, Joachim	96, 103
Nebe, August	3686
Nebe, Hermann	2904
Nebel, A.	27, 28
Nentwig, Paul	3318
Nesbach, Heinrich	270
Neu, Heinrich	1314
Neuefeind, K.	3212
Neugebauer, Martin	2521, 4663
Neukirch, Willy	4273
Neulinger, Heinz	2253
Neumann, -	3162
Neumann, Hartwig	742
Neuse, Walter	273, 1718
Nickel-Först, Grete	2366
Nicolay, -	2122
Niederau, Hans	1903, 1904
Niederdielfen, R. J.	1421
Niemöller, E.	555
Nienhaus, Fritz	503
Niesert, J.	4173
Nießen, -	1849, 1850, 1851, 2114
Nigge, Fr.	2062
Niggemeier, A.	4410
Nobis-Hilgers, Elisabeth	3648
Nöll, Adolf	3620

Noever, Conrad	2921
Nonne, Johann Gottfried Christian	1350
Nonne, Johann Heinrich Christian	2043, 2044, 2209, 2210
Nordhoff, H.	318
Nordhues, Paul	1285
Nordsiek, Hans	1999
Nordsiek, Marianne	1917, 1918, 2707, 2708, 3044
Nottebrock, H.	160
Novak, Hugo	3460
Nowoczin, Hans Gerd	3402
O'Daniel, Walter	3146, 3147
Oberegge, Ilse	3123
Obersdorf, Hubert	621
Obhues, Heinrich	1599
Oediger, Friedrich Wilhelm	1115
Oellers, Fr.	1792
Oellers, Heinrich	416, 3528
Oellers, Heinz	3529
Oellers, Leo	1565
Offermanns, -	3145
Ohle, Karl Ernst	854, 2652
Ohler, Norbert	1977
Ohlmeier, -	1591
Oligschläger, Franz Wilhelm	4437
Olmesdahl, Dieter	3160, 3161
Oltrogge, Christoph	1007
Oostendorp, Aloys	3179
Opheys, Jos.	279
Opladen, P.	841, 1646, 1651
Oppenberg, Ferdinand	3439, 3444
Oppenhoff, Joseph	2282
Ortmann, -	3477
Ortmanns, Leo	682
Osanko, Bernhard	1297, 1298
Ossenbrink, Jochen	678, 679
Osterholt, -	768
Ostermann, Rosemarie	1495
Ostermann, Wilhelm	1835, 1873, 2522, 4614
Ostermann-Müller, Rosemarie	1496
Otermann, Karl	179, 453, 1714
Otte, Toni	286, 287

Ottensmeier, Heinrich	938
Ottensmeyer, Heinrich	936, 937
Otto, Hugo	1905, 3873
Ottsen, O.	2719, 4025, 4444
Overkott, Franz	509, 510, 1351, 1829
Overmann, -	2298
Overmeyer, J.	123, 533, 756, 813, 814, 4105
Oxé, August	4295, 4471
Padberg, C. F.	2149
Padberg, Magdalene	2464, 3611, 3968, 3973, 4203, 4309, 4387
Pagendarm, P.	882
Pahmeyer, Friedrich	670, 684, 4527, 4538, 4559
Palme, Helmut G.	4178
Pankalla, Heinz A.	277
Pankok, Hulda	3445
Pape, Rainer	655
Pauls, August	1039, 1043, 2006, 2727
Pauls, Emil	1727, 2283, 3006
Paust, Hermann	3094
Peerbooms, L.	2616
Peitzmeier, J.	4474
Pelster, Hans	3079
Pennings, H.	1197
Pentrop, Joseph	487
Perau, Josef	4337
Perey, A.	2538, 2539
Pesch, Johannes	3775
Peschke, Klaus	958
Peter, A. W.	845
Peters, F. J.	3673
Peters, Hermann	489
Peters, J. R.	2409
Peters, Leo	769, 771, 1027, 1088, 3378
Petersen, Joh. Dan.	1659
Petri, Wolfgang	1939, 2653
Petry, Joh.	1175, 1769, 2183, 2451
Peußner, -	93
Pfeiffer, Rudolf	3549, 3822, 4153, 4452
Pfennig, Heinrich	2579
Pfingsten, W.	2690

Picht, H.	1166
Pickert, J.	4307
Piecha, E.-Günter	763, 764
Pieletzki, Maria	4633
Pienning, -	167
Pieper, K. Heinz	4192
Pieper, Lorenz	4353
Pixberg, H.	4096
Pleiß, Karl Hermann	1221
Pletz, Hans-Jürgen	2014
Plum, -	3
Plum, Heinrich	4035
Podlinski, G.	5
Poeck, Dietrich	3834
Poggenklas, F.	558
Pohl, Bertram	1289
Pohl, I.	3069
Pohlmann, Else	250
Pohlmann, Karl	676
Pohlmeier, K.	505
Pokrandt, Ernst	2964
Ponsa, Raimund	225
Poschmann, Adolf	4398
Posert, J.	1198
Post, Egidius	3811
Pott, Fr. Wilh. Aug.	1656
Potthoff, -	2494
Potthoff, Fritz	1870
Pottmeier, Hermann	3259
Pottmeyer, Heinrich	381
Prange, -	3213
Predeek, Rudolf	2012
Preising, Josef	4302
Preuschoff, Hans	4399
Pröbsting, Hildegard	2475
Prümmer, Hermann	3935, 4107
Pünder, Hermann	2302
Pütz, Adam	4102
Pütz, Heinrich	4028
Quentin, -	3082
Quirin, P.	1576

Rabe, Ernst Paul	2688
Rademacher, -	4161, 4308
Rademaker, Silvester	189
Rahier, J.	743, 755, 1252
Rameil, Robert	868, 869
Ramisch, Joseph	1518, 1519, 1520, 1754, 1755, 1787
Ramisch, Joseph	1756
Rammert, Bernhard	1154
Rasche, Ludwig	2003, 2697
Rathmer, -	121
Ratzki, -	1499
Rauschenbach, Leo	912, 1863, 1998
Rave, Wilhelm	2345
Read, Johannes	1805, 1852
Rebe, A.	2546
Reckers, H.	819
Rees, Wilhelm	1222, 2188, 2799, 3059, 3451, 3478, 4438, 4439
Reichling, D.	4174
Reicke, Eckart	2375
Reimann, Hans	3617
Reinartz, Werner	116, 115, 117, 119, 118, 120, 1359, 1507, 1522, 2096, 2097, 2172, 2171, 2662, 4470
Reinhard, Werner	3232
Reinking, Lili	3877
Reins, Heinrich	2897
Relly, E.	97
Rembert, Karl	820, 1758, 1985, 2643, 2644, 2645, 2646, 2647, 3153, 3154, 3254, 3503, 3504, 3936, 4140, 4259, 4358, 4359, 4360, 4371
Remmert, Otto	511, 1730, 1806, 1935, 1981, 2141, 4476, 4477
Rempe, Heinz	778
Rempe, W.	4141
Renn, Heinz	2303, 2602, 3728, 4379
Renschler, Emil Georg	713, 886
Rettler, Heinrich	501
Retzlaff, Heinz	2288
Reumont, A.	3767

Reurik, H.	512, 513, 1984, 3351, 3425, 3794, 4182
Reuter, A.	171
Reuter, August	1132
Reuter, Karl	73, 614, 954, 2002, 2691, 2995, 3391
Reuter, Walter	4108
Rexilius, -	3157
Rheinen, Wilhelm	1766, 4154, 4493
Ribbeck, Konrad	2476, 2477
Richter, -	2523, 3640
Richter, A.	325, 373, 403, 456, 748, 831, 1017, 1028, 1040, 1102, 1104, 2123
Richter, Albr. Lud.	2211
Richter, Gerhard	2233, 2872, 2873, 2874, 3920
Richter, Wilhelm	1149, 2769, 2770
Richtering, Helmut	1287, 2294
Ridder, Heinrich	1271
Riedel, Margarete	2795
Rieken, Walter	2483
Riepoth, W.	2163, 3982
Rimbach, W.	257
Ring, -	3389
Rinscheid, -	792
Risler, Walther	4305
Risse, Adolf	76, 1075
Ritte, Wilhelm	619
Rixen, Franz	1014, 1015, 1016, 1018, 1896, 2714, 2715, 3163, 3164, 3165
Rodeck, H.	2504
Roden, Günter v.	362, 810, 811, 968, 3390
Röhr, Heinrich	4314, 4315, 4316
Rösche, Gerhard	4606
Roesen, Anton	2436
Röttger, -	1355
Röttger, Helmut	3516
Rohde, P. Adjutus	622, 4625
Rohler, Johann	358
Rolf, Heinz-Walter	4541
Rombach, -	1281
Rommel, Franz	2378
Rommerskirchen, Helmut	3293

Ronne, Rud.	625
Rosenau, Dieter	2346
Rosenbaum, Wilhelm	3226
Rosendahl, Gustav	1076
Rosenkranz, Albert	1223, 1224, 1304
Rosenthal, Heinz	1448, 1449, 1450, 2887, 2888, 3345, 3732, 4097, 4098
Rosenthal, Konrad	4027
Rossié, Paul	2922, 3751
Rothert, -	969, 2056
Rothkranz, Edmund	19
Rotscheidt, Wilhelm	2447, 2622, 2720, 2721, 2722
Rotthauwe gen. Löns, Herm.	1211, 4375
Rotthoff, Guido	821
Rottmann, Johannes	281, 492, 493
Rübel, R.	2891, 2892, 2893, 2894, 2895, 2905, 2906, 2907, 2908, 2909, 2910, 3073, 3836, 3850, 3990, 4045, 4065, 4100, 4303, 4381, 4553, 4630, 4643
Ruckstuhl, Karl	4331
Rümmler, Else	2126
Rüssmann, Carl	343
Rüter, Wilhelm	196, 1893, 3763, 4256
Rüther, Theodor	2021
Ruf, Thomas Georg	3612
Rufus, -	2394, 2395, 3320
Rumscheid, Ewald	1660
Runte, A.	793
Runte, Anton	794
Rust, Jos.	2327
Rust, Joseph	4264
Saager, Heinz	3124, 3125
Sachse, Wolfram	3176
Sagebiel, Fr.	4336
Sander, Friedrich	1972
Sander, Heinrich	2560, 3449
Sanders, Gregor	4176
Sardemann, G.	3476
Sasse, Paul	2661
Satz, Anna	2488
Sauer, Wolfgang D.	876

Sauerländer, -	855
Sauerländer, Felix	3709
Sauerländer, Friedrich	52, 181, 268, 846, 847, 856, 857, 858, 863, 913, 2654, 2655, 3036, 3710, 3874, 4531
Sauerländer, W.	1954, 2684
Sauerländer, Wilhelm	955, 3395
Saurbier, W.	2835
Savelsberg, Heinrich	4365
Sax-Demuth, Waltraut	3385
Schachtsiek, Albert	671
Schäfer, -	226, 1384
Schaefer, Albrecht	31, 2528
Schäfer, Konrad	2016
Schaefer, Philipp	607
Schäfer, W.	4516
Schäferjohann, Adolf	1312, 2223
Schätzlein, August	550, 551, 4374
Schallück, Paul	2947
Scharlemann, -	4356
Schaub, Karl	578
Schauerte, Heinrich	4347
Schauf, A.	744, 1120, 4200
Schauss, F.	1116
Scheele, Norbert	91, 313, 314, 1133, 1134, 1135, 1300, 1603, 1604, 1605, 3969, 4084, 4085
Scheffler, Helmut	1306, 3731
Scheibler, G. Freiherr von	2540
Schell, O.	1545, 1684
Schemann, Fritz	571
Schenk, Erwin	2650
Schepper, Rainer	1136, 1137, 1138, 1139
Scherer, -	271, 3943
Scherer, Bernd	3091
Scherer, E.	245, 246, 1967
Scherl, Hermann	12
Scheuten, L.	540, 541
Scheven, Ilsemarie von	2623
Schiefer, Berbeli	1864
Schierenberg, Heinrich	207

Schierholz, -	111
Schierholz, Gustav	4211, 4279
Schiermeyer, Wilhelm	709
Schiffer, Karl	2098
Schiffers, -	4004
Schiffers, H.	326, 404, 454, 629, 745, 747, 1763, 2410, 2411, 2541, 3021, 3029, 3054, 3245, 3495, 3841
Schiffers, Heinrich	3030
Schiffers, Matti	4
Schiffmann, R.	2524
Schillupp, -	3129
Schirrmann, R.	2220
Schlagregen, F.	124
Schlebusch, Martin	58
Schlechtinger, O.	1381
Schlechtriem, Wilhelm	2437
Schlegtendahl, Dirk	3133
Schleicher, Wilhelm	1109
Schlepper, -	914
Schlepper, W.	552
Schlepper, Wilhelm	4380
Schlüer, Albrecht	275
Schlüter, W.	2230
Schluse, Franz	193
Schmalbrock, Gertrud	4069
Schmalen, M.	3812
Schmeck, Werner	3138
Schmeddinghoff, A.	2347
Schmelter, Heinz	3186
Schmick, Otto	4384
Schmidt, Adolf	161
Schmidt, Ernst	1950, 2681
Schmidt, Ferdinand	956, 2079, 3716
Schmidt, Hans	267, 1190
Schmidt, Lieschen	2234
Schmidt, P.	475
Schmidt, R. A.	2771
Schmidt, W.	1741
Schmidt-Goertz, Ursula	3301
Schmidt-Wettingfeld, W.	4440

Schmitt, W.	491
Schmitz, -	405, 528, 529, 1726, 2286, 2506, 3240
Schmitz, F.	1451
Schmitz, Ferd.	139, 140, 1796, 2173
Schmitz, Ferdinand	2318
Schmitz, Heinrich	1180
Schmitz, Heinz	4042
Schmitz, Hubert	3898
Schmitz, Josef	719, 4068
Schmitz, Maria-Theresia	2082
Schmitz, Theo	1701
Schmitz-Kallenberg, L.	3927
Schmuck, Wilhelm	2178
Schmülling, Hermine	4023
Schnase, Dieter	3386
Schneider, -	1140, 2570, 3236
Schneider, Arthur	4406, 4407
Schneider, B.	4507
Schneider, Franz	1251
Schneider, Hans	2860
Schneider, Heinrich	2636
Schneider, Paul	2307
Schneider, Philipp	4164, 4165
Schneider, Wilhelm	1580
Schneider, Willi	105
Schneidewin, Max	4635
Schneppenheim, M.	1771
Schnettler, Otto	645, 2547
Schnieder, Stephan	962
Schnittker, -	2571
Schnütgen, Alexander	442
Schön, Berthold	2379
Schöne, Josef	4408
Schöning, Ludwig	1891
Schöpf, Otto	2010
Scholand, Heinrich	926, 927
Scholl, Gerhard	3399
Scholl, Otmar	3126
Scholten, Alfred-Wilhelm	3446
Schoneweg, -	3418, 3876, 4324

Schoneweg, Eduard	165
Schoof, Wilhelm	3616
Schoop, -	323
Schoop, August	2412
Schopohl, Friedrich	301
Schopohl, Fritz	626
Schopp, H.	420
Schormann, Gerhard	2656
Schorn, Franz	1598
Schorn, Heinrich	3246
Schoroth, Heinrich	3750
Schrader, -	2328, 2329, 3690, 3975, 4207, 4250, 4289
Schreiber, -	1042
Schreiber, C. L.	1
Schreiber, Hedwig	1690
Schreiber, P.	2728
Schreiber, Pet.	1041
Schreinemacher, Leo	4528
Schröder, August	989, 4234, 4235
Schroeder, F.	2624
Schröder, H.	1250
Schroeder, J. K. v.	3331
Schröder, K. H.	3783
Schröder, Karl	1975
Schröder, Ludwig	2099, 3748
Schröder, Otto	3675, 3847
Schröter, Hermann	3235
Schüling, Hermann	1248
Schüller, Wilhelm	3696
Schürhoff, Heinz	715
Schürmann, Adolf	2583
Schürmann, Ferdinand	2408
Schürmann, Willi	3558
Schütter, J.	1592
Schütz, Adolf	2227
Schütz, Martin	3844
Schütz, Werner	4118
Schurz, Carl	2634
Schulte, Albert	201, 202, 204
Schulte, Anton	2948

Schulte, Chrisostomus	3970
Schulte, Günther	4101, 4224
Schulte, Gustav	1631, 1632
Schulte, H.-W.	612
Schulte, Heinz	210
Schulte, Paul	586, 587, 588, 589, 590, 594, 595, 2527, 3241
Schulte, Petra	3234
Schulte, W.	729, 1301, 1707
Schulte, Wilhelm	7, 3757, 4024, 4092, 4592
Schulte-Althoff, Heinrich	606
Schulte-Bunert, Fritz	1308
Schulte-Kemminghausen, K.	3058
Schultheis, H. W.	2505
Schulz, Dieter	815
Schulz, Erich	2396
Schulz, Günther	1103
Schulz, Heinrich	2561
Schumacher, -	710, 3313, 3340
Schumacher, C.	478, 480, 482, 481, 483, 737
Schumacher, Fritz	4352
Schumacher, Heinrich	1497
Schumacher, Karl	20, 2438
Schumann, Käte	804
Schumann, Walther	4288
Schumann, Willy	656, 666, 667, 668, 669, 1191, 3494, 3559
Schuppener, Fritz	1382, 4119
Schuy, Willi	3965
Schwagmeyer, Friedrich	2562
Schwanold, -	4245
Schwartz, D.	4326
Schwartz, Hubertus	2875
Schwarz, Fridhelm	730
Schwarz, Heinrich	1181, 1182
Schwarz, Wilhelm Eberhard	2745
Schwarze, J.	1150
Schweigmann, Josef	497
Schweitzer, -	1853
Schwenger, H.	3007, 3008
Schwettmann, Carl	4460

Schwick, G.	2060
Schwickerath, M.	3609
Schwieters, C.	1074
Seebohm, Ludwig	2330
Seeger, Hans	360, 3856
Seele, Wilhelm	1157
Seibertz, Johann Suitbert	218, 977, 2113
Seidenstücker, -	2078
Seiler, J.	2331
Seitz, Friedrich	2988, 4048
Sellmann, Adolf	572, 601, 1738, 1906, 3127, 3357, 3785, 4138, 4509
Sellmann, Martin	573, 574
Sellmann, Wilhelm	2478
Sellmann, Adolf	30
Selmar, -	2809, 2810
Sels, Leo	2479, 2480, 2605, 3023, 3543
Semmelmann, -	2348
Senden, H. van	915
Sevenich, Hubert	894
Severing, Carl	657
Sichelschmidt, Gustav	4441
Sichelschmidt, Hans	3086
Siebel, Gustav	2255
Sieben, Heinz	726
Siebert, Otto	2563
Siebert, Wilhelm	2936
Siegel, H.	3013
Siekmeier, Heinrich	1894
Siemes, Walter	1596
Siepmann, Karl	1661, 3861
Siepmann, Karl Egon	1874, 1907, 4409
Sierp, Matth.	450
Sievert, Heinrich	3278
Sievert, Karl	1276
Silke, Ludwig	972
Simon, -	114
Simons, Hans	3031, 3610
Simons, P.	421, 1704
Sliwka, -	25
Sluyter, -	2452

Sökeland, Hermann	4475
Sollbach, Gerhard E.	575, 957, 3260
Sommer, -	329
Sommer, Heinrich	26, 779, 3148
Sommer, Josef	1597
Sommerfeldt, Gustav	146, 4291
Sonnenburg, F. E.	4401
Sonnenschein, -	3416
Sonntag, Jakob	14, 227, 1854, 2361, 3224, 4071, 4293
Spaltmann, -	291
Spangenberg, Fr.	4642
Spannagel, C.	2332
Specht, W.	2242
Specht, Waldemar	3352
Spehl, W. J.	770
Spellmann, Wilhelm	170
Spengler, -	2489
Spengler, Erna	1225
Sperlich, Bernhard	417
Spratte, Friedrich	591
Spreen, Fritz	2100
Sprenger, H.	3655
Sprenger, Hans	3328
Stafflage, August	1362, 3553, 3554, 3555
Stahl, H.	2212
Stallknecht, Friedrich	2861
Stamm, Werner	1164
Stange, E.	2333
Starke, Friedel	861, 862
Steckler, H. J.	2461
Steffen, K.	1019
Steffen, Karl	539
Steffen, Karla	3466, 4585
Steffens, Ferd.	711
Steffens, Lona	4241
Stegmann, B.	675
Stein, Josef	2453
Steinberg, Otto	583, 584, 585
Steinbicker, Clemens	2385, 2386
Steinen, Erich von den	4260

Steinen, J. Friedr. Franz von	562
Steingen, Martin	1183
Steinke, Paul	2772
Steinröx, Hans	1037, 1044, 2729, 2730
Steinwald, Christian	4499
Stemmer, H.	344
Stemmer, Heinrich	345
Stempel, Hermann-Adolf	2876
Stenger, Albrecht	306, 307, 970, 971, 4577
Stenmans, Peter	2750, 2751, 3730
Stephan, -	3940
Stepkes, Joh.	3807
Steuber, -	2811
Stiepel, -	1352
Stievermann, Dieter	1093
Stock, Erich	3155
Stodieck, Ernst	658
Stoff, Willy	634
Stollenwerck, A.	2994
Stollenwerk, A.	4595
Stollenwerk, Severin	1430
Stolte, Bernhard	3057
Stolte, H.	3456
Stolz, Heinrich	2439
Strack, Heinr.	692
Strack, Heinrich	686, 688, 693
Stracke, Klemens	4220
Strangmeier, Heinrich	697, 698, 699, 700, 701, 702, 703, 1735, 1747, 1748, 1749, 2580, 3136, 3137, 3400, 3752, 4506
Stratmann, Franz; Tietz, -	172
Straub, August	1986
Strenger, Rudolf	40
Strotkötter, G.	282
Strunk, Magdalene	2564
Strutz, Edmund	1611, 3647
Stuckmann, Paul	1740
Stupperich, Dorothea	3793
Stupperich, Robert	2877, 2974, 4346
Suberg, Helmut	388, 389, 390, 391, 392, 3105
Sudbrack, -	166

Suess, Siegfried	832
Süvern, Wilhelm	1892, 2157
Sukopp, Theodor	376
Sunderkötter, H.	53
Sundermann, Werner	190, 208
Sures, L.	3901
Swart-Schroeter, Hilla	4425
Szezygiel, Gerda	4563
Szuprycinski, Wilfried	3776
Tecklenburg, Aug.	2101
Teggers, Herbert	1091
Teggers, Heribert	531, 530, 532, 1734
Telohe, W.	319
Terboven, -	2586
Terfloth, Hans	959
Terhalle, Hermann	2925
Terwelp, -	1752
Thaddäa, Mater	2413
Tharr, Josef	402
Thelen, Herm.	1030
Themann, -	2949
Thiebes, Josef	2526
Thiel, Hans	131, 3325
Thiel, Norbert	2603, 2607
Thielenhaus, Dietrich W.	2981
Thiemann, Egbert	258, 597, 598, 4146
Thierkopf, Heinrich	2685
Thiery, Karl	1505, 1506
Thoelen, Heinrich	2440
Thoene, Walter	3430
Thöne, Wilhelm	4549
Tholen, Gerhard	1584, 4072
Thoma, Josef	739
Thomas, Maria	1046
Thümmel, Bernhardt	4037
Thurmann, Erich	2674
Thyssen, Gerhard	1578
Ticheloven, Anton	3499
Tichlers, Heinrich	753
Tietmeyer, Josef	990
Tilgenkamp, Wilhelm	2604

Tillmann, W.	3172
Timm, Willy	54, 470, 1529, 1530, 1540
Tinnefeld, Bernhard Heinrich	293
Tjaden, Ad.	173
Tjaden, Adolf	176
Tochtrop, Theodor	83, 84, 219, 1302, 1861
Tödtmann, Wilhelm	2565
Tönsmeier, -	934
Tönsmeyer, Hans Dieter	4556
Tönsmeyer, Josef	77, 1290, 1292, 1293, 1294
Töpler, Michael	2115
Topp, Karl	2222, 3303
Topp, R.	2120
Trainer, Friedrich Carl	1374
Trapper-Lenssen	3253
Tredup, August	1877
Treude, Friedhelm	2543, 2544
Treude, Ilsa Ingeborg	638
Triebold, -	3221
Tries, Richard W.	1728
Trippen, Peter Paul	2156
Trunz, Erich	3703
Tücking, K.	2292
Tümmler, Hans	443, 2481, 4564, 4670
Tümpel, -	155, 4419
Tümpel, H.	2635
Uedinck, Clara	1199
Uelsmann, Erich	592
Uhlenhuth, Theodor	2773
Uhlig, -	2221
Ulrich, Herbert	2454
Unbehau, K.	3050
Utsch, R.	1383
Vahle, Martin	156, 1274, 1275, 1745, 3671, 3734, 4458, 4459
Valenthesius, -	2213
Vatteroth, Karl Ludwig	4568
Vaupel, Günther	2609
Venderbosch, -	1280, 3660, 3913
Venderbosch, Friedrich Gerhard	1279
Ventzke, Karl	3421

Verborg, Josef	365
Verleger, W.	1242
Verres, Fr.	537
Viegener, Franz	1283, 2816, 2817
Vierkotten, Johannes	141, 142, 144, 1098
Vieth, Alb.	2878, 4049
Vieweg, Gustav	2709
Vitt, Hans Rudi	1084
Völker, Christoph	2774
Völker, Hermann	74
Voelz, Günter	479
Voetz, Hans	773, 777
Vogeler, -	2879, 2880, 2881
Vogelsänger, Siegfried	1815, 1817
Vogt, August	2334
Vogt, P.	3366
Vogt, W.	3891
Vogt, Wilhelm	1033, 3849
Voigt, Günther	1691, 1692, 1693, 1694, 1695, 1696, 2266, 2267, 2268, 2269, 3435, 3436, 4443, 4582
Volbert, -	382
Volk, -	3341
Volkenborn, Paul	498, 499
Volkmann, -	685
Vollenbröker, Theodor	920
Vollmann, -	2397
Vollmerhaus, Hans	3878
Volmert, Theo	1184, 1185, 4270, 4271, 4383
Vonderbank, Josef	3252
Voort, Heinrich	2896
Voos, W.	3739, 4056
Vormbrock, Karl	2102, 3403, 3496, 3667, 3991, 4218, 4376, 4378, 4483, 4505
Vorwerk, Benno	2441, 2442
Voß, G.	406, 407
Voß, Gustav	410, 2698
Voß, Otto	1406
Wachler, Max	4590
Wachter, -	2314
Wagener, Heinz	3264

Wagenknecht, Manfred	3102, 3103
Wagner, Friedrich	1186
Wagner, Günter	1309
Wagner, Hermann	2723
Wahle, Walter	506, 2295, 2501, 2775, 3011, 4283
Walber, Johann Christian	4593
Waldecker, Burkhart	3867
Waldeyer, Fritz	859, 860
Waldhoff, Johannes	3599
Wallmichrath, H.	1895
Walterscheid, Jos.	643, 1364, 1365
Walther, Hans	2448
Waltherscheid, Joh.	4286
Wammers, Jakob	1108
Wand, Albert	928, 929, 1288, 1628, 2398, 2399, 2400, 2675, 2676, 2677, 3041, 4040
Warmke, -	3171
Warnecke, Hans-Jürgen	1490
Warning, -	157
Wasser, Hildegard	3694, 3695
Wasser, Otto	1012
Wasser, Rolf	3694, 3695
Wattendorf, Julius	2455
Weber, A.	4334
Weber, Carl	1291
Weber, Franz Josef	4318
Weber, H.	1142, 3166
Weber, Heinrich	2349, 3904
Weber, Herbert	1452, 1468, 1475, 1476, 1783, 2236, 2889, 3199, 3714, 3996, 4057
Weber, Joseph	4393
Weber, Matthias	4109
Weber, Rudolf	4319
Weber, Th.; Zillgen, J.	374
Weddigen, Klaus	2566, 2567, 2568
Weddigen, Otto	4600
Weddigen, Peter Florenz	731, 916, 1943, 1944, 1951, 2449, 2569, 2678, 2710, 2965, 3045, 3250, 3262, 3319
Weddigen, Th.	2335
Weeg, Heinrich	1099

Wegener, H.	3902
Wegener, Wolfram M.	3626
Wegers, H.	56
Wehmeyer, -	1272
Wehmeyer, Wilhelm	9
Wehn, Robert	1612
Wehrhan, -	1151
Wehrhan, Karl	182, 183, 184, 185, 186, 2103, 2338, 4532, 4602, 4603
Wehrmann, Volker	917, 2158, 4520
Weihrauch, Erich	1453
Weil, Hugo	288
Weisemann, Ewald	3572, 3573
Weiß, Monika	174
Weiß, Peter Josef	2731
Weiß, Peter Josef	1034, 4106, 4113
Weißbrodt, Ernst	2657
Weitershagen, -	3905
Weitkamp, R.	950
Wellhausen, Heinz	659, 3511, 4147
Welsch, E.	2966, 2967
Welter, Ernst	4622
Wennemeyer, Franz	935
Werth, J.	893, 1889
Weskamp, -	283
Wessels, Karl	2180, 2181
Westermann, -	1003, 1004, 3283
Westermann, Wilhelm	3642
Wetzel, Herbert	4620
Weuster, Hermann	1697
Wever, C. W.	1161
Wewer, -	1072
Weyer, Wilhelm	4656
Weyersberg, Albert	2235
Wichern, -	4666
Wickop, Paul	363, 4510
Wiechen-Siekmann, Klara	3219
Wied, Werner	94, 95, 98, 100, 101, 102, 104, 412, 1422
Wieden, Friedr.	2187
Wiegard, Anton	1588

Wiegel, Josef	1317, 1775, 4149
Wiemann, -	3329
Wiemann, Friedrich	308
Wiemann, Heinz	3842
Wiemann, Josef	576, 593, 600
Wiemann, Theodor	4629
Wiemer, -	3546
Wiemeyer, -	289, 292
Wienhold, Franz	507, 2776
Wienke, Heinrich	4605, 4628
Wienstein, F. J.	3639
Wiesekoppsieker, Alrun	918
Wiesemeyer, Helmut	2370
Wiesenthal, Max	2450, 4052
Wiethege, Dieter	396, 2457
Wigand, -	3046, 3651
Wigger, -	3074
Wiggermann, H.	251
Wiggermann, Hermann	252
Wilbrand, -	2336, 2836
Wilbrand, W.	1366, 2837
Willems, Franz	2912
Willemsen, Heinrich	2443
Willert, Hans	2495
Wilmes, O.	1725
Wilms, Heinrich	132, 1226, 1228, 1685, 3184
Wilmsen, Heinz	1176
Windgassen, Siegfried	1353
Winkler, R.	3902
Wippermann, F.	2104
Wirtz, Wilhelm	631
Wisplinghoff, Erich	772, 1993
Wittelsbach, Franz	447
Wittenbruch, Wilhelm	4099
Wittkamp, August	302
Wittmütz, Volkmar	1686
Wobbe, Alex	1491, 2898
Wörsdörfer, Willi	2587
Woeste, Friedrich Leopold	639
Wohlfeil, Hans	1823
Wolf, Armin	3658

Wolff, Josef	1212
Wolkers, Ursula	3016
Wollens, Adolf	375
Wollmerstädt, Kurt	3296
Wolter, Gustav	3786
Wortmann, -	559, 3780
Wortmann, Joh.	158
Wündisch, Fritz	228
Wüsthoff, H.	1354
Zacharias, Josef	930, 932, 1318, 1710, 1812, 2679, 3803, 4167, 4495
Zanders, Josef	2752
Zellekens, W.	4236
Zerkaulen, Heinrich	3814
Zerwes, Wolfgang	2482, 4565
Zieger, Bruno	3175
Zielinski, Werner	812
Zierenberg, Bruno	514, 1816, 3784, 4257, 4478
Zilliken, Peter	229, 1855, 1856
Zimmermann, Wilhelm	13, 1838, 1839, 1857, 2352
Zimmers, Peter	3404
Zorn, Josef	2380
Zschaeck, Fr.	2293
Zuhorn, Karl	1593

2. Ortsregister

Aachen	2, 3, 55, 373, 2271, 2272, 2273, 2274, 2275, 2276, 2277, 2278, 2279, 2280, 2281, 2282, 2283, 3003, 3004, 3005, 3006, 3007, 3008, 3211, 3212, 3705, 3767, 3917, 3993, 4041, 4168, 4365
Aachen (Reg. Bez.)	4, 1953, 2105
Aachen-Brand	56
Aachen-Horbach	4552
Aachen-Kornelimünster	3525, 3526
Aachen-Laurensberg	57
Aachen-Richterich	58
Ahaus	59, 60, 3077, 3078, 3079
Ahaus (ehem. Krs.)	5, 61
Ahaus-Alstätte	62
Ahaus-Wüllen	63
Ahlen	6, 7, 2284, 2285, 3548, 4066, 4414, 4448
Aldenhoven	64, 65, 892
Aldenhoven-Freialdenhoven	66
Aldenhoven-Langweiler	67
Aldenhoven-Niedermerz	68, 1708
Aldenhoven-Siersdorf	69, 3728
Alpen	70
Alsdorf	119, 120, 2286
Altena	71, 72, 73, 1804, 2106, 2287, 2288, 2865, 2989, 3080, 4317
Altena-Rosmart	1954
Altenbeken	4410
Altenbeken-Schwaney	4255
Altenberge	74
Altenberge-Hansell	75, 76
Anreppen	77
Anröchte	78, 1709, 1710, 3868, 3869
Arnsberg	2291, 8, 1833, 2289, 2290, 2292, 2293, 3009, 3010, 3011, 3213, 3748, 3792, 3831, 4095, 4179, 4449, 4554

Ortsregister

Arnsberg (Reg. Bez.)	79, 80, 81, 82, 83, 84, 2040, 3081, 3300
Arnsberg-Bruchhausen	85
Arnsberg-Herdringen	3966, 3967, 3968, 3969, 3970
Arnsberg-Müschede	88, 1955
Arnsberg-Oeventrop	86, 87
Arnsberg-Voßwinkel	1502
Arnsberg-Wedinghausen	2294, 2295, 3012, 4651
Arnsberg-Wennigloh	88
Ascheberg	3663
Attendorn	89, 90, 1956, 2296, 2297, 2298, 3312, 4161, 4307, 4308
Attendorn-Helden	91
Auw-Schlausenbach	92
Bad Berleburg-Arfeld	93, 94
Bad Berleburg-Dotzlar	3466, 4585
Bad Berleburg-Elsoff	95
Bad Berleburg-Sassenhausen	96, 3886
Bad Berleburg-Wiedenhausen	3886
Bad Laasphe	97, 2299
Bad Laasphe-Bermershausen	98
Bad Laasphe-Feudingen	99, 100, 101, 3629
Bad Laasphe-Fischelbach	102
Bad Laasphe-Herbertshausen	103
Bad Laasphe-Hesselbach	104
Bad Laasphe-Niederlaasphe	105
Bad Laasphe-Sassmannshausen	98, 106
Bad Lippspringe	107
Bad Münstereifel	2300, 2301, 2302, 2303, 3013, 4002, 4106, 4107, 4108
Bad Oeynhausen	9, 108, 1834, 2304, 2305, 2306, 2307, 4612
Bad Oeynhausen-Bergkirchen	2107
Bad Oeynhausen-Lohe	3214, 4463
Bad Oeynhausen-Rehme	109, 110, 3214, 3456, 4406, 4407
Bad Salzuflen	111
Bad Salzuflen-Schötmar	112, 3082
Bad Sassendorf-Lohne	113, 114
Baesweiler	116, 115, 4470
Baesweiler-Beggendorf	117
Baesweiler-Oidtweiler	119, 118, 120

Balve	1502, 4202
Barntrup	3215, 3216
Beckum	121, 1129, 2308, 2309, 2310, 4455
Beckum (ehem. Krs.)	3353
Beckum-Vellern	122
Bedburg	133, 2311
Bedburg-Hau	123, 124
Bedburg-Hau-Moyland	1711
Bedburg-Kirchherten	3911, 4597
Berg	129, 10, 11, 125, 126, 127, 128, 130, 131, 132, 1712, 1957, 1958, 1959, 2108, 2109, 2110, 2173, 2234, 2312, 2313, 2314, 2443, 2545, 2546, 2720, 2721, 2990, 3822
Bergheim (Erft)	133, 134, 1960
Bergheim-Paffendorf	135, 136
Bergisch Gladbach	137, 138, 139, 142, 2315, 2316, 2317, 2318, 3644, 4285, 4389, 4390
Bergisch Gladbach-Bensberg	140, 141, 142, 144, 1713, 2319, 3083
Bergisch Gladbach-Katterbach	3301
Bergisch Gladbach-Moitzfeld	3411
Bergisch Gladbach-Nittum	143
Bergisch Gladbach-Refrath	144
Bergisch Gladbach-Sand	145
Bergkamen-Heil	617
Bergkamen-Rünthe	617, 1961
Bergneustadt	146
Bergneustadt-Belmicke	147, 148
Bestwig-Ramsbeck	149
Beverungen	4204

Bielefeld	150, 151, 152, 153, 154, 155, 156, 157, 158, 1802, 1805, 1835, 2111, 2112, 2320, 2321, 2322, 2323, 2324, 2325, 2326, 2327, 2328, 2329, 2330, 2331, 2332, 2333, 2334, 2335, 2336, 2522, 2569, 2992, 3014, 3043, 3084, 3217, 3379, 3414, 3417, 3418, 3447, 3490, 3544, 3560, 3563, 3569, 3570, 3631, 3634, 3643, 3691, 3693, 3741, 3755, 3758, 3860, 3888, 3975, 3989, 4001, 4015, 4043, 4053, 4121, 4122, 4130, 4169, 4199, 4213, 4250, 4276, 4279, 4289, 4310, 4324, 4333, 4376, 4378, 4419, 4420, 4472, 4483, 4583, 4600, 4627, 4646, 4666
Bielefeld-Bethel	3976, 4163
Bielefeld-Brackwede	53, 159, 160, 161, 2337, 3218, 3780
Bielefeld-Gadderbaum	162
Bielefeld-Heepen	4263
Bielefeld-Hillegossen	4218
Bielefeld-Jöllenbeck	156, 163, 164, 165, 166, 1962, 3219, 3381, 3384, 3385, 3386, 3489
Bielefeld-Niederdornberg-Deppendorf	1614, 1615, 3438
Bielefeld-Quelle	167
Bielefeld-Senne	168, 169, 170, 3220, 3221, 3226
Bielefeld-Sennestadt	171, 172, 173
Bielefeld-Theesen	174
Bielefeld-Ummeln	175, 176, 4518
Blankenheim	177, 178, 179, 1714, 4012, 4272, 4273
Blankenrode	4081
Blomberg	180, 181, 182, 183, 184, 185, 186, 2338, 4541, 4605, 4629

Bocholt	12, 187, 188, 189, 190, 2339, 2340, 2341, 2342, 2343, 2344, 2345, 2346, 2347, 2348, 2349, 3015, 3085, 3904
Bocholt-Biemenhorst	191
Bocholt-Mussum	192, 193
Bochum	194, 1836, 1893, 1963, 3086, 3551, 3552, 3801, 3931, 4169, 4420, 4540
Bochum-Harpen	195
Bochum-Linden	3416, 3763
Bochum-Steinkuhle	196
Bochum-Wattenscheid	3820
Bochum-Weitmar	4256
Bonn	13, 197, 198, 199, 200, 1837, 1838, 1839, 2350, 2351, 2352, 2853, 2868, 2991, 3313, 3673, 3899, 4196, 4285, 4286, 4331, 4358, 4401
Bonn-Bad Godesberg	201, 202, 2353, 3774, 4654
Bonn-Beuel	203
Bonn-Friesdorf	204
Bonn-Muffendorf	205
Bonn-Oberkassel	3916
Boppard	3772
Borgholzhausen	1715, 4058
Borken	206, 207, 208, 3087, 3222, 4143
Borken-Weseke	3900
Bornheim	199, 209, 210
Bottrop	211
Bottrop-Kirchhellen	212, 213
Brakel	3314, 3651
Brakel-Erkeln	3808
Breckerfeld	214, 1351, 2354
Breidenbach-Achenbach	215, 216
Brilon	51, 89, 217, 218, 219, 2113, 2355, 3748
Brilon-Altenbüren	1716
Brilon-Madfeld	4203
Brüggen (Niederrh.)	2356
Brüggen-Bracht	220, 3378

Brühl	14, 221, 222, 223, 224, 225, 226, 227, 228, 229, 1806, 1840, 1841, 1842, 1843, 1844, 1845, 1846, 1847, 1848, 1849, 1850, 1851, 1852, 1853, 1854, 1855, 1856, 1857, 1964, 2114, 2115, 2357, 2358, 2359, 2360, 2361, 3088, 3089, 3223, 3224, 3354, 3938, 4070, 4071, 4072, 4197, 4293, 4298, 4393, 4457, 4557, 4558, 4669
Brühl-Badorf	221
Bünde	230, 231, 1965, 2362, 2363, 2364, 2365, 3829, 4061, 4214, 4253, 4583
Bünde-Dünne	232, 233
Bünde-Ennigloh	234, 235
Bünde-Holsen	1717
Bünde-Hunnebrock	4205, 4206, 4207
Büren	236, 237, 1858, 1859, 1860, 1861, 1865, 3016, 3513, 3717, 3870, 3871, 4017, 4094
Burbach	238, 239, 240, 241, 242, 1399, 3547
Burbach-Holzhausen	243, 244, 245, 246, 1966, 1967, 3225
Burbach-Lippe	247
Burbach-Lützeln	244
Burscheid	248, 249, 1968, 2366, 4241
Burscheid-Hilgen	3761
Castrop-Rauxel	250, 251, 252, 1969, 2116, 2367, 2781, 3090, 3091, 3286, 3287, 3600, 3768, 3791, 4247, 4304, 4327, 4423, 4512, 4566, 4567, 4581
Castrop-Rauxel-Frohlinde	253
Castrop-Rauxel-Henrichenburg	254
Castrop-Rauxel-Ickern	255, 256, 257, 307, 3887
Coesfeld	89, 258, 2368, 2369, 3472, 3551, 3552, 4176
Coesfeld-Billerbeck	3092

Daaden (hess. Siegerl.)	259, 260, 261, 1970, 4240
Datteln	262, 263, 1971, 2024
Datteln-Horneburg	264
Delbrück	2371
Delmenhorst	2372
Detmold	265, 266, 268, 1803, 1862, 1863, 1864, 2373, 2374, 2375, 2992, 3017, 3226, 3307, 3315, 3770, 3882, 4131, 4132, 4133, 4628, 4629
Detmold-Bentrup	267
Detmold-Dehlentrup	52
Detmold-Jerxen-Orbke	267
Detmold-Klüt	52
Detmold-Nienhagen	52
Detmold-Oettern	52
Detmold-Pivitsheide	267
Detmold-Spork	4380
Dillenburg	4340
Dinslaken	269, 270, 271, 2376, 2377, 2378, 2379, 2380, 3093, 3094, 3923
Dinslaken (ehem. Krs.)	272, 1972
Dinslaken-Eppinghoven	273, 1718
Dinslaken-Hiesfeld	274, 3482, 4104
Dörentrup-Hillentrup	275
Dörentrup-Humfeld	276
Dormagen	277
Dormagen-Delhoven	277, 278
Dormagen-Hackenbroich	277, 279
Dormagen-Zons	277
Dorsten	280, 281, 282, 283, 1865, 1866, 1973, 2024, 2381, 2382, 2383, 2384, 2385, 2386, 2779, 3018
Dorsten-Beck	284
Dorsten-Deuten	285
Dorsten-Hervest	286, 287, 288, 289, 3095, 3096
Dorsten-Holsterhausen	290, 291
Dorsten-Lembeck	292
Dorsten-Rhade	293
Dorsten-Wulfen	294, 2117

Dortmund	28, 295, 296, 297, 298, 299, 1719, 2000, 2118, 2119, 2120, 2121, 2191, 2387, 2388, 2389, 2390, 2391, 2392, 2393, 2395, 2394, 2396, 2397, 2398, 2399, 2400, 2547, 2968, 3019, 3020, 3081, 3086, 3302, 3303, 3430, 3538, 3556, 3642, 3724, 3785, 3786, 3789, 3851, 3852, 3853, 4038, 4039, 4040, 4046, 4090, 4091, 4092, 4136, 4137, 4138, 4198, 4214, 4268, 4362, 4363, 4368, 4547
Dortmund-Bodelschwingh	300, 301, 3355
Dortmund-Brechten	1974, 4139, 4396
Dortmund-Dorstfeld	3288
Dortmund-Huckarde	302, 3288
Dortmund-Lindenhorst	303
Dortmund-Lütgendortmund	304
Dortmund-Mengede	257, 305, 306, 307
Dortmund-Nette	308
Dortmund-Rahm	1975
Drensteinfurt	309, 310, 1839
Drolshagen	311, 312, 313, 314, 1976, 3566
Dülmen	15, 316, 315, 317, 318, 319, 2401, 2402, 2403, 2404, 2405, 2406, 2407, 2408, 2782, 3707
Düren	16, 17, 320, 321, 322, 323, 803, 1720, 1977, 2122, 2123, 2409, 2410, 2411, 2412, 2413, 3021, 3097, 3098, 3421, 3495, 3501, 3921, 3984, 3985, 3994, 3995, 4036, 4102, 4468, 4543, 4550, 4596, 4597
Düren (Krs.)	324, 325, 326, 3316, 4370
Düren-Arnoldsweiler	3099
Düren-Echtz	327, 328
Düren-Merken	329

Düsseldorf	2424, 10, 18, 19, 20, 330, 331, 332, 2124, 2125, 2126, 2312, 2414, 2415, 2416, 2417, 2418, 2419, 2420, 2421, 2422, 2423, 2425, 2426, 2427, 2428, 2429, 2430, 2431, 2432, 2433, 2434, 2435, 2436, 2437, 2438, 2439, 2440, 2441, 2442, 2443, 3175, 3227, 3228, 3229, 3461, 3462, 3516, 3556, 3668, 3712, 3718, 3719, 3720, 3753, 3830, 3907, 3984, 3987, 3992, 4041, 4102, 4187, 4188, 4320, 4665
Düsseldorf (Reg. Bez.)	333, 334
Düsseldorf-Angermund	4042
Düsseldorf-Benrath	. 335
Düsseldorf-Derendorf	336
Düsseldorf-Eller	337, 338, 3477, 4319
Düsseldorf-Gerresheim	339, .340, 341, 342, 343, 344, 345, 3407, 3408, 3468, 3618, 3879, 3960, 4269, 4484
Düsseldorf-Heerdt	346, 1104
Düsseldorf-Kaiserswerth	1867, 1868, 2127, 3680
Düsseldorf-Lohausen	347
Düsseldorf-Oberbilk	348
Düsseldorf-Volmerswerth	349
Düsseldorf-Wersten	350, 351, 352
Düsseldorf-Wittlaer	353, 354
Duisburg	21, 355, 356, 357, 1978, 2444, 2445, 2446, 2447, 2448, 2449, 2450, 3022, 3100, 3101, 3102, 3103, 3175, 3230, 3231, 3232, 3257, 3317, 3318, 3389, 3390, 3716, 4050, 4051, 4052, 4054, 4055, 4057, 4208, 4405
Duisburg (ehem. Krs.)	1210
Duisburg-Aldenrade	358
Duisburg-Duissern	359, 4653
Duisburg-Hamborn	360, 3086, 3104, 4328
Duisburg-Hochemmerich	3500
Duisburg-Homberg	361

Duisburg-Laar	362
Duisburg-Meiderich	363, 3856, 4510
Duisburg-Rahm	364, 365, 1869
Duisburg-Rheinhausen	366, 3497
Duisburg-Rumeln	367
Duisburg-Walsum	273
Eifel	368, 369, 370, 371, 372, 373, 374, 375, 750, 1721, 2128
Eitorf-Merten	376, 1722
Eitorf-Mühleip	3762
Elsdorf	377
Elsdorf-Esch	378
Elsdorf-Niederembt	379
Elsdorf-Oberembt	379
Emmerich	2129, 2130, 2131, 2451, 2452, 2453, 2454, 2455, 2687, 3319, 3481, 3617, 3806
Emsdetten	380, 381, 382, 2456, 3505, 4323
Emsdetten-Ahlintel	383
Emsdetten-Hembergen	3672
Engelskirchen	384, 1644
Engelskirchen-Bellingroth	2132
Engelskirchen-Ründeroth	561, 3736, 3737, 3738, 3739
Enger	385, 3496, 3741, 3742, 4472
Enger-Belke	3403
Ennepetal	386, 387, 388, 389, 390, 391, 392, 2133, 2457, 3105
Ennepetal-Milspe	393, 394, 395
Ennepetal-Oberbauer	2458
Ennepetal-Rüggeberg	396, 1723
Ennepetal-Voerde	397, 1351, 2134, 2458, 2459
Ennigerloh	398, 399, 400
Ennigerloh-Enniger	1724, 4563
Erftstadt-Bliesheim	401
Erftstadt-Friesheim	402
Erftstadt-Gymnich	4109
Erkelenz	22, 404, 1725, 2135, 2460, 2461, 3814
Erkelenz (ehem. Kreis)	403, 405, 2480, 3023
Erkelenz-Grambusch	406, 407
Erkelenz-Houverath	408

Erkelenz-Kleinbouslar	409
Erkelenz-Lövenich	410, 3106
Erkelenz-Schwanenberg	1726, 4597
Erkrath-Millrath	3714
Erkrath-Unterbach	411
Erndtebrück	412
Erndtebrück-Schameder	413
Erndtebrück-Zinse	414
Erwitte	1710, 2462, 2497, 3803
Erwitte-Horn	415
Eschweiler	416, 417, 2463, 3527, 3528
Eschweiler-Dürwiß	418, 419, 420
Eschweiler-Hastenrath	421
Eschweiler-Kinzweiler	416, 422
Eschweiler-Laurenzberg	3, 423, 424
Eschweiler-Lohn	425, 426
Eschweiler-Nothberg	427
Eschweiler-St. Jöris	416, 422
Eslohe	2464, 3611
Eslohe-Niedersalwey	4283
Espelkamp	428, 429, 4014
Espelkamp-Fabbenstedt	4166
Espelkamp-Frotheim	430, 431, 2136
Espelkamp-Isenstedt	430
Espelkamp-Rahden	429
Essen	432, 433, 434, 435, 436, 437, 438, 439, 440, 441, 442, 443, 1893, 2137, 2466, 2465, 2467, 2468, 2469, 2470, 2471, 2472, 2473, 2474, 2475, 2476, 2477, 2478, 2479, 2480, 2481, 2482, 3024, 3086, 3233, 3234, 3687, 3898, 3954, 3972, 3973, 4179, 4180, 4181, 4260, 4555, 4564, 4565, 4568, 4653, 4670
Essen-Carnap	444, 445
Essen-Katernberg	2483
Essen-Kettwig	446
Essen-Rotthausen	23
Essen-Rüttenscheid	24, 25, 447
Essen-Steele	448, 449, 3235, 3289

Essen-Werden	450, 3775, 3776
Eupen	451, 452, 1727, 3107, 3810, 3907
Euskirchen	453, 454, 1870, 3108, 3510, 3688, 4311, 4669
Euskirchen (Krs.)	455, 456, 3404
Euskirchen-Kirchheim	457
Euskirchen-Kuchenheim	458
Finnentrop-Fretter	459
Finnentrop-Serkenrode	4282
Frechen	460, 461, 3290, 3291
Freudenberg	462, 463, 464
Freudenberg-Mausbach	465
Freudenberg-Oberfischbach	466, 3797
Fröndenberg	467, 468, 3236
Fröndenberg-Dellwig	469, 1535
Fröndenberg-Frömern	470, 1871, 4497
Fröndenberg-Langschede-Ardey	4313
Gangelt	1979
Gangelt-Birgden	471, 472, 2138
Gangelt-Langbroich	473
Geilenkirchen	474, 475, 1872, 3109
Geilenkirchen-Prummern	476
Geilenkirchen-Tripsrath	477
Geldern	478, 1980, 2139, 2484, 2485, 2486, 3237
Geldern (ehem. Krs.)	26, 479, 2487
Geldern-Hartefeld	480
Geldern-Kapellen	482, 481
Geldern-Pont	483
Gelsenkirchen	484, 485, 486, 487, 2488, 2489, 3110, 3226
Gelsenkirchen-Beckhausen	502
Gelsenkirchen-Bismarck	488, 489
Gelsenkirchen-Buer	490, 491, 2140, 2490, 2491, 3238, 3518
Gelsenkirchen-Feldhausen	492, 493
Gelsenkirchen-Heßler	494
Gelsenkirchen-Horst	495, 496, 497, 498, 499, 2492
Gelsenkirchen-Schalke	500, 501, 2493, 2494, 2495
Gelsenkirchen-Sutum	502
Gelsenkirchen-Ückendorf	503

Gescher	4632, 4631, 4633
Geseke	89, 504, 505, 2496, 2497, 2498, 2499, 2500, 2501
Geseke-Störmede	506, 507
Gevelsberg	508, 509, 510, 511, 512, 513, 514, 1351, 1729, 1730, 1807, 1981, 2141, 2822, 3792, 4257, 4476, 4477, 4478
Gevelsberg-Silschede	1731
Gladbeck	27, 28, 515, 516, 517, 518, 519, 520, 521, 522, 523, 524, 525, 526, 2142, 2143, 2144, 2502, 2503, 2504, 2505, 3111, 3112, 3113, 3239, 3428, 3505, 3678, 3679, 3855, 3901, 3902, 4069, 4466, 4539, 4639
Gladbeck-Rentfort	527
Goch	528, 529, 531, 530, 532, 1732, 1733, 1734, 2506, 3240, 3596, 4534
Goch-Asperden	3930
Goch-Gaesdonck	1092, 2507
Goch-Hommersum	533
Grefrath	534, 1104
Grefrath-Oedt	535, 536, 537, 1982, 2145, 4087
Greven	538
Grevenbroich	29, 539, 2508, 3529
Grevenbroich (ehem. Krs.)	540, 541
Grevenbroich-Elsen	542
Grevenbroich-Gustorf	543, 544
Grevenbroich-Wevelinghoven	545
Gronau	546, 3079

Gütersloh	547, 548, 549, 550, 551, 552, 1873, 2146, 2509, 2510, 2511, 2512, 2513, 2514, 2515, 2516, 2517, 2518, 2519, 2520, 2521, 2522, 2523, 2524, 2992, 3401, 3519, 3520, 3632, 3633, 3635, 3636, 3637, 3638, 3640, 3781, 3925, 4037, 4194, 4195, 4223, 4277, 4300, 4374, 4523, 4587, 4613, 4645, 4660, 4663
Gütersloh (Krs.)	1983
Gütersloh-Avenwedde	553, 554
Gütersloh-Blankenhagen	555
Gütersloh-Hollen	556, 557
Gütersloh-Isselhorst	558, 559, 4518
Gütersloh-Spexard	560, 3356
Gütersloh-Sundern	2147
Gummersbach	561, 562, 3478, 4291
Gummersbach-Derschlag	3470, 3471
Gummersbach-Wegescheid	563
Haan	1735, 2447, 4382
Haan-Gruiten	1736
Hagen	30, 564, 565, 566, 567, 568, 569, 570, 571, 572, 573, 574, 575, 576, 1737, 1738, 1808, 2079, 2148, 2149, 2525, 2526, 3025, 3114, 3115, 3116, 3117, 3118, 3119, 3120, 3121, 3122, 3123, 3124, 3125, 3126, 3127, 3357, 3425, 3756, 3757, 3787, 3867, 3878, 4182, 4253, 4361, 4386, 4509, 4638
Hagen-Berchum	577, 3878
Hagen-Boele	578
Hagen-Breckerfeld	579
Hagen-Dahl	580, 1739
Hagen-Eilpe	581, 3425
Hagen-Elsey	582, 583, 584, 585, 1740, 1935, 3320, 4144, 4145, 4146
Hagen-Halden	4158

Hagen-Haspe	586, 587, 588, 589, 590, 591, 592, 593, 1741, 1984, 2527, 3241
Hagen-Haspe-Heubing	594
Hagen-Hestert	595
Hagen-Hohenlimburg	4369, 31, 596, 597, 598, 1357, 2528, 3128, 4544, 4545, 4546
Hagen-Holzhausen	599
Hagen-Stennert	600, 1985
Hagen-Wehringhausen	601
Haiger-Offdilln	1986
Halle (Westf.)	602, 3084, 3568, 3689, 3690, 3802, 4325, 4335, 4339, 4496, 4655
Hallenberg-Braunshausen	603
Haltern	316, 604, 2529, 2530, 3026, 4281
Haltern-Flaesheim	605, 606
Haltern-Lavesum	607
Halver	608, 609, 610, 1742, 2150, 3626, 3628
Halver-Oeckinghausen	611, 612
Hamm	613, 614, 1626, 1743, 1807, 2531, 2532, 2993, 3129, 3638, 3639, 3693, 3787, 3932, 4019, 4020
Hamm (Krs.)	615, 1987
Hamm-Drechen	616
Hamm-Herringen	617, 618, 3450
Hamminkeln	4375
Hamminkeln-Brünen	3130, 3131
Hamminkeln-Dingden	619
Hamminkeln-Loikum	620
Hamm-Sandbochum	617
Hamm-Wiescherhöfen	617
Hardenberg (Herrschaft)	622
Harsewinkel	3419
Harsewinkel-Greffen	623
Harsewinkel-Marienfeld	4569, 4571, 4570
Hattingen	3839, 32, 624, 625, 2533, 2534, 3669
Hattingen-Welper	626
Havixbeck	1988

Heiligenhaus	33, 627
Heinsberg	34, 628, 629, 2535, 2536, 2537, 2538, 2539, 2540, 2541, 3841, 4068, 4084, 4085, 4248, 4292, 4513
Heinsberg (Krs.)	3321, 3322
Heinsberg-Dremmen	630
Heinsberg-Horst	3648, 4201
Heinsberg-Hülhoven	631
Heinsberg-Straeten	632
Heinsberg-Süsteren	633
Hellental-Hollerath	3953
Hellenthal	634
Hemer	635, 636, 637, 638, 639, 2542, 2543, 2544, 3622, 4551, 4647, 4648, 4649, 4650
Hemer-Dahlsen	640
Hemer-Deilinghofen	4101, 4224
Hemer-Niederhemer	3422
Hemer-Sundwig	641
Hennef-Blankenberg (Sieg)	642
Hennef-Bödingen	643
Herborn	2545, 2546, 2547
Herdecke	644, 645, 1874, 3577
Herdorf	646

Herford	2556, 3974, 89, 647, 648, 649, 650, 651, 652, 653, 654, 655, 656, 657, 658, 659, 1744, 1875, 1876, 1877, 2321, 2548, 2549, 2550, 2551, 2552, 2553, 2554, 2555, 2557, 2558, 2559, 2560, 2561, 2562, 2563, 2564, 2565, 2566, 2567, 2568, 2569, 2771, 3027, 3132, 3133, 3242, 3374, 3448, 3449, 3480, 3494, 3511, 3515, 3522, 3558, 3561, 3562, 3658, 3684, 3685, 3723, 3754, 3790, 3875, 3876, 3942, 3959, 3983, 4044, 4116, 4147, 4170, 4171, 4210, 4211, 4214, 4244, 4329, 4372, 4404, 4450, 4458, 4459, 4511, 4538, 4559, 4590, 4634, 4635, 4664
Herford (Krs.)	660, 661
Herford-Eickum	662, 663, 3858, 3859
Herford-Falkendiek	664, 665, 666, 667, 668, 669, 3557, 3559
Herford-Haldem	4460
Herford-Hiddenhausen	670, 4447
Herford-Laar	3506
Herford-Ostkilver	1745, 3671
Herford-Stedefreund	671
Herne	35, 672
Herne-Börnig	673
Herne-Crange	3492
Herne-Eickel	674
Herne-Sodingen	675
Herscheid	3402
Herten-Westerholt	676, 1746
Herzebrock	677, 678, 679, 4266
Herzogenrath	680, 2570, 2571, 3134
Herzogenrath-Kohlscheid	681, 682
Herzogenrath-Merkstein	683
Hiddenhausen-Lippinghausen	684, 4243, 4527
Hilchenbach	685, 1878, 1879, 1880, 1881, 1882, 1883, 3823, 3824, 4016

Hilchenbach-Allenbach	686, 3304
Hilchenbach-Helberhausen	687
Hilchenbach-Meise	688
Hilchenbach-Müsen	689, 690, 691, 692, 693
Hilchenbach-Ruckersfeld	694
Hilchenbach-Stift Keppel	2572, 2573
Hilchenbach-Vormwald	4172
Hilden	695, 696, 697, 698, 699, 700, 701, 702, 703, 1747, 1748, 1749, 2447, 2574, 2575, 2576, 2577, 2578, 2579, 2580, 3135, 3136, 3137, 3243, 3323, 3400, 3681, 3752, 4258, 4259, 4494, 4506, 4593
Hille	704, 1809, 3802, 4064
Hille-Eickhorst	705, 3509
Hille-Hartum	706
Hille-Holzhausen	707
Hövelhof	708, 2151
Höxter	2152, 2581, 2582, 2583, 3138, 3649, 3650, 3717, 4336
Höxter (Krs.)	3139
Höxter-Corvey	709, 710, 2584
Höxter-Ottbergen	711
Höxter-Ovenhausen	4405
Höxter-Stahle	712
Hohkeppel	713
Holzwickede	714, 1938, 2585
Holzwickede-Opherdicke	715, 1884, 1885, 4491, 4492
Horn-Bad Meinberg	716
Horn-Bad Meinberg-Billerbeck	4629
Horstmar	717
Horstmar-Ramsberg	718
Hückelhoven	2586, 3911
Hückelhoven-Myhl	719
Hückelhoven-Ratheim	720, 3550
Hückeswagen	721, 722, 2587
Hüllhorst	723, 3877, 4395, 4502
Hünxe	1989, 3458, 4189
Hünxe-Bruckhausen	4028
Hünxe-Bucholtwelm	1990

Hünxe-Drevenack	3445, 724, 3439, 3440, 3441, 3442, 3443, 3444, 3446
Hünxe-Krudenberg	725
Hürtgenwald-Vossenack	726
Hürth	3140
Hürth-Berrenrath	3978
Hürth-Hermülheim	3465
Hürth-Stotzheim	727
Inden	743
Inden-Schophoven	329
Iserlohn	728, 729, 730, 731, 1626, 1810, 2153, 2588, 2589, 3467, 3657, 3897, 4024, 4026, 4027, 4080
Iserlohn-Letmathe	4191, 4267, 4469
Iserlohn-Oestrich	1357, 3654, 4479
Isselburg	732, 733
Isselburg-Anholt	734
Issum	1991
Issum-Sevelen	735, 736, 1750
Issum-Sevelen-Vernum	737
Jüchen	738, 739, 746, 3722, 4296
Jülich	539, 740, 741, 742, 743, 744, 745, 1886, 2409, 2466, 2590, 2591, 2592, 2593, 2594, 2595, 2596, 2597, 2598, 2599, 2600, 2601, 2602, 2603, 2604, 2994, 3028, 3029, 3030, 3141, 3142, 3143, 3244, 3245, 3324, 3486, 3487, 3488, 3540, 3653, 3729, 3778, 3828, 4003, 4004, 4007, 4034, 4035, 4364, 4379, 4548, 4584, 4595
Jülich (ehem. Krs.)	748, 1508, 2479, 2605, 2631, 3144
Jülich (Hzgtm.)	746, 747
Jülich (Raum)	749, 750, 751
Jülich-Barmen	752, 1751
Jülich-Bergisches Land	2606, 2721
Jülich-Güsten	753
Jülich-Kirchberg	754, 4079
Jülich-Overbach	2607

Jülich-Stetternich	743
Jülich-Welldorf	755
Kalkar	2608, 4041
Kalkar-Neulouisendorf	756
Kalkar-Wissel	1752
Kall	3145
Kalletal	2609
Kalletal-Hohenhausen	4314
Kalletal-Lüdenhausen	3452
Kall-Keldenich	757, 758
Kamen	759, 760, 761, 2610, 2611
Kamp-Lintfort	762, 763, 764
Kempen	765, 766, 767, 768, 769, 770, 1887, 1992, 2612, 2613, 2614, 2615, 2616, 3031, 3146, 3147, 3246, 3433, 3610, 3751, 3908, 4280, 4337, 4536, 4537
Kempen (ehem. Krs.)	771
Kempen (Raum)	772
Kempen-Krefeld (ehem. Krs.)	3204, 3247
Kempen-Orbroich	773
Kempen-St. Hubert	774, 1753
Kempen-Tönisberg	775, 776, 777
Kempen-Unterweiden	778, 1754, 1755, 1756
Kerken	779
Kerken-Aldekerk	780, 4265
Kerken-Nieukerk	781, 3148, 4388
Kerken-Winternam	3032
Kerpen	782, 783, 2617, 3292, 3844, 4403
Kerpen-Mödrath	4164, 4165
Kerpen-Sindorf	784
Kevelaer	785, 2618, 4042, 4082, 4251
Kevelaer-Berendonk	4561
Kevelaer-Twisteden	786
Kevelaer-Wetten	787
Kierspe	788, 789, 790, 3878
Kirchen (Sieg)	2619, 2620, 3674, 3759
Kirchhundem-Herrntrop	791
Kirchhundem-Kohlhagen	792
Kirchhundem-Marmecke	4084
Kirchhundem-Rahrbach	793, 794

Kirchlengern-Stift Quernheim	795
Kleve	89, 796, 797, 1113, 2154, 2621, 2622, 2623, 2624, 2687, 3149, 3248, 3249, 3250, 3325, 3380, 3405, 3425, 3523, 3704, 4150, 4175, 4412
Kleve (Hzgtm.)	798, 799, 1299
Köln	2156, 800, 801, 802, 803, 804, 2155, 2625, 2626, 2627, 2628, 2629, 2630, 2631, 2632, 2633, 2634, 2635, 3033, 3034, 3150, 3251, 3376, 3432, 3462, 3479, 3502, 3533, 3750, 3776, 3838, 3883, 3909, 3939, 3940, 3941, 3952, 4008, 4057, 4079, 4106, 4107, 4108, 4111, 4127, 4152, 4162, 4192, 4293, 4309, 4415, 4416, 4417, 4421, 4496, 4528, 4622, 4623, 4624, 4669
Köln-Berzdorf	221
Köln-Heumar	50, 805, 806, 807
Köln-Hohenhausen	4315, 4316
Köln-Langel	808
Köln-Merheim	3905
Köln-Mülheim	2316, 3501, 3913
Köln-Porz	809, 2636, 3252, 3485
Köln-Rath	806, 807
Köln-Rodenkirchen	810
Köln-Rondorf	811
Köln-Wahn	50
Köln-Zündorf	812
Königswinter	4215
Kranenburg	813
Kranenburg-Mehr	4105, 3564
Kranenburg-Niel	814, 815
Kranenburg-Nütterden	3564

Krefeld	816, 817, 818, 819, 820, 821, 1757, 1758, 1993, 2637, 2638, 2639, 2640, 2641, 2642, 2643, 2644, 2645, 2646, 2647, 3151, 3152, 3153, 3154, 3155, 3253, 3254, 3293, 3326, 3375, 3497, 3503, 3504, 3524, 3664, 3894, 3895, 3899, 3936, 4140, 4141, 4185, 4186, 4190, 4295, 4305, 4312, 4359, 4371, 4471, 4485, 4486, 4487
Krefeld-Fischeln	3800
Krefeld-Hüls	822, 823, 824, 825, 826, 2648
Krefeld-Linn	1994, 3571
Krefeld-Uerdingen	827, 828, 829, 830, 831, 832, 2649, 2650, 3255, 3530, 3531, 3574, 3665, 3666, 3976, 3979, 4338, 4488, 4489, 4503, 4504, 4641
Kreuztal	833
Kreuztal-Buschhütten	3944
Kreuztal-Ferndorf	834, 835
Kreuztal-Krombach	836, 3623, 3624, 3825, 4656
Kreuztal-Krombach-Eichen	837
Kreuztal-Osthelden	838
Kürten	839
Kürten-Delling	840
Kürten-Offermannsheide	3437
Kürten-Olpe	841
Laer	842
Lage	843, 844, 845, 846, 1995, 3156, 3157, 3256, 4529, 4530, 4531, 4532
Lage-Hagen	847
Lage-Heiden	846
Lage-Müssen-Breitenheide	847
Lage-Ohrsen	267
Lage-Stapelage	846, 848
Langenfeld-Richrath	3889
Langerwehe-D'horn	1759
Langerwehe-Wenau	849

Ortsregister 925

Legden	4128, 4148
Leichlingen	850, 851, 1760, 2651, 4299, 4452
Leichlingen-Herscheid	852
Leichlingen-Witzhelden	1761, 3835
Lemgo	3709, 855, 853, 854, 856, 857, 858, 859, 860, 1996, 2652, 2653, 2654, 2655, 2656, 2657, 3035, 3036, 3538, 3710, 3770, 3874, 3929, 4115, 4117, 4118, 4124, 4159, 4160, 4355, 4521
Lemgo-Leese	861, 862
Lemgo-Lieme	863
Lemgo-Wahmbeckerheide	864
Lengerich-Wechte	865
Lennestadt	866
Lennestadt-Bilstein	4220
Lennestadt-Grevenbrück-Förde	2658, 3682
Lennestadt-Kirchveischede	867
Lennestadt-Meggen	4084
Lennestadt-Saalhausen	868, 869
Letmathe-Dröschede	870, 871, 872, 873, 1357
Leverkusen	874, 875, 876, 2659
Leverkusen-Opladen	877, 1811, 2660, 3883, 3889
Leverkusen-Quettingen	878
Leverkusen-Rheindorf	879
Leverkusen-Wiesdorf	880, 881, 4608
Lichtenau-Grundsteinheim	4242
Lichtenau-Henglarn	882
Lichtenau-Holtheim	3358
Lindlar	883, 884, 885, 1644, 1762, 2661, 3083
Lindlar-Hohkeppel	886
Lindlar-Linde	887
Lindlar-Süng	888, 889
Lindlar-Waldbruch	890
Lingen (Niedergrafschaft)	798
Linnich	891, 892, 893, 1708, 1888, 1889, 2409, 2662, 3706
Linnich-Boslar	894, 3502
Linnich-Glimbach	895, 896
Linnich-Körrenzig	897, 898

Linnich-Tetz	1763
Lippe	36, 899, 900, 901, 902, 903, 904, 905, 906, 907, 908, 909, 910, 911, 912, 913, 914, 915, 916, 917, 918, 924, 1812, 1890, 1891, 1892, 1997, 1998, 2157, 2158, 2663, 3158, 3159, 3256, 3305, 3306, 3327, 3328, 3329, 3359, 3360, 3361, 3655, 4219, 4245, 4602, 4603
Lippetal-Herzfeld	919, 920
Lippstadt	921, 922, 923, 924, 925, 926, 927, 928, 929, 930, 1813, 1911, 2497, 2664, 2665, 2666, 2667, 2668, 2669, 2670, 2671, 2672, 2673, 2674, 2675, 2676, 2677, 2678, 2679, 3037, 3038, 3039, 3040, 3041, 3160, 3161, 3257, 3258, 3362, 3770, 3962, 3963, 3964, 3965, 3990, 4167, 4208, 4222, 4253, 4425, 4464, 4465, 4495, 4525
Lippstadt (ehem. Krs.)	931, 932
Lippstadt-Benninghausen	3259
Lippstadt-Hellinghausen	933
Lippstadt-Hörste	934, 935
Löhne	2680
Löhne-Bischofshagen	936, 937, 3692, 4604
Löhne-Gohfeld	938, 3162, 4606
Lübbecke	939, 940, 941, 942, 943, 944, 945, 946, 947, 2681, 3903, 4472
Lübbecke (Raum)	948
Lübbecke-Blasheim	949, 1999
Lübbecke-Gehlenbeck	430, 950
Lübbecke-Nettelstedt	1814, 3991, 4135
Lüdenscheid	37, 951, 952, 953, 954, 955, 956, 957, 1764, 2682, 2683, 2684, 2685, 2865, 3260, 3478, 4467
Lüdenscheid (Amt)	958
Lüdinghausen	959
Lüdinghausen (ehem. Krs.)	960, 961, 962

Lüdinghausen-Seppenrade	4402
Lügde-Rischenau	963
Lünen	964, 3226, 3948
Mark (Grafschaft)	38, 798, 799, 965, 966, 967, 968, 969, 970, 971, 1299, 1815, 1816, 1817, 1818, 1893, 2000, 2159, 2160, 2547, 2686, 2687, 3330, 3333, 3581, 3787, 4573
Marl	972
Marl-Hüls	2688, 973
Marl-Polsum	1765
Marsberg-Canstein	974, 4092
Mayen	3377
Mechernich	975
Mechernich-Bergheim	976
Medebach	977
Meerbusch-Büderich	1104, 3821
Meerbusch-Osterath	978
Meinerzhagen	979, 980, 2683, 2689, 2690, 2691, 2995, 3294, 3391, 3392, 3393, 3394, 3395, 3429, 3676, 3713
Meinerzhagen-Neuemühle	981
Meinerzhagen-Valbert	982, 2001, 2002
Meinerzhagen-Willertshagen	983
Merzenich	984, 985, 986, 4586
Merzenich-Golzheim	987
Meschede	988
Meschede-Calle	4387
Metelen	990, 2692, 989
Mettmann	991, 992, 993, 994, 995, 996, 997, 1894, 1895, 2003, 2693, 2694, 2695, 2696, 2697, 2698, 3261, 3423, 3534, 3954, 4196, 4260, 4366

Minden	998, 999, 1012, 2161, 2699, 2700, 2701, 2702, 2703, 2704, 2705, 2706, 2707, 2708, 2709, 2710, 3042, 3043, 3044, 3045, 3046, 3262, 3331, 3383, 3483, 3508, 3656, 3726, 3727, 3834, 3924, 4275, 4613 4614, 4640
Minden (Ftm.)	798, 1000, 1001, 1002, 1003, 1004, 1009
Minden (Reg. Bez.)	1005, 1006, 1007, 2004, 2162
Minden-Dankersen	4499, 4508
Minden-Dützen	1008
Minden-Leteln	2711
Minden-Lübbecke (Krs.)	4574
Minden-Meißen	2712, 3565
Minden-Ravensberg	1009, 1010, 1011, 1012
Mönchengladbach	2537, 3982
Mönchengladbach-Bonnenbroich	1013
Mönchengladbach-Geistenbeck	1014
Mönchengladbach-Mülfort	1015, 1016, 1766, 3163, 3164, 3165
Mönchengladbach-Odenkirchen	1017, 1018, 1019, 1896, 2714, 2715
Mönchengladbach-Rheydt	539, 1020, 1021, 1022, 1897, 2163, 2537, 3165, 4067, 4241
Mönchengladbach-Wickrathberg	1766, 4493
Moers	1023, 1024, 1025, 1026, 1027, 1028, 1898, 1899, 1900, 1901, 1902, 1903, 1904, 1905, 2164, 2447, 2716, 2717, 2718, 2719, 2720, 2721, 2722, 2723, 3166, 3375, 3578, 3579, 3580, 3743, 4020, 4021, 4022, 4023, 4225, 4420, 4444, 4446, 4445, 4535, 4661, 4662
Moers (ehem. Krs.)	3498
Moers (Grafschaft)	1029
Moers-Kapellen	1030
Moers-Repelen	4025
Moers-Utfort	1031

Monschau	1032, 1033, 1034, 2005, 2006, 2724, 2725, 2726, 2727, 2728, 2729, 2730, 2731, 3047, 3533, 3536, 3883, 4110, 4111, 4112, 4113, 4246
Monschau (ehem. Krs.)	1035, 1036, 1037 4093
Monschau (Kanton)	1038, 1039, 1040, 1041
Monschau (Raum)	1042, 2007
Monschau-Höfen	3332, 3890, 3891, 3892, 4011
Monschau-Imgenbroich	1043, 1044, 1819, 3167, 3168, 3892
Monschau-Kalterherberg	1045, 3934, 3935
Monschau-Mützenich	1046
Mülheim (Ruhr)	39, 40, 1047, 1048, 1049, 1050, 1051, 1052, 1053, 1054, 1055, 1056, 1057, 1058, 1059, 1060, 1061, 1062, 1063, 2008, 2009, 2010, 2165, 2166, 2167, 2732, 2733, 2734, 2735, 2736, 2737, 3033, 3048, 3049, 3050, 3169, 3170, 3171, 3420, 3424, 3454, 3512, 3799, 3818, 4120, 4482, 4526, 4620, 4667, 4668
Mülheim-Broich	3854
Mülheim-Eppinghofen	4075, 4076, 4077, 4078
Mülheim-Holthausen	1064
Mülheim-Menden	2168
Mülheim-Mintard	4625
Mülheim-Saarn	1065, 1066, 4103
Mülheim-Speldorf	3363, 4456
Mülheim-Styrum	1067, 1068

Münster	41, 1069, 1070, 1820, 1906, 2011, 2391, 2738, 2739, 2740, 2741, 2742, 2743, 2744, 2745, 3020, 3051, 3052, 3053, 3172, 3263, 3264, 3514, 3563, 3697, 3698, 3699, 3700, 3701, 3702, 3703, 3708, 3748, 3777, 3860, 3926, 3927, 3933, 3980, 3988, 4005, 4060, 4095, 4119, 4173, 4179, 4183, 4214, 4226, 4227, 4228, 4229, 4230, 4231, 4232, 4233, 4234, 4235, 4236, 4249, 4281, 4330, 4357, 4397, 4398, 4399, 4449, 4451, 4523, 4591, 4592, 4594, 4630, 4636
Münster (Hochstift)	1071, 2012
Münster (Krs.)	1072, 3173
Münster (Reg. Bez.)	2013
Münsterland	1073, 1074
Münster-Nienberge	1075, 3659
Nachrodt-Wiblingwerde	1076
Neichen	3815
Netphen	4030
Netphen-Afholderbach	1077, 1078
Netphen-Brauersdorf	1079
Netphen-Deuz	1080
Netphen-Dreisbach	3912, 4029, 4516
Netphen-Eckmannshausen	1081
Netphen-Eschenbach	1079
Netphen-Frohnhausen	4384
Netphen-Hainchen	1082
Netphen-Obernetphen	2014
Netphen-Unglinghausen	1083, 1084
Netphen-Walpersdorf	1079
Netphen-Werthenbach	3307
Nettetal-Breyell	1085, 1086, 1087, 2746
Nettetal-Hinsbeck	1088
Nettetal-Kaldenkirchen	2747
Nettetal-Leuth	1089, 1090, 1091
Nettetal-Lobberich	1092
Neuenrade	1093

Neukirchen-Vluyn	1094, 2015
Neu-Löhdorf	4498
Neunkirchen	239, 240, 3711, 4601
Neunkirchen-Altenseelbach (Siegerl.)	4422
Neunkirchen-Seelscheid	1095, 1096, 1097, 1098, 1099, 1767, 3694, 3695, 4126, 4507
Neuss	1100, 1101, 1102, 1103, 1104, 2748, 2749, 2750, 2751, 2752, 3174, 3484, 3730, 4033, 4106, 4107, 4108, 4114, 4377, 4562
Neuss (Kanton)	1104
Neuss-Weißenberg	1105
Nideggen	1106, 3054
Nideggen-Embken	1107, 1108
Nideggen-Schmidt	1109
Niederrhein	1110, 1111, 1112, 1113, 1114, 1115, 1116, 2016, 2097, 2098, 2159, 2169, 2170, 2172, 2171, 2173, 3055, 3175
Niederzier	1708, 4200
Nieheim	2017
Nieheim-Himmighausen	1117, 1118
Nörvenich	1119
Nörvenich-Frauwüllesheim	2018
Nörvenich-Rath	1120
Nordwalde	2019
Nümbrecht	1121, 1633
Nümbrecht (Raum)	1122
Nümbrecht-Driesch	3537
Oberbergisches Land	1123, 1907, 3779
Oberhausen	1124
Oberhausen-Alstaden	1125, 1126
Ochtrup	1127
Ochtrup-Langenhorst	1908, 3795, 3949, 3950, 4237, 4481, 4594
Odenthal	1128
Oelde	1069, 1129
Oelde-Stromberg	3945
Oer-Erkenschwick	1130, 2020, 2753
Oerlinghausen	171, 1131, 1132, 4589
Olpe	1300, 2754

Olpe (Krs.)	1133
Olpe-Dahl	1134, 1135
Olpe-Rhode	312, 2174, 2175
Olsberg-Assinghausen	2021
Olsberg-Brunskappel	4018
Osnabrück	4151
Ostbevern	1136, 4621
Ostbevern-Schirl	1137, 1138, 1139
Ostwestfalen	1768, 2022
Overath	1140
Overath-Marialinden	1141, 1142
Paderborn	1143, 1144, 1145, 1146, 1147, 1148, 1149, 1150, 1151, 1909, 1910, 1911, 1912, 2176, 2177, 2178, 2635, 2742, 2755, 2756, 2757, 2758, 2759, 2760, 2761, 2762, 2763, 2764, 2765, 2766, 2767, 2768, 2769, 2770, 2771, 2772, 2773, 2774, 2775, 2776, 3056, 3057, 3176, 3308, 3412, 3473, 3474, 3475, 3493, 3539, 3612, 3662, 3670, 3717, 3748, 3749, 3789, 3809, 3810, 3811, 3812, 3872, 4074, 4157, 4254, 4278, 4301, 4318, 4334, 4413, 4418, 4424, 4453, 4474, 4560, 4579, 4617, 4618, 4619, 4644
Paderborn (Hochstift)	3364
Paderborn-Neuenbeken	3365
Paderborn-Schloß Neuhaus	1152
Paderborn-Wewer	1153, 1154, 4580
Pantenburg (Eifel)	3816
Petershagen	1913, 1914, 1915, 1916, 1917, 1918, 3456, 3457, 3621, 3981, 4253, 4335, 4505
Petershagen-Bierde	2023
Petershagen-Eldagsen	1155
Petershagen-Heimsen	1156
Petershagen-Ilse	1157
Petershagen-Ilvese	1158
Plettenberg	1159, 1160, 1161, 2777, 3333

Ortsregister

Plettenberg-Ohle	3721
Plettenberg-Pasel	1162
Porta Westfalica-Eisbergen	4626
Porta Westfalica-Holzhausen	1163
Porta Westfalica-Kleinenbremen	1164
Porta Westfalica-Nammen	1165
Porta Westfalica-Neesen	1165, 1166
Preußen	4501, 42, 43, 1167, 1919, 2179, 2180, 2181, 3058, 3177, 3334, 3788, 4520
Preußisch-Oldendorf	1168, 3667
Radevormwald	1169, 1170, 2182, 3507, 3884, 3885, 4427
Radevormwald-Honsberg	3507
Radevormwald-Remlingrade	1171
Raesfeld-Erle	1172, 1173
Rahden	3877, 4088
Ratingen	1174, 1175, 2183, 3542, 3543
Ratingen-Eggerscheidt	1176
Ratingen-Linnep	1177, 1769
Ratingen-Lintorf	1178, 1179, 1180, 1181, 1182, 1183, 1184, 1185, 1186, 1770, 3231, 4270, 4271, 4383, 4392
Ravensberg	798, 1187, 1188, 1189, 1190, 1191
Recklinghausen	44, 45, 1192, 1193, 1194, 1195, 1196, 1197, 1198, 1199, 2778, 2779, 2780, 2781, 2782, 2783, 2784, 2785, 2786, 2787, 2788, 2789, 2790, 2791, 3086, 3178, 3461, 3463, 3997, 3998, 3999, 4400
Recklinghausen (Vest)	490, 1200, 1201, 1202, 1203, 1204, 1205, 1206, 2024, 2184, 2185, 2792, 3347, 4636
Recklinghausen-Röllinghausen	1207, 1208
Rees	1209
Rees (ehem. Krs.)	1210, 1211, 2186, 3335, 3366, 4411
Rees-Aspel	2793, 2794, 2795
Rees-Haffen	1212

Rees-Haldern	3179
Reichshof-Dorn	1213
Reichshof-Eckenhagen	1771
Reken-Klein-Reken	3505
Remscheid	1214, 1215, 1216, 1217, 1218, 1219, 1220, 1221, 1222, 1223, 1224, 1225, 1226, 1821, 2025, 2187, 2796, 2797, 2798, 3180, 3181, 3182, 3183, 3184, 3409, 3410, 3572, 3645, 3646, 3647, 3956, 4000, 4073, 4123, 4287, 4288, 4290, 4306, 4427, 4428, 4429, 4430, 4431, 4432, 4433, 4434, 4435, 4436, 4437, 4438, 4439, 4440, 4441, 4515, 4609, 4610, 4611, 4665
Remscheid-Büchel	1772
Remscheid-Ehringhausen	1227
Remscheid-Lennep	2188, 2799, 3059, 3451, 3478, 3573, 3686, 3740, 3773, 4129, 4306
Remscheid-Lüttringhausen	1170, 4442
Remscheid-Struck	1228
Rheda-Wiedenbrück	924, 1229, 1230, 1231, 1232, 1233, 1234, 1235, 1236, 1237, 1238, 2522, 2800, 2801, 2802, 2941, 3265, 3367, 3535, 3641, 3683, 3893, 3977, 4006, 4519, 4664
Rheda-Wiedenbrück (Raum)	1239, 1240, 1241, 1242, 4238
Rheda-Wiedenbrück-Batenhorst	1234, 1243, 3955
Rheda-Wiedenbrück-Lintel	1234, 4373
Rheda-Wiedenbrück-St. Vit	1244, 1245, 1246, 1247, 4405
Rhede (Krs. Borken)	1248
Rheinberg	1249
Rheinberg-Eversael	2026
Rheinberg-Orsoy	1250, 3873
Rheine	1489, 3551, 3552, 4556
Rheinisch-Bergischer Kreis (ehem.)	1251

Ortsregister

Rheinland	1252, 1618, 2071, 2189, 2190, 2191, 2192, 2803, 2804, 2805, 3336
Rheinland-Westfalen	46, 1253, 1254, 1255, 1256, 1257, 1258, 1259, 1260, 1261, 1262, 1263, 1264, 1265, 1920, 1921, 2027, 2028, 2029, 2030, 2031, 2032, 2033, 2034, 2035, 2036, 2193, 2194, 2195, 2196, 2197, 2198, 2199, 2200, 2201, 2202, 2203, 2204, 2205, 2206, 2207, 2208, 2209, 2210, 2211, 2212, 2213, 2806, 2807, 2808, 2809, 2810, 2811, 2996, 2997, 2998, 2999, 3000, 3001, 3060, 3061, 3062, 3063, 3064, 3065, 3185, 3266, 3267, 3268, 3269, 3270, 3271, 3295, 3337
Rheinprovinz	2010, 2138, 3272, 3338, 3339, 3340, 3341
Rhein-Sieg-Kreis	1266, 2812
Rhein-Wupper-Kreis (ehem.)	3186
Rheurdt	1267
Rheurdt-Schaephuysen	1268
Rietberg	1269, 1270, 2214, 2813, 2814, 3641, 4213
Rietberg-Bokel	1271
Rietberg-Neuenkirchen	2037
Rinteln	1272
Rödinghausen	156, 1273, 1274, 1275, 3733, 3734
Rödinghausen-Bieren	1276
Rösrath	1277, 1278, 3931, 3946
Rösrath-Hoffnungsthal	1279
Rösrath-Volberg	1280, 1773, 1774, 2038, 2039, 3660
Roetgen	1281
Rommerskirchen-Hoeningen	746
Rosendahl-Darfeld	4475

Rüthen	1282, 1283, 1627, 1709, 1710, 1822, 1922, 1923, 1924, 1925, 1926, 2815, 2816, 2817, 3796, 4094, 4216, 4217, 4347, 4348, 4349, 4350, 4351, 4352
Rüthen-Hoinkhausen	1284, 1285, 3273, 3832, 3833
Rüthen-Kallenhardt	1286
Ruhrdepartement	1287, 1288
Ruppichteroth	1289, 1771
Salzkotten	1290, 1291
Salzkotten-Niederntudorf	1292
Salzkotten-Oberntudorf	1292
Salzkotten-Schwelle	1293
Salzkotten-Verne	1294
Sassenberg	1295, 1296, 1297, 1298
Sauerland	565, 1159, 1299, 1300, 1301, 1302, 1927, 2040, 2215, 2216, 2217, 2218, 2219, 2220, 2221, 3342
Schalksmühle	608
Schalksmühle-Heedfeld	1303
Schermbeck	1304
Schermbeck-Altschermbeck	1305
Schermbeck-Damm	1306, 3731
Schermbeck-Gahlen (Niederrh.)	1307, 1728
Schermbeck-Weselerwald	1308
Schieder-Schwalenberg	1309, 3652
Schieder-Schwalenberg-Wöbbel	2222
Schlangen	1310, 1311, 1312, 2223, 3368, 3842
Schleiden	2818, 373, 1313, 3187, 4000
Schleiden (Raum)	1314
Schleiden-Olef	4013
Schmallenberg	1315, 1316, 1317, 1318, 1775, 2819, 4149
Schmallenberg-Bödefeld	1319, 1320, 1321, 1322, 1323, 1324, 1776, 2041, 3188
Schmallenberg-Fredeburg	1325, 1777, 2820, 3735
Schmallenberg-Grafschaft	1326
Schöppingen	1327, 1328, 1329
Schwalmtal	1330, 3382

Schwalmtal-Amern	1331, 1332, 1333, 3373, 4391
Schwalmtal-Dilkrath	1334, 1335, 4063
Schwalmtal-Vogelsrath	1336
Schwalmtal-Waldniel	1337, 4155
Schwelm	1338, 1339, 1340, 1341, 1342, 1343, 1344, 1345, 1346, 1347, 1348, 1349, 1350, 1351, 1352, 1353, 1354, 1778, 2042, 2043, 2044, 2079, 2224, 2225, 2268, 2637, 2798, 2821, 2822, 2823, 2824, 2825, 2826, 2827, 3274, 3296, 3581, 3793, 3819, 3862, 3863, 3864, 3865, 3866, 4010, 4261, 4262, 4427
Schwelm (ehem. Krs.)	1355
Schwelm-Möllenkotten	1356
Schwerte	1357, 2828, 3396, 3397, 3398
Schwerte-Geisecke	1358
Selfkant-Millen	3744, 3745
Selfkant-Tüddern	1359
Selfkant-Wehr	1779
Selm-Bork	1360
Senden-Bösensell	2045
Sendenhorst	1069, 1129, 1361, 1362, 2829, 3553, 3554, 3555
Senden-Venne	1363
Siegburg	642, 1364, 1365, 1366, 1928, 2830, 2831, 2832, 2833, 2834, 2835, 2836, 2837, 3066, 3067, 3068, 3069, 3297, 3427, 3491, 4394
Siegburg (Raum)	1367

Siegen	89, 1368, 1369, 1370, 1371, 1372, 1373, 1374, 1823, 2226, 2838, 2839, 2840, 2841, 2842, 2843, 2844, 2845, 2846, 2847, 2848, 2849, 2850, 2851, 2852, 2853, 2854, 2855, 2856, 2857, 2858, 2859, 2860, 2861, 3070, 3189, 3190, 3191, 3192, 3193, 3194, 3195, 3275, 3276, 3343, 3582, 3583, 3584, 3585, 3586, 3587, 3760, 3971, 4134, 4294, 4341, 4342, 4343, 4344, 4345, 4346, 4358, 4360, 4384, 4490, 4522, 4642, 4657
Siegen-Bürbach	4031
Siegen-Eiserfeld	1383, 1375, 1376, 1377, 1378, 1379, 1380, 1381, 1382, 2227, 3915, 4533
Siegen-Eisern	1384, 3309, 3826, 4454, 4480
Siegen-Feuersbach	1385, 1386
Siegen-Hammerhütte	1387
Siegen-Klafeld	1388, 1389, 1390, 1391, 1392, 1393, 1394, 1395, 3277, 3310, 3620, 3922
Siegen-Langenholdinghausen	1396, 4517
Siegen-Niederschelden	49, 1397
Siegen-Oberschelden	3797
Siegen-Obersetzen	1398
Siegen-Seelbach	1399
Siegen-Weidenau	1400, 1401, 1402, 1403, 1404, 1405, 1406, 3196, 3459, 3460, 3823
Siegerland	47, 1407, 1408, 1409, 1410, 1411, 1412, 1413, 1414, 1415, 1416, 1417, 1418, 1419, 1421, 1422, 1824, 2046, 2047, 2048, 2049, 2228, 2229, 2230, 3071, 3197, 3198, 3344, 3399, 3588, 3589, 3590, 3827, 4032, 4658, 4659
Simmerath	1423, 1424

Ortsregister 939

Simmerath-Dedenborn	1425, 1426, 2231
Simmerath-Eicherscheid	1427, 1428, 3464
Simmerath-Hammer	1429
Simmerath-Kesternich	1430
Soest	89, 1287, 1431, 1432, 1433, 1709, 1929, 1930, 1931, 1932, 1933, 1934, 1935, 2232, 2233, 2687, 2862, 2863, 2864, 2865, 2866, 2867, 2868, 2869, 2870, 2871, 2872, 2873, 2874, 2875, 2876, 2877, 2878, 2879, 2880, 2881, 3020, 3072, 3231, 3278, 3430, 3626, 3628, 3630, 3677, 3787, 3846, 3869, 3920, 3957, 3986, 4049, 4095, 4326, 4384, 4524
Soest (Krs.)	3517
Soest (Raum)	3958
Soest-Hattrop	1434
Soest-Ostönnen	3546
Soest-Thöningsen	1435
Solingen	1436, 1437, 1438, 1439, 1440, 1441, 1442, 1443, 1444, 1445, 1446, 1447, 1448, 1449, 1450, 1451, 1452, 1453, 1780, 1781, 1782, 1825, 1826, 2050, 2234, 2235, 2882, 2883, 2884, 2885, 2886, 2887, 2888, 3199, 3279, 3345, 3369, 3424, 3549, 3732, 3764, 3765, 3766, 4047, 4086, 4153, 4241, 4385, 4439, 4542
Solingen (ehem. Krs.)	1454
Solingen-Gräfrath	1455, 1456, 1457, 1458, 1460, 1461, 1459, 1463, 1462, 1464, 1465, 1466, 1467, 1468, 2051, 3370, 3715, 3996, 4096, 4097, 4098, 4099, 4156
Solingen-Hästen	1469
Solingen-Höhscheid	1470, 1471, 1783, 2236
Solingen-Leichlingen	1472, 3954
Solingen-Lohdorf-Jammertal	1473

Solingen-Meigen	2237
Solingen-Merscheid	1474
Solingen-Ohligs	1475, 1476, 1827, 3943
Solingen-Schrodtberg	2052, 2053
Solingen-Wald	48, 1477, 1478, 1479, 1784, 4056, 4057
Solingen-Widdert	2889
Spenge-Wallenbrück	3469
Sprockhövel	1480, 1481, 1482
Sprockhövel-Haßlinghausen	1483, 1936
Stadtlohn	1785
Steinfurt	1484, 1485, 1486, 1487, 2890, 2891, 2892, 2893, 2894, 2895, 2896, 3434, 3836, 3850, 4100, 4303, 4381, 4553, 4630
Steinfurt (Krs.)	1488
Steinfurt-Borghorst	1489, 1490, 1491, 2054, 2897, 2898, 4408
Steinfurt-Burgsteinfurt	1492, 1937, 2899, 2900, 2901, 2902, 2903, 2904, 2905, 2906, 2907, 2908, 2909, 2910, 3073, 3280, 3281, 3545, 3805, 3817, 3837, 3990, 4045, 4065, 4332, 4425, 4500, 4643
Steinhagen	1493, 3084, 3829
Steinhagen-Brockhagen (Westf.)	3877
Steinheim	1494, 3599
Steinheim-Sandebeck	1495, 1496
Stemwede-Levern	4297
Stemwede-Oppendorf	1497
Stolberg	1498, 2911, 2912, 3200, 3201, 4597
Stolberg-Gressenich	1499
Straelen	2913, 2914, 2915, 3499
Straelen-Broekhuysen	1500
Südlohn	1501
Sundern	1502
Sundern-Hellefeld	1503
Swisttal-Heimerzheim	1504, 1786
Swisttal-Miel	1505, 1506
Telgte	3961, 4405

Titz	1507
Titz-Gevelsdorf	1508, 4652
Titz-Opherten	1509
Titz-Rödingen	1510
Tönisvorst	1511, 4125
Tönisvorst-St. Tönis	1512, 1513, 1514, 1515, 1516, 1517, 1518, 1519, 1520, 1787, 2238, 2916, 3202, 3807, 3896
Troisdorf	1521
Übach-Palenberg	1522, 2055
Uedem	2917
Unna	54, 1523, 1524, 1525, 1526, 1527, 1528, 1529, 1530, 1828, 1938, 2056, 2918, 2919, 3203, 3282, 3430, 3541, 3787, 4142, 4239
Unna (Krs.)	615
Unna-Afferde	1531, 1532, 2057
Unna-Billmerich	1533, 1534, 1535
Unna-Hemmerde	1536, 1537
Unna-Königsborn	1538, 1539, 1540, 1829
Unna-Massen	1541
Unna-Pelkum	2058
Velbert	1542, 1543, 1788, 2059, 2060, 4284
Velbert-Langenberg	1544, 2061, 2920, 3769
Velbert-Neviges	1545
Velbert-Richrath	4221
Velen	4302
Velen-Ramsdorf	2062
Verl	1270, 1546
Versmold	1547, 4001, 4578
Versmold-Oesterweg	3914
Vettweiß	1548, 1549
Vettweiß-Gladbach	2921
Vettweiß-Müddersheim	1550
Viersen	2537, 2922, 3204, 4063
Viersen-Dülken	1551
Viersen-Dülken-Busch	1552

Viersen-Süchteln	1553, 1554, 1555, 1556, 1557, 1558, 1559, 1560, 1561, 1562, 1563, 1564, 1565, 2063, 2064, 2923, 3567, 3725, 3918, 3928, 4087, 4127, 4212
Vlotho	2239, 3406
Vlotho-Exter	1566, 1567, 1568, 2065, 2240
Vlotho-Uffeln	4626
Vlotho-Valdorf	1569, 2066
Vlotho-Wehrendorf	1570
Voerde (Niederrh.)	1789, 4588
Voerde-Götterswickerhamm (Niederrh.)	1939
Voerde-Löhnen (Niederrh.)	3771
Voerde-Moellen (Niederrh.)	3371
Voerde-Spellen (Niederrh.)	273, 1571
Vreden	2924, 2925, 3205
Wachtendonk	1572, 1573, 1574, 1575, 1576, 2067, 4572
Wachtendonk-Wankum	1577, 1578
Wadersloh-Liesborn	1129, 1579, 1580
Waldbröl	1581, 3857
Waldfeucht	1582, 1583, 1584
Waldfeucht-Braunsrath	1585, 4072
Waltrop	1586
Waltrop-Leveringhausen	1790
Warburg	1587, 1588, 2926, 2927, 2928, 2929, 2930, 2931, 2932, 2933, 2934, 2935, 2936, 3455, 4474, 4549
Warburg-Hardehausen	3813
Warburg-Hohenwepel	4081
Warendorf	1129, 1589, 1590, 1591, 1592, 1593, 1791, 1940, 1941, 2937, 2938, 2939, 2940, 2941, 2942, 2943, 2944, 2945, 2946, 2947, 2948, 2949, 3074, 3387, 3388, 3415, 3426, 3454, 3532, 3625, 3845, 3881, 3951, 4089, 4094, 4095, 4274, 4321, 4322, 4330, 4451, 4514
Warendorf-Freckenhorst	3848, 3849

Warstein-Allagen	1594
Wassenberg-Birgelen	1595
Weeze	1596
Wegberg	1792
Wegberg-Dalheim	2950
Wegberg-Wildenrath	329, 1597
Weilerswist-Lommersum	3696
Weilerswist-Vernich	1598
Weitefeld	1420
Welver	1599, 3869
Welver-Borgeln	4607
Welver-Dinker	1600, 3546
Welver-Eineckerholsen	1601
Wenden	314, 1300, 1602, 1603
Wenden-Gerlingen	1604
Wenden-Römershagen	1605
Werdohl	3431
Werl	1606, 1607, 2068, 2951, 3075, 3346, 4000, 4387
Werl-Büderich	1608, 2069
Werl-Westönnen	1608, 2069
Wermelskirchen	1609, 1610, 1611, 1612, 2241, 2242, 3413, 3619, 3675, 3847
Wermelskirchen-Dabringhausen	3413
Wermelskirchen-Hoffnung	1613
Wermelskirchen-Ketzberg	2070
Werne-Stockum	4599
Werther	1614, 1615
Wesel	1616, 1617, 1874, 1929, 1933, 1942, 1943, 1944, 2387, 2952, 2953, 2954, 2955, 2956, 2957, 2958, 2959, 2960, 2961, 2962, 2963, 2964, 2965, 2966, 2967, 3076, 3206, 3283, 3476, 3521, 3613, 3614, 3615, 3616, 3804, 4174, 4473, 4598, 4616

Westfalen	1618, 1619, 1620, 1621, 1622, 1623, 1624, 1625, 1626, 1627, 1628, 1793, 1830, 1945, 1946, 1947, 1948, 1949, 1950, 1951, 2071, 2072, 2073, 2074, 2075, 2076, 2077, 2078, 2243, 2244, 2245, 2246, 2247, 2248, 2249, 2250, 2251, 2252, 2253, 2877, 2968, 2969, 2970, 2971, 2972, 2973, 2974, 3120, 3347, 3348, 3349, 3350, 3351, 3372, 3702, 3794, 3798, 4184, 4198, 4575, 4576, 4577
Wetter	1629, 1630
Wetter (Amt)	2079
Wetter-Volmarstein	3861, 4409
Wettringen	1631, 1632
Wiehl	1633, 2975
Willich-Anrath	2080, 2081, 2254
Willich-Clörath	1634
Willich-Neersen	1794
Willich-Schiefbahn	1635, 1795, 4009
Wilnsdorf	1636, 4480
Wilnsdorf-Niederdielfen	1639
Wilnsdorf-Oberdielfen	1637
Wilnsdorf-Oberdorf	3947
Wilnsdorf-Rinsdorf	2255
Wilnsdorf-Wilgersdorf	1638
Windeck	1640
Windeck-Obernau	1641, 1642, 1643
Wipperfürth	1644, 1645, 1646, 1771, 1952, 2976, 2977, 4083, 4354
Wipperfürth-Agathaberg	1647
Wipperfürth-Kreuzberg	1648, 1649
Wipperfürth-Wipperfeld	1650, 1651, 1796
Witten	1652, 1653, 2082, 2256
Witten-Bommern	1654, 1655, 1656, 1659, 4025
Witten-Herbede	4615
Witten-Wengern	1655, 1656, 1657, 1658, 1659, 1660, 1661, 1831, 3843, 4356
Wittgensteiner Land	2083, 2084, 3207

Wülfrath	1662
Wülfrath-Düssel	1663, 1664, 4059
Würselen	3, 1665
Wuppertal	1666, 1667, 1797, 2257, 2258, 2978, 2979, 2980, 2981, 3352, 3601, 3602, 3603, 3604, 3605, 3606, 3607, 3626, 4260, 4433
Wuppertal-Barmen	1668, 1669, 1670, 1671, 1672, 1832, 2982, 2983, 3284, 3285, 3608, 3746, 3747, 3878
Wuppertal-Beyenburg	1798, 4160
Wuppertal-Cronenberg	1673, 2259
Wuppertal-Elberfeld	1674, 1675, 1676, 1677, 1678, 1679, 1680, 1681, 1682, 1683, 1684, 1685, 1686, 1799, 1800, 2085, 2086, 2260, 2261, 2262, 2263, 2264, 2265, 2984, 2985, 2986, 2987, 2988, 3175, 3208, 3209, 3450, 3453, 3591, 3592, 3593, 3594, 3595, 3627, 3628, 3840, 4048, 4062, 4086, 4154, 4366, 4367, 4426, 4461, 4462, 4637, 4671
Wuppertal-Heckinghausen	1687
Wuppertal-Langerfeld	1347, 1355, 1688, 1689, 1690, 1691, 1692, 1693, 1694, 1695, 1696, 1697, 2087, 2266, 2267, 2268, 2269, 3435, 3436, 4443, 4582
Wuppertal-Ronsdorf	1698, 1699, 1700, 3661
Xanten	3425, 3772
Xanten-Beek	1701
Xanten-Wardt	3910
Zülpich	1702, 1708, 3210
Zülpich-Füssenich	4596
Zülpich-Merzenich	1801
Zülpich-Nemmenich	1703
Zülpich-Rövenich	1704
Zülpich-Schwerfen	1705
Zülpich-Sinzenich	1706, 2270

3. Personenregister

Abel, Hubert	3373
Achelpöhler, Friedrich	3374
Aerts, Wilhelm	3375
Aler, Paul	3376
Alken, Heinrich	3377
Alpen, Heinrich Simon van	3378
Altenbernd, Karl	3379
Ammon, -	3380
Angermann, Heinrich	3381
Arretz, Willi	3382
Aßmann, Helmut	3383
Aufderheide, Johann Friedrich Wilhelm	163, 1962, 3384, 3385, 3386
Aulke, Anton	3387, 3388
Averdunk, Heinrich	3389, 3390
Badenheuer, Balthasar	1119
Bährens, Conrad Heinrich	3391
Bährens, Johann Friedrich Christoph	2683, 2689, 2691, 2828, 3392, 3393, 3394, 3395, 3396, 3397, 3398, 4184
Bäumker, Klemens	2761
Bald, Ludwig	3399
Balkhaus, Abraham	1747, 3400
Bamberger, Levi	3401
Banken, Fritz	3402
Banze, Hermann	3403
Barop, Johann Arnold	4138
Bauer, Josef	3404
Baumann, Christian Friedrich	3405
Baumeister, August	3406
Baur, Max	3407, 3408
Becher, Ernst	3409, 3410
Becher, Franz	3411
Becker, -	1151, 3412
Becker, Friedrich Peter	3413
Becker, Heinrich	3414
Becker, Joseph	3415
Behmer, Matthias	3416
Behrens, Karl	3417, 3418

Belke, Hermann	3419
Bendel, Johann	3420
Bender, J. F.	3588
Benrath, Hermann Eugen	3421
Benzler, Eberhard	3422
Benzler, Johann Eberhard	3422
Berg, Hermann	3423
Berger, Johann Wilhelm	3424
Berghaus, Johann Isaak	3425
Bergmann, Wilhelm	3426
Bers, Wilhelm	3427
Besouw, Rudolf	2638
Bette, Ludwig	3428
Beurhaus, Friedrich	3429, 3430
Bierhoff, J. H.	3431
Binius, Severin	3432
Bister, Joseph	3433
Blancard, Nicolaus	3434
Blanke, Friedrich	3435, 3436
Bloemertz, Walter	343
Blome, Alois	3437
Blotenberg, Wilhelm	3438
Bockemühl, Erich	3445, 3439, 3440, 3441, 3442, 3443, 3444, 3446
Bodinus, Henricus	2989
Böckelmann, Friedrich	3447, 3448, 3449
Böckmann, Wilhelm	3450
Boeddinghaus, Abraham	3451
Bödeker, August	3452
Bögekamp, Heinrich	3453
Böhmer, Gerhard	3454
Böhmer, Wilhelm	3455
Boek, Juliane	1755
Bökenkamp, Hermann Jobst	3456, 3457
Bönneken,-	3458
Böttger, Hermann	3459, 3460
Bone, Heinrich	3461, 3462, 3463
Bongard, Gerhard	3464
Bonn, Friedrich	3465
Bornfeld, Peter	3466
Bosem, Willy	3467

Bott, Karl Heinz	3468
Braeucker, Theodor	3470, 3471
Brambrink, Heinrich	3472
Brand, Franz Joseph	3473, 3474, 3475
Brantius, Johannes	3476
Braß, Wilhelm	3477
Braucke, Johann Wilhelm vom	3478
Braun, Thomas	3479
Bredebach, Conrad	3480
Bredenbach, Matthias	2451, 3481
Breimann, Heinrich	3482
Brettschneider, Paul	3483
Breuer, Adam Joseph	3484
Breuer, Carl	3485
Breuer, Konrad	3486, 3487, 3488
Brinkmann, Martin	3489
Brinkmann, Wilhelm	3490
Brochhagen, Peter Wilhelm	3491
Brockhoff, Friedrich	3492
Brockmeyer, Karoline	3493
Brojer, Johann Henrich Friedrich	3494
Brosius, Franz Xaver	3495
Bruchhofen, Nicolaus	3521
Bruck, Friedrich	3496
Brücker, Friedrich	3497, 3498, 3499
Brückner, Friedrich	3500
Brüggemann, Antonius	1785
Brüll, -	3501
Brüll, Felix	3501, 3502
Buchmüller, Samuel	3503
Buchner, -	3504
Buck, -	3505
Budde, -	3506
Budde, Karl	3507
Bünemann, Johann Ludolph	3508
Bünte, Heinrich	3509
Bürger, Peter	3510
Bürke, Karl	3511
Bungartz, Edmund	3512
Burenius, Arnoldus	2877, 3513, 3514
Burgtorf, Ferdinand	3515

Burhenne, Heinrich	3516
Busch, Carl Franz Caspar	3517
Busch, Caspar	3518
Buschmann, Ernst	1983, 3519, 3520
Buscoducensis, Nicolaus	3521
Bußmann, Otto	3522
Camphoff, Johannes	3523, 3524
Capellmann, Heinrich	3525, 3526
Capitaine, Wilhelm Baron von	3527, 3528, 3529
Carus, Wilhelm	3530, 3531
Casser, Paul	3532
Christoffel, Elwin Bruno	3533
Clevenhaus, Ernst	3534
Cölln, Dietrich von	1132
Cölln, Michael von	3535
Colle, Franz	3536
Conrad, Hermmann	3537
Copius, Bernhard	3538
Corts, Johann Wilhelm	1757
Cramer, Wilhelm	3539
Cremer, Tilman	3540
Cremer, Wilhelm	3541
Cüppers, Adam Joseph	3542, 3543
Culemann, Heinrich	3544
Daecke, Otto	3545
Dahlhoff, Friedrich	3546
Dahlhoff, Matthias	3547
Dahlke, Franz	3548
Dahlmann, -	3549
Darius, Josef	3550
Darpe, Franz	3551, 3552
Darup, -	3553, 3554, 3555
Daulnoy, Abbé	3556
Decius, Carl	3559
Decius, Caspar Heinrich	3557, 3558, 3559
Decius, Emmi	3560
Decius, Hans	3559
Decius, Heinrich	3561, 3562
Decius, Martin	3563
Decker, Tilman	3564
Deerberg, Anton Friedrich Henrich	3565

Deerberg, Anton Henrich	3565
Deerberg, Johann Henrich	3565
Degenhard	3566
Deilmann, Josef	3567
Dellbrügge, Wilhelm	3568, 3569
Demberg, Karl	3570
Dentzmann, -	3571
Diederichs, August	3572, 3573
Diepes, Heinrich	3574
Diesterweg, Adolf	3575, 1679, 1901, 1902, 2226, 2262, 2984, 3576, 3577, 3578, 3579, 3580, 3581, 3582, 3583, 3584, 3585, 3586, 3587, 3588, 3589, 3590, 3591, 3592, 3593, 3594, 3595, 4662
Dietrich, Valentin	3596
Dirichs, Josef	3599
Dirksen, August	3600
Dörpfeld, Friedrich Wilhelm	3317, 3601, 3602, 3603, 3604, 3605, 3606, 3607, 3608, 4086
Dörr, Heinrich	3960
Dohmen, -	3609
Donath, Eva Maria	2017
Donk, Martin	3031, 3610
Dornseiffer, Johannes	3611
Dreier, -	3612
Duden, Konrad	2640, 3613, 3614, 3615, 3616
Düffel, Jakob	3617
Düker, -	3618
Dünhof, Peter Daniel	3619
Ebbinghaus, Paul	3620
Ebmeier, Friedrich Christian	3621
Eckel, Johann Caspar	1989
Eckmann, -	3622
Edelgast, Hans Henrich	3623, 3624
Egen, Alfons	3625
Egen, Nikolaus Kaspar	3626
Egen, Peter Casper Nikolaus	3627, 3628
Ehringhaus, F.	3629
Ehrlich, Karl Gotthilf	1932, 3630
Eich, Fritz	3631

Eickhoff, -	1718, 3632, 3633
Eickhoff, Friedrich	1983, 3632, 3633, 3634, 3635, 3636, 3637
Eickhoff, Hermann	3638, 3639
Eickhoff, Paul	3640
Ellendorf, Johann Otto	3641
Elleringmann, Wilhelm	3642
Engelbrecht, Oskar	3643
Engels, Peter	3644
Engels, Wilhelm	3645, 3646, 3647
Erdweg, Anton	3648
Erhartz, Heinrich	1990
Erkeln, Heinrich von	3314, 3649, 3650, 3651
Eß, Leander von	3652
Essen, Anton Ludwig von	3653
Esser, -	3654
Ewald, Johann Ludwig	3655
Ewers, Georg	3656
Exner, Walter	3657
Fallenstein, Conrad	3658
Farwick, Johann Bernhard	3659
Fasbender, Johann Heinrich	1280, 1774, 3660
Fasbender, Peter	3661
Fechteler, Anton	3662
Fechtrup, Jodokus	3663
Feinendegen, Emil	3664, 3665, 3666
Feld, Walter	3667
Feld, Wilhelm vom	1783
Feldmann, Hermann	3668
Fernickel, Andreas	3669
Ferrari, Ludwig	3670
Finke, -	3671
Finke, Felix	3672
Finke, Gerhard	3672
Finke, Ludger	3672
Fisch, J.	3673
Fischbach, Alfred	1882, 3674
Fischer, Wilhelm	3675
Fittig, Eduard	3676
Fix, Wilhelm	3677
Fleitmann, W.	3678, 3679

Flender, Hermann	2014
Fliedner, Theodor	1901, 3680
Fliedner, Wilhelmine	3681
Flucht, -	3682
Flügel, Georg	3683
Francke, August Ludwig	3684, 3685
Francke, Daniel Christian	3686
Frank, Emil	3687
Franke, Josef	3688
Frederking, Christian	3689, 3690
Freitag, Elfriede	3691
Fricke, Anton	3692
Fricke, Wilhelm	3693
Friederici, Johann Wilhelm	3694, 3695
Frohn, Johann J. H.	3696
Froning, -	303
Fürstenberg, Franz von	1906, 3053, 3697, 3698, 3699, 3700, 3701, 3702, 3703, 4232
Fulda, Albert	3704
Fuß, Johann D.	3705
Fuß, Mathias	3705
Fussen, Willi	3706
Galen, Christoph Bernhard von	3707, 3708
Gallus, Felix	3709, 3710
Gamann, Heinrich	3711
Gaßmann, -	3712
Geck, Friedrich Gustav	3713
Geck, Friedrich Wilhelm	3713
Geisweidt, Joh. Eberhardt	3623
Gelderblom, Friedrich Bernhard	3714, 3715
Geldorpius, Henricus	2718, 3716
Genau, Anton	3717
Gerhard, Oswald	3718, 3719, 3720
Gerhardi, Peter Melchior	3721
Gerresheim, Peter	3722
Giebeler, Bernhard	3723
Gierig, Gottfried Erdmann	3724
Giese, Fritz	3725
Gieseler, Georg Christoph	3726, 3727
Giesen, Franz Josef	3728
Glandorff, Hermann	3729

Glasmacher, Theodor	3730
Goch, W.	3731
Goedeler, Carl	3732
Goeker, Georg Nicolaus	3733, 3734
Gördes, Ignaz	3735
Goes, Johann Leopold	3736, 3737, 3738, 3739
Goesser, Johann Peter	3740
Gottschalk, Friedrich	3741, 3742
Graas, Peter	1788
Greef, Wilhelm	3743
Grein, Johann	3744, 3745
Grimm, Johann	3746, 3747
Grimme, Friedrich Wilhelm	3748
Grimmelt, -	3749
Gronewald, Johann Joseph	3750
Groß, Peter	3751
Große, Hans	3752
Großkemm, -	3753
Großmann, Karl	3754
Grote, August	3755
Grothe, Dietrich	3756, 3757
Grovemeyer, Karl	3758
Grube, Friedrich Wilhelm	3759
Grünewald, S.	3760
Gruner, Justus	128
Güldner, Ernst	3761
Günther, Christoph	3762
Gumm, Johann Peter	3763
Gustorff, Joh. Gottfried	3764, 3765, 3766, 4439
Haagen, Friedrich	3767
Haardt, Dietrich	3768
Haarstein, Damianus	3769
Haas, Michel	3770
Haase, Elisabeth	1199
Haastert, Adolf Friedrich	3771
Habrich, Leonhard	3772
Hackenberg, Albert	3773
Haentjes, Walter	3774
Haesters, Albert	3775, 3776
Haindorf, Alexander	3777
Halbsguth, Johannes	3778

Haller, -	3779
Hambrink, -	3780
Hanloe, Friedrich Heinrich	2062
Happe, August	3781
Harkort, Friedrich	3782, 3783, 3784, 3785, 3786, 3788
Harren, Wilhelm	3789
Hartke, Heinrich	3790
Hartmann, Hans Peter	1712
Hartung, Karl Maria	3791
Hartzem, Johannes Petrus	1786
Hasenclever, Ferdinand	3792, 3793, 3794
Hasse, Johann Friedrich	3795
Hasselmann, -	2994
Hawelmann, Walter	3796
Hebel, Heinrich Gerlach	3797
Hecker, Johann Julius	3798
Heckhoff, Paul	3799
Heckmann, Franz	3800
Heeden, Peter Christoph	3801
Heesemann, Friedrich	3802
Hegener, Theodor	3803
Hegius, Alexander	3804, 4174
Heidekamp, -	3045
Heilmann, -	3805
Heimbach, Wilhelm	3806
Heinekamp, -	3807
Heinemann, Josephine	3808
Heinen, Anton	3809, 3810, 3811, 3812, 3813
Heinrichs, Franz	3814
Heinz, J.	3815, 3816
Heisen, -	1753
Heitmann, Clemens	3817
Heller, Gerhard	3818
Heller, Gerhard Jak.	3818
Heller, Joh. Jakob	3818
Heller, Jul.	3818
Helling, Fritz	3819
Hellinghaus, Otto	3820
Hellmich, Theodor	3821
Hengstenberg, Hermann Ludwig	3822

Hengstenberg, Johann Friedrich Heinrich	3822
Henkel, Hans	1707, 1744
Henrich, Jakob	3823, 3824, 3825, 3826, 3827, 4454
Henßen, Gottfried	3828
Henze, Otto	3829
Herchenbach, Wilhelm	3830
Herold, Melchior Ludolf	1284, 1285, 3831, 3832, 3833
Hertzberg, -	3834
Herzog, Walter	3574
Hesselmann, C.	3835
Heuermann, Georg	3836
Heuermann, Wilhelm	3837
Heuser, A. R. J.	3838
Heuser, Peter	3839, 3840
Heymanns, Arnold	3841
Hilden, Johann Baptist	2006
Hilker, Konrad	1312, 3842
Hillebrand, August	3843
Hochscheidt, Hermann Joseph	2123
Höhner, Hans	3844
Hölscher, Johannes	3845
Hölter, H.	3846
Hölterhoff	3847
Höner, Caspar	3848, 3849
Hoffmann, Christoph Ludwig	3850
Hoffmann, Gotthilf August	3851, 3852, 3853
Hoffsiek, -	666
Hogeweg, Diedrich	3854
Holländer, Theodor	3855
Hollenberg, Matthias	3856
Hollenberg, Wilhelm	3857
Hollmann, Johann Heinrich	3858, 3859
Holst, Hermann Meno	3860
Holthaus, Johannes	3861
Holthaus, Peter Heinrich	1348, 1350, 1694, 2225, 3862, 3863, 3864, 3865, 3866, 4427
Holzmüller, Gustav	3867
Honcamp, Bernhard Heinrich	78, 3868, 3869
Honcamp, Franz Cornelius	3870, 3871

Honekamp, Theo	3872
Horn, Dietrich	3873
Horst, Ferdinand	3874
Horstbrink, Fritz	3875, 3876
Horstmann, Karl	3877
Hosang, Franz H.	3878
Hospach, Erwin	3879
Hoßdorf, Wilhelm	3880
Hückelheim, Johannes	3881
Hüls, Hans	3882
Hünermann, Josef	3883
Hürxthal, Karl	3507
Hürxthal, Peter	3507, 3884, 3885, 4427
Hüser, Friedrich	3886
Hüsken, Heinrich	3887
Hüttemann, Heinz	3888
Hundhausen, Eduard	3889
Huppertz, Johannes	3890, 3891, 3892
Huy, Johannes	3893
Imandt, Joh. Anton Caspar	3894, 3895, 3896
Imanuel, -	3046
Imhof, Ewald	3897
Imme, Theodor	3898
Isenberg, Joh. Abr.	3769
Isenkrahe, Caspar	3899
Ising, -	3900
Itter, Hermann	1748
Jacobi, Elisabeth	3901, 3902
Jäger, Karl	3903
Janssen, Arnold	3904
Jeleneck, Mathias	3905
Jellinghaus, H.	3906
Jenckens, Robert	3907
Jepkens, Albert	3908
Jonen, Hans	3909
Joußen, Johann Josef	3910
Jüngel, C.	2053
Junckers, Bartholomaeus	3911
Jung-Stilling, Johann Heinrich	1393, 3912
Jux, Anton	3913
Kämper, -	3914

Kaiser, -	3915
Kalkuhl, Ernst	3916
Kaltenbach, Joh. Heinr.	3917
Kamper, Karl	3918
Kapell, Franz Josef	3919
Kapp, Alexander	3920
Kaspers, Wilhelm	3921
Katz, Werner	3922
Kaufhold, Friedrich	3923
Kayser, Clemens	1749
Keber, Paul	3924
Kellner, Johannes	3925
Kemener, Timann	3926, 3927
Kempen, Josef Franz Carl van	3928
Kemper, Johannes	1082, 3929
Kenck, Josef von	3930
Kerper, Friedrich	3931
Kerrl, Theodor	1934, 3986
Kerssenbrock, Hermann von	2739, 3932, 3933
Kesternich, Werner	3934, 3935, 4011
Keussen, Hermann	3936
Kierspel, August	3937
Kiesgen, Laurenz	1856, 3938, 3939, 3940
Kintgen, Peter	3941
Kirchner, Karl	3942
Klaas, Johann Martin	1827, 3943
Klappert, Heinrich	3944
Klei, Alexander	3945
Klein, Heinz	3946
Kleine, Heinrich	3947
Kleinherne, Josef	3948
Klessing, Anna	3949
Klessing, Heinrich	3950, 3951
Klinkenberg, Josef	3952
Klinkhammer, Peter	3953
Klochenhoff, Karl	3954
Klodt, Franz Wilhelm	3955
Klops, Laurentius	1726
Kluft, Christian	1772, 3956
Knabe, August	3957
Knaden, Joh. Ludwig	3958

Knaden, Josef	3958
Knefel, Konrad Ernst	2555, 3959
Kneist, Gustav	3960
Knickenberg, Joseph	3961
Knievel, Hermann Ignaz	3962, 3963, 3964, 3965
Knoche, Heinrich	3966, 3967, 3968, 3969, 3970
Koch, -	3971
Koch, Anton	4334
Koch, Franz Josef	3972, 3973
Koch, Gustav	3974
Koch, Thusnelde	3975
Koch-Otte, Benita	3976
Köchling, Josef	3977
Köhr, Peter	3978
Köppen, Joseph	3979
Körnig, Franz	3980
Kössmeier, Friedrich	3981
Kohl, Henrikus	3982
Kohl, Richard	3983
Kohlhaas, Aegidius	3984, 3985
Kohlhage, Adolf	4313
Kohlmann, Karl	3986
Kohlrausch, Friedrich	3987, 3988
Koppe, Fritz	3989
Koppelmann, Wilhelm	3990
Korte, Wilhelm	3991
Kortüm, Karl Wilhelm	3992
Kotschok, Albert	3993
Kottenkamp, -	158
Koulen, Josef	3994, 3995
Koxholt, Johann Heinrich	3996
Krabbe, Caspar Franz	3997, 3998, 3999
Krämer, Dominikus	4000
Krämer, Theodor	4001
Krahforst, -	4002
Krantz, Johann Franz Jos.	2599, 4003, 4004
Kraß, Martin	4005
Kreisel, Adolf	4006
Kreuser, - (Jülich)	4007
Kreuser, - (Köln)	4008
Krichen, -	4009

Kriegeskotte, -	4010
Krings, -	4011
Krings, Wilhelm	4012
Kröger, -	4013
Kröger, Christoph Heinrich	4014
Krönig, August	4015
Kroh, Oswald	4016
Kropp, Richard	4017
Krüper, -	4018
Krummacher, Friedrich Adolf	2199, 4019, 4020, 4021, 4022, 4023
Kruse, Johann Jakob	4024
Kühler, -	4025
Kühn, Fritz	4026, 4027
Kühn, Redlich	4028
Kühn, Rudolf	4029
Kühn, Wilhelm	4030, 4031, 4032
Küpper, Hubert	2270
Küpper, Johann Heinrich	4033
Kuhl, Joseph	4034, 4035
Kuhl, Peter	4036
Kuhlo, Karl Philipp	4037
Kuithan, Johann Wilhelm	2388, 2392, 2399, 4038, 4039, 4040
Kuypers, Franz	4041
Kuypers, Heinrich	4041
Labonté, Antonius	4042
Ladebeck, Artur	4043
Laege, Wilhelm	4044
Lagemann, August	4045
Lambach, Johann	4046
Lamberti, Peter	3878
Landase, Nicolas de	4047, 4048
Landfermann, Diederich Ludwig	2878, 4049
Landfermann, Dietrich Wilhelm	4050, 4051, 4052
Lange, Else	4053
Lange, Friedrich Albert	3101, 4052, 4054, 4055, 4056, 4057
Lange, Heinrich	4058
Langen, Johann Jakob	4059
Langen, Rudolf von	4060

Langewiesche, Friedrich	4061, 4062
Lankes, Peter	4063
LBio	643, 893, 1697, 1977, 2880, 3353, 3354, 3355, 3356, 3357, 3358, 3359, 3360, 3361, 3362, 3363, 3364, 3365, 3366, 3367, 3368, 3369, 3370, 3371, 3372, 3413, 3456, 3458, 3478, 3505, 3565, 3597, 3598, 3637, 3663, 3672, 3719, 3762, 3787, 3900, 3911, 3978, 4017, 4108, 4148, 4151, 4193, 4197, 4203, 4256, 4291, 4300, 4347, 4384, 4411, 4470, 4517, 4555
Lechtenbörger, Wilhelm	4064
Lefholz, Johann Karl	4065
Lenfert, Heinz	4066
Lenssen, Maria	4067
Lentz, August	4068
Letschen, Johann Matth.	1714
Leyh, Karl	4069
Lieck, Heinrich	4070, 4071, 4072
Lieser, Johannes	4073
Limberg, Ferdinand	4074
Linkenbach, Johann Wilhelm	1062, 4075, 4076, 4077, 4078
Linnartz, Kaspar	4079
Linnhoff, -	4080
Lippert, Karl	4081
Locht, Heinrich van de	4082
Löcherbach, Heinrich	4083
Löcker, -	4084, 4085
Lomberg, -	4086
Lommertz, Heinrich	4087
Lorenz, Wilhelm	4088
Louwart, Peter	1992
Lucas, Hermann	4089
Lübke, Peter	974, 4090, 4091, 4092
Lütgenau, Maria	4093
Lütteken, Lorenz	4094
Luhmann, Heinrich	4095
Mager, Karl	4096, 4097, 4098, 4099

Marck, Friedrich Adolf von der	4100
Marcoduranus, Fabricius	4102
Markmann, -	4103
Martini, -	4104
Matenaar, -	4105
Mathar, Ludwig	4106, 4107, 4108, 4109, 4110, 4111, 4112, 4113, 4114
Meier, August	4115
Meier, Karl	4116, 4117, 4118, 4119
Meigen, Johann Wilhelm	4120
Meiners, Arthur	4121
Meise, Heinrich	4122
Melanchthon, Philipp	2868, 2876
Mengel, Erich	4123
Mensching, Justus Conrad	4124
Merkelbach, Albert	1515, 4125
Merklinghaus, Johann Christoph	4126
Mertens, Hans-Willy	4127
Mester, -	694
Meurer, -	331
Mevenkamp, Heinrich	4128
Meyer, Christian	4129
Meyer, Theodor	4130
Meyer, Wilhelm	1763, 4131, 4132, 4133, 4134
Meyer-Spelbrink, Karl	4135
Middendorf, Wilhelm	1738, 4136, 4137, 4138, 4139
Mink, Wilhelm	4140
Mock, Arnold	4141
Möllenhof, Joachim Heinrich	4142
Möller, Bernhard	4143
Möller, Johann Friedrich	583, 584, 585, 1935, 4144, 4145, 4146
Möller, Rudolf	4147
Möllers, Franz Josef	4148
Mönig, Anton	4149
Mönnichs, -	4150
Möser, Justus	4151
Mohr, Johann Conrad	1984
Moldenhauer, Franz	4152
Moll, Heinrich	4153
Moll, Johann Abraham	4154

Molls, Peter	4155
Momma, Johann	4156
Moser, August	4157
Müermann, Ludwig	4158
Mühlinghaus, Gottschalk	4159, 4160
Mülle, Tillmann	4161
Müller, Edmund Josef	4162
Müller, Georg	4163
Müller, Heinrich	4164, 4165
Müller, Hermann	4166, 4167
Müller, Joseph	4168
Müller, Paul	4169
Müller, Thomas	4170, 4171
Münker, Julius	4172
Mullerus, J. G.	4101
Mullerus, Johann Goswin	4101
Mullerus, Johann Melchior	4101
Mummenthey, Karl	2288
Murmellius, Johann	4173, 4174
Nagel, -	4175
Nakatenus, Wilhelm	4176
Natorp, Bernhard C. L.	971, 1893, 3794, 4177, 4178, 4179, 4180, 4181, 4182, 4183, 4184
Natorp, Eduard	4182
Natorp, Gustav	4182
Natorp, Paul	4182
Nauck, Friedrich	4185, 4186
Neander, Joachim	4187, 4188
Nehm, -	2068
Nesbach, Heinrich	4189
Neuhaus, Heinrich Jakob von	4190
Niclas, Anton	4191
Niederländer, -	4192
Niedermeier, Martha	4193
Niemeyer, Heinrich	4194, 4195
Niessen, Josef (jun.)	4196
Niessen, Josef (sen.)	4196
Nießen, Joseph	4197
Nischalke, Martin	4198
Nitzsch, Otto	4199

Nix, A.	4200
Nobis-Hilgers, Elisabeth	4201
Nolte, Franz	4202
Nolte, Friedrich	4203
Nolte, Hermann	4204
Nolting, Heinrich	4205, 4206, 4207
Nonne, Johann Gottfried Christian	2446, 2676, 2678, 3257, 4208
Normann, Julius	4210, 4211
Norrenberg, Peter Franz Xaver	4212
Obermeyer, Karl	4213
Odenbach, Karl	4214
Odenthal, Max	4215
Oeke, Wilhelm	4216, 4217
Oelker, Wilhelm	4218
Oesterhaus, Wilhelm	4219
Ohm, Franz Josef	4220
Ossenbühl, Wilhelm	4221
Ostendorf, Julius	2669, 2677, 3041, 4222
Ostermann, Wilhelm	4223
Osterport, Diedrich	4101, 4224
Oswald, Johann Heinrich	2987
Otto, Hugo	828, 4225
Overberg, Bernhard	3701, 3900, 4226, 4227, 4228, 4229, 4230, 4231, 4232, 4233, 4234, 4235, 4236, 4237, 4238, 4239
Overkott	4240
Paffrath, Kuno	4241
Pagendarm, Paul	4242
Pahmeyer, Friedrich	4243
Paschetag, Hermann	4244
Pauline, Fürstin zur Lippe	1890, 4245
Pauly, Heinrich	4246
Peitz, Franz	4247
Perey, Arnold	4248
Pering, Johannes	4249
Perthes, Otto	4250
Pesch, Johann	4251
Pestalozzi, Johann Heinrich	3351, 4252
Peter, Heinrich	4253
Peters, Friedrich	4254

Peters, Jakob	4255
Petersen, J. C. F.	4256
Petersen, Joh. Theodor	4257
Petri, -	160
Pfennig, Heinrich	4258, 4259
Picard, Rudolf	4260
Pilckmann, Alex	4261
Pimperling, Daniel	4262
Pleitner, -	4263
Poell, Eduard	4265
Pöppelbaum, Elisabeth	4266
Pohlmann, Hermann	4267
Potier, Michael	4268
Praetorius, Carl	4269
Prange, Ernst	1716
Prell, August	4270, 4271
Printzen, Michael	4272, 4273
Pröpper, Theodor	4274
Pröschold, Otto	4275
Puls, Caesar	4276
Puls, Wilhelm	4277
Queling, Theodor	4278
Quest, Friedrich	4279
Randerath, Leonhard	4280
Raßmann, Christian Friedrich	4281
Raßmann, Ernst	4281
Rath, Ferdinand	4282
Rath, Johannes	4283
Rathgeber, -	4284
Rauschen, Gerhard	4285, 4286
Recke, Philipp von der	968, 1893
Rees, Willi	4287, 4288
Reese, Rudolf	4289
Rehbein, Wilhelm	4290
Reiche, Karl Christoph	562, 4291
Reinartz, Werner	4292
Reinermann, Peter	4293
Reinert, Joh. Friedrich	4124
Reitz, Johann Henrich	4294
Rembert, Karl	4295
Rente, Hans	4296

Reuffer, Hermann	4297
Richter, August	4298
Richter, Daniel	4299
Richter, Hans	4300
Richter, Wilhelm	4301
Rieken	4302
Riepe, Peter C.	3878
Riese, Johann	4303
Rinke, Gustav	4304
Risler, Carl	4305
Rittinghaus, Peter	4306
Rivius, Johannes	4307, 4308, 4309
Rixmann, Heinrich	4310
Robens, Michael	4311
Rockart, -	4312
Rode, Friedrich	4313
Röhr, Heinrich	4314, 4315, 4316
Römer, Georg Christian	4317
Roeteken, Gerhard	4318
Röttger, Fritz	4319
Röttger, Karl	4320
Rohleder, Franz	4321, 4322
Roleff, -	4323
Rolfing, Heinrich	4324
Ronsberg, -	1915
Rosandahl, Friedrich	4325
Rose, Carl	4326
Rosenberg, Josef	4327
Rossel, J. P.	2204, 2205
Roth, Wilhelm	4328
Rothe, Mathias	4329
Rothmann, Bernhard	4330
Ruckstuhl, Karl	4331
Rübel, Rudolf	4332
Rüggeberg, Ewald	3507
Rüping, Heinrich	4333
Rüsing, Joh.	4334
Rüter, Heinrich	4335
Rüter, Wilhelm	3300
Rüther, Heinrich	4336
Rütten, Felix	4337

Runde, -	584
Rupprecht, -	4338
Rutsch, Richard	4339
Sander, Christian	3435, 3436
Sarcerius, Erasmus	4340, 4341, 4342, 4343, 4344, 4345, 4346
Saßmannshausen, Johann	414
Sauer, Friedrich Adolf	1922, 1923, 1927, 4348, 4349, 4350, 4351, 4352, 4353
Sauer, Ludwig Theodor	4354
Schacht, August	4355
Scharlemann, -	4356
Schaten, Nikolaus	4357
Schauenburg, Eduard	4358, 4359, 4360
Scheemann, Johann Kaspar	4361
Scheibler, Christoph	4362, 4363
Scheidtweiler, -	4364
Scheins, Martin	4365
Schell, Otto	4366, 4367
Schemann, Johann C.	3878
Schepp, Friedrich	4368
Schettler, Albert	4369
Scheuffgen, Franz Jakob	4370
Scheuten, Adam Wilhelm	4371
Schierholz, Gustav	4372
Schiermeyer, Christoph	4373
Schiller, Anton	4374
Schippers, Gustav	4375
Schirmer, Friedrich	4376
Schirmer, Heinrich	4377
Schlattmann, Franz	4378
Schleeger, Wilhelm	4379
Schlepper, Wilhelm	4380
Schlinkmann, Werner	4381
Schmachtenberg, Johann Peter	4382
Schmachtenberg, Peter	4382
Schmalhaus, Ernst	4383
Schmick, Jacob Heinrich	4384
Schmidt, Alfred	4385
Schmidt, Heinrich	4386
Schmidt, Johannes	4387

Schmitfranz, -	781, 4388
Schmitz, Ferdinand	4389, 4390
Schmitz, Hedwig	4391
Schmitz, Heinrich	4392
Schmitz, Johannes	4393
Schmitz, Wilhelm	4394
Schmuck, Wilhelm	4395
Schmüling, -	4396
Schmülling, Heinrich	4397, 4398, 4399
Schneider, Christian	4400
Schneider, Eulogius	4401
Schneider, Georg	4402
Schneider, Philipp	4403
Schneidereit, Wilhelm	4404
Schnetger, Caspar D.	4101
Schnippenkötter, Ernst	4405
Schnitzler, Abraham	1778
Schnücke, Heinrich	4406, 4407
Schöne, Josef	4408
Schöneborn, Johann Christoph	4409
Scholand, Franz	4410
Scholten, Alfred Wilhelm	4411
Scholten, Robert	4412
Schoppe, Josef	4413
Schoppmeyer, Heinrich	4414
Schorn, Peter Joseph	4415, 4416, 4417
Schrader, August	4418
Schrader, Minna	4419
Schrader, Rudolf	4420
Schrammen, Johannes	4421
Schreiber, Joh. Aug.	4422
Schröder, Carl	4423
Schröder, Friedrich	1975
Schroers, -	4424
Schroeter, Christian Friedrich	4425
Schuchard, Heinrich J. G.	4426
Schürmann, Daniel	1821, 1826, 2126, 2187, 4427, 4428, 4429, 4430, 4431, 4432, 4433, 4434, 4435, 4436, 4437, 4438, 4439, 4440, 4441, 4442, 4443

Schürmann, Friedrich	4444
Schürmann, Joh. Heinr.	4446, 4445
Schürmann, Karl	1303
Schürstedt, Wilhelm	4447
Schütze, Johann	656
Schulte, Franz Caspar	1770
Schulte, Wilhelm	4448
Schulz, Ferdinand	4449
Schulz, Heinrich	4450
Schulze, Rudolf	4451
Schumacher, Gerhard	4452
Schunck, Egon	4453
Schuß, Christian	4454
Schwarz, Franz	4455
Schweden, -	4456
Schweitler, -	4457
Schwettmann, Johann Carl	4458, 4459, 4460
Seelbach, Johann Ludwig	4461, 4462
Seele, Wilhelm	4463
Seidenstücker, Johann Heinrich	2430, 2665, 2668, 2676, 3038, 3064, 3320, 4464, 4465
Sellmann, -	4466
Seltmann, Johann Sigismund	4467
Sénéchaute, Peter	4468
Seuster, Emil	4469
Sieben, Johann Gerhard Arnold	4470
Siebourg, Max	4471
Siekmann, Wilhelm	4472
Simon, Gustav	4461, 4462
Simon, Heinrich	4473
Simon, Wilhelm	4474
Snogger, A.	1733
Sökeland, Hermann	4475
Sonderhoff, Jakob	4476, 4477, 4478
Spielhoff, Adolf	4479
Spielhoff, Werner	4479
Spielhoff, Wilhelm	4479
Spielhoff, Wilhelm Georg Karl	4479
Spring, -	4480
Stahm, Bernhard	4481
Stamm, -	4482

Stange, Ewald	4483
Starck, Otto	4484
Statz, Wilhelm	783
Steeger, Albert	4485, 4486, 4487, 4488, 4489
Steffe, Heinrich	4490
Stehfens, Friedrich	1884, 4491, 4492
Stein, Johann Wilhelm vom	4493
Steinbart, Quintin	2446, 4052
Steinberg, -	703, 4494
Steinbrinck, Carl	4495
Steinbrügge, Wilhelm	4496
Steinen, Johann Dietrich von	1871, 4497
Steines, Friedrich	4498
Steinwald, Christian	4499
Stephan, -	4500
Stiehl, Ferdinand	4501, 43
Stiepel, -	1936
Stöcker, -	1972
Stohlmann, August	4502
Stollwerck, Franz	4503, 4504
Stolte, Wilhelm	4505
Stolz, Heinz	4506
Stommel, Wiemar	4507
Stoppenhagen, Hermann	4508
Storck, Adam	4509
Storck, Heinrich	4510
Stracke, Karl	4511
Sträter, Anton	4512
Streithagen, Andreas	4513
Strumann, Franz	4514
Stürmer, Bruno	4515
Stutte, -	462, 4516
Stutte, Johannes	4517
Sudbrack, Eduard	4518
Sudbrock, Heinrich	4519
Sudhaus, -	1961
Süvern, Johann Wilhelm	41, 4520
Süvern, Wilhelm	4521
Suffrian, -	4522
Sundermann, Walter	4523
Sybel, Johannes	4524

Sybelius, Laurentius	4525
Täpper, Wilhelm	4526
Take, Anton Heinrich	4527
Tappeser, Heinrich Hermann Joseph	4528
Tasche, Emil Ludwig	4529, 4530, 4531, 4532
Tauchelt, G.	4533
Teggers, Heribert	4534
Terheyden, Jakob	4535
Terwelp, Gerhard	4536, 4537
Tesch, Peter	4538
Teschner, Heinrich	4539
Tewaag, Johann Daniel	4540
Textor, Friedrich	4541
Theiß, Joh. Clemens	4542
Thelen, Johann	4543
Thiel, -	1076
Thiel, Johann Peter	4544, 4545, 4546
Thiel, Moritz	3878
Thiersch, Bernhard	4547
Thissen, Eugen Theodor	4548
Thöne, Heinrich	4549
Tigemann, Konrad	4550
Tilmann, Daniel	4551
Timmermann, -	4552
Timpler, Clemens	4553
Tittel, Wilhelm	4554
Todt, Karl Bernhard	4555
Tönsmeyer, Josef	4556
Toepler, Michael	1806, 4557, 4558
Tosberg, Walter	4559
Trampe, Adolf	4560
Trimborn, Gerhard	4561
Tücking, Carl	4562
Tümler, Bernhard	4563
Tümmler, Hans	4564, 4565
Twent, Josef	4566
Ullmann, Wilhelm	4567
Vatteroth, Karl	4568
Viehmeyer, Hann-Dirk	4569, 4571, 4570
Vieter, Friedrich	4572

Vincke, Ludwig von	1188, 1276, 4573, 4574, 4575, 4576, 4577
Vinke, Wilhelm	4578
Vizelin, -	4579
Vössing, Johann	4580
Vogel, -	4581
Vogel, Johann Theodor	1692, 1693, 4582
Volkmann, August	4583
Vollhauer, Hermann	4584
Vollmann, -	1742
Vomhof, Johannes	4585
Vonderbank, -	4586
Vormbrock, Carl	4587
Vorstius, Hermann	4588
Voß, -	4589
Wachler, Johann Friedrich Ludwig	4590
Wagenfeld, Karl	4591, 4592
Wagner, Mathias	4298
Walber, Johann Christian	4593
Wallbaum, Heinrich	4594
Walter, Maurus	4595
Walter, Petrus Antonius	4596
Wateler, Mathias	4597
Weber, -	4598
Weckermann, -	4599
Weddigen, Peter Florenz	1188, 4600
Weeg, Johann Peter	4601
Weerth, Ferdinand	4602, 4603
Wehmeyer, Heinrich Christian	4604
Wehrhan, Karl	4605
Weidner, Johann Leopold	2980
Weihe, Karl Justus	4606
Weimann, Heinrich	4607
Weinen, -	4608
Weisemann, Ewald	4609, 4610, 4611
Wellpott, Wilhelm	4612
Wentz, Karl	1873, 4613, 4614
Werth, -	4615
Westermann, Diedrich	3546
Westermann, Karl	4616
Westhoff, Bernhard	4617, 4618, 4619

Wetzel, Johannes	4620
Wewerdinck, Joan Bernard	4621
Weyden, Ernst	4622, 4623, 4624
Wiedenhoúen, Henricus	4625
Wiegelmann, Wilhelm	4626
Wiegmann, Peter A.	4627
Wiemann, August	4628, 4629
Wiens, Eberhard	4630
Wiens, Josef	4630
Wiesch, Johann Bernard	4632, 4631, 4633
Wiese, Ludwig	4634, 4635
Wiggermann, Anton	4636
Wilberg, Johann Friedrich	971, 1893, 2810, 3589, 4637
Wilck, Georg	2732
Willeke, Karl	4638
Wilms, Cornelius	1979
Wiltberger, Hans	4639
Windel, Johannes	4640
Winkhold, -	4641
Winter, Karl	414
Wischendorf, Christoph	4642
Withof, Johann Philipp Lorenz	4643
Witkopp, -	4644
Wlecke, Wilhelm	4645
Woernle, Richard	4646
Woeste, Friedrich	4647, 4648, 4649, 4650
Woeste, Ludolf	4648
Wolf, Ferdinand Josef	4651
Wolf, Winand	4652
Wolff, -	4653
Wolff, Johann Arnold	4654
Wortmann, Gerhard	4655
Wülfing, Johann Wilhelm	1735
Wüsthof, Johannes	1736
Wurmbach, Adolf	4656, 4657, 4658, 4659
Wurning, Wilhelm	4660
Zahn, Franz Ludwig	1902, 4661, 4662
Zander, -	4663
Zellner, Leo	4664
Zernial, Christian Wilhelm	4665
Zickgraf, -	4666

Zietzschmann,-	4667, 4668
Zilleckens, -	4011
Zimmermann, Wilhelm	4669
Zopf, Heinrich	4670
Zuccalmaglio, Anton Wilhelm	4671

V. Ortskonkordanz

Aachen	Aachen
Afferde	Unna-Afferde
Afholderbach	Netphen-Afholderbach
Agathaberg	Wipperfürth-Agathaberg
Ahaus	Ahaus
Ahlen	Ahlen
Ahlintel	Emsdetten-Ahlintel
Aldekerk	Kerken-Aldekerk
Aldenhoven	Aldenhoven
Aldenrade	Duisburg-Aldenrade
Allagen	Warstein-Allagen
Allenbach	Hilchenbach-Allenbach
Alpen	Alpen
Alsdorf	Alsdorf
Alstaden	Oberhausen-Alstaden
Alstätte	Ahaus-Alstätte
Altena	Altena
Altenberge	Altenberge
Altenbüren	Brilon-Altenbüren
Altenseelbach	Neunkirchen-Altenseelbach
Altschermbeck	Schermbeck-Altschermbeck
Amern	Schwalmtal-Amern
Angermund	Düsseldorf-Angermund
Anholt	Isselburg-Anholt
Anrath	Willich-Anrath
Anreppen	Anreppen
Anröchte	Anröchte
Arnoldsweiler	Düren-Arnoldsweiler
Arnsberg	Arnsberg
Ascheberg	Ascheberg
Aspel	Rees-Aspel
Asperden	Goch-Asperden
Assinghausen	Olsberg-Assinghausen
Attendorn	Attendorn

Auw-Schlausenbach	Auw-Schlausenbach
Avenwedde	Gütersloh-Avenwedde
Bad Berleburg-Arfeld	Bad Berleburg-Arfeld
Bad Godesberg	Bonn-Bad Godesberg
Bad Laasphe	Bad Laasphe
Bad Lippspringe	Bad Lippspringe
Bad Meinberg	Horn-Bad Meinberg
Bad Münstereifel	Bad Münstereifel
Bad Oeynhausen	Bad Oeynhausen
Bad Salzuflen	Bad Salzuflen
Badorf	Brühl-Badorf
Baesweiler	Baesweiler
Balve	Balve
Barmen	Jülich-Barmen
Barmen	Wuppertal-Barmen
Barntrup	Barntrup
Beck	Dorsten-Beck
Beckhausen	Gelsenkirchen-Beckhausen
Beckum	Beckum
Bedburg	Bedburg
Beek	Xanten-Beek
Beggendorf	Baesweiler-Beggendorf
Belke	Enger-Belke
Bellingroth	Engelskirchen-Bellingroth
Belmicke	Bergneustadt-Belmicke
Benninghausen	Lippstadt-Benninghausen
Benrath	Düsseldorf-Benrath
Bensberg	Bergisch Gladbach-Bensberg
Bentrup	Detmold-Bentrup
Berchum	Hagen-Berchum
Berendonk	Kevelaer-Berendonk
Bergheim	Mechernich-Bergheim
Bergheim (Erft)	Bergheim (Erft)
Bergisch Gladbach	Bergisch Gladbach
Bergkirchen	Bad Oeynhausen-Bergkirchen
Bergneustadt	Bergneustadt

Bermershausen	Bad Laasphe-Bermershausen
Berrenrath	Hürth-Berrenrath
Berzdorf	Köln-Berzdorf
Bestwig-Ramsbeck	Bestwig-Ramsbeck
Bethel	Bielefeld-Bethel
Beuel	Bonn-Beuel
Beverungen	Beverungen
Beyenburg	Wuppertal-Beyenburg
Bielefeld	Bielefeld
Biemenhorst	Bocholt-Biemenhorst
Bierde	Petershagen-Bierde
Bieren	Rödinghausen-Bieren
Billerbeck	Coesfeld-Billerbeck
Billerbeck	Horn-Bad Meinberg-Billerbeck
Billmerich	Unna-Billmerich
Bilstein	Lennestadt-Bilstein
Birgden	Gangelt-Birgden
Birgelen	Wassenberg-Birgelen
Bischofshagen	Löhne-Bischofshagen
Bismarck	Gelsenkirchen-Bismarck
Blankenberg (Sieg)	Hennef-Blankenberg (Sieg)
Blankenhagen	Gütersloh-Blankenhagen
Blankenheim	Blankenheim
Blankenrode	Blankenrode
Blasheim	Lübbecke-Blasheim
Bliesheim	Erftstadt-Bliesheim
Blomberg	Blomberg
Bocholt	Bocholt
Bochum	Bochum
Bodelschwingh	Dortmund-Bodelschwingh
Bödefeld	Schmallenberg-Bödefeld
Bödingen	Hennef-Bödingen
Boele	Hagen-Boele
Börnig	Herne-Börnig
Bösensell	Senden-Bösensell
Bokel	Rietberg-Bokel

Bommern	Witten-Bommern
Bonn	Bonn
Bonnenbroich	Mönchengladbach-Bonnenbroich
Boppard	Boppard
Borgeln	Welver-Borgeln
Borgholzhausen	Borgholzhausen
Borghorst	Steinfurt-Borghorst
Bork	Selm-Bork
Borken	Borken
Bornheim	Bornheim
Boslar	Linnich-Boslar
Bottrop	Bottrop
Bracht	Brüggen-Bracht
Brackwede	Bielefeld-Brackwede
Brakel	Brakel
Brand	Aachen-Brand
Brauersdorf	Netphen-Brauersdorf
Braunshausen	Hallenberg-Braunshausen
Braunsrath	Waldfeucht-Braunsrath
Brechten	Dortmund-Brechten
Breckerfeld	Breckerfeld
Breidenbach-Achenbach	Breidenbach-Achenbach
Breyell	Nettetal-Breyell
Brilon	Brilon
Brockhagen (Westf.)	Steinhagen-Brockhagen (Westf.)
Broekhuysen	Straelen-Broekhuysen
Broich	Mülheim-Broich
Bruchhausen	Arnsberg-Bruchhausen
Bruckhausen	Hünxe-Bruckhausen
Brüggen (Niederrh.)	Brüggen (Niederrh.)
Brühl	Brühl
Brünen	Hamminkeln-Brünen
Brunskappel	Olsberg-Brunskappel
Bucholtwelm	Hünxe-Bucholtwelm
Büchel	Remscheid-Büchel
Büderich	Meerbusch-Büderich

Büderich	Werl-Büderich
Buer	Gelsenkirchen-Buer
Bünde	Bünde
Bürbach	Siegen-Bürbach
Büren	Büren
Burbach	Burbach
Burgsteinfurt	Steinfurt-Burgsteinfurt
Burscheid	Burscheid
Buschhütten	Kreuztal-Buschhütten
Calle	Meschede-Calle
Canstein	Marsberg-Canstein
Carnap	Essen-Carnap
Castrop-Rauxel	Castrop-Rauxel
Clörath	Willich-Clörath
Coesfeld	Coesfeld
Corvey	Höxter-Corvey
Crange	Herne-Crange
Cronenberg	Wuppertal-Cronenberg
D'horn	Langerwehe-D'horn
Daaden (hess. Siegerl.)	Daaden (hess. Siegerl.)
Dabringhausen	Wermelskirchen-Dabringhausen
Dahl	Hagen-Dahl
Dahl	Olpe-Dahl
Dahlsen	Hemer-Dahlsen
Dalheim	Wegberg-Dalheim
Damm	Schermbeck-Damm
Dankersen	Minden-Dankersen
Darfeld	Rosendahl-Darfeld
Datteln	Datteln
Dedenborn	Simmerath-Dedenborn
Dehlentrup	Detmold-Dehlentrup
Deilinghofen	Hemer-Deilinghofen
Delbrück	Delbrück
Delhoven	Dormagen-Delhoven
Delling	Kürten-Delling
Dellwig	Fröndenberg-Dellwig

Delmenhorst	Delmenhorst
Derendorf	Düsseldorf-Derendorf
Derschlag	Gummersbach-Derschlag
Detmold	Detmold
Deuten	Dorsten-Deuten
Deuz	Netphen-Deuz
Dilkrath	Schwalmtal-Dilkrath
Dillenburg	Dillenburg
Dingden	Hamminkeln-Dingden
Dinker	Welver-Dinker
Dinslaken	Dinslaken
Dormagen	Dormagen
Dorn	Reichshof-Dorn
Dorsten	Dorsten
Dorstfeld	Dortmund-Dorstfeld
Dortmund	Dortmund
Dotzlar	Bad Berleburg-Dotzlar
Drechen	Hamm-Drechen
Dreisbach	Netphen-Dreisbach
Dremmen	Heinsberg-Dremmen
Drensteinfurt	Drensteinfurt
Drevenack	Hünxe-Drevenack
Driesch	Nümbrecht-Driesch
Drolshagen	Drolshagen
Dröschede	Letmathe-Dröschede
Dülken	Viersen-Dülken
Dülken-Busch	Viersen-Dülken-Busch
Dülmen	Dülmen
Dünne	Bünde-Dünne
Düren	Düren
Dürwiß	Eschweiler-Dürwiß
Düssel	Wülfrath-Düssel
Dützen	Minden-Dützen
Duisburg	Duisburg
Duissern	Duisburg-Duissern
Echtz	Düren-Echtz

Eckenhagen	Reichshof-Eckenhagen
Eckmannshausen	Netphen-Eckmannshausen
Eggerscheidt	Ratingen-Eggerscheidt
Ehringhausen	Remscheid-Ehringhausen
Eicherscheid	Simmerath-Eicherscheid
Eickel	Herne-Eickel
Eickhorst	Hille-Eickhorst
Eickum	Herford-Eickum
Eillpe	Hagen-Eilpe
Eineckerholsen	Welver-Eineckerholsen
Eisbergen	Porta Westfalica-Eisbergen
Eiserfeld	Siegen-Eiserfeld
Eisern	Siegen-Eisern
Elberfeld	Wuppertal-Elberfeld
Eldagsen	Petershagen-Eldagsen
Eller	Düsseldorf-Eller
Elsdorf	Elsdorf
Elsen	Grevenbroich-Elsen
Elsey	Hagen-Elsey
Elsoff	Bad Berleburg-Elsoff
Embken	Nideggen-Embken
Emmerich	Emmerich
Emsdetten	Emsdetten
Engelskirchen	Engelskirchen
Enger	Enger
Ennepetal	Ennepetal
Enniger	Ennigerloh-Enniger
Ennigerloh	Ennigerloh
Ennigloh	Bünde-Ennigloh
Eppinghofen	Mülheim-Eppinghofen
Eppinghoven	Dinslaken-Eppinghoven
Erkelenz	Erkelenz
Erkeln	Brakel-Erkeln
Erkenschwick	Oer-Erkenschwick
Erle	Raesfeld-Erle
Erndtebrück	Erndtebrück

Erwitte	Erwitte
Esch	Elsdorf-Esch
Eschenbach	Netphen-Eschenbach
Eschweiler	Eschweiler
Eslohe	Eslohe
Espelkamp	Espelkamp
Essen	Essen
Eupen	Eupen
Euskirchen	Euskirchen
Eversael	Rheinberg-Eversael
Exter	Vlotho-Exter
Fabbenstedt	Espelkamp-Fabbenstedt
Falkendiek	Herford-Falkendiek
Feldhausen	Gelsenkirchen-Feldhausen
Ferndorf	Kreuztal-Ferndorf
Feudingen	Bad Laasphe-Feudingen
Feuersbach	Siegen-Feuersbach
Fischelbach	Bad Laasphe-Fischelbach
Fischeln	Krefeld-Fischeln
Flaesheim	Haltern-Flaesheim
Frauwüllesheim	Nörvenich-Frauwüllesheim
Frechen	Frechen
Freckenhorst	Warendorf-Freckenhorst
Fredeburg	Schmallenberg-Fredeburg
Freialdenhoven	Aldenhoven-Freialdenhoven
Fretter	Finnentrop-Fretter
Freudenberg	Freudenberg
Friesdorf	Bonn-Friesdorf
Friesheim	Erftstadt-Friesheim
Frohlinde	Castrop-Rauxel-Frohlinde
Frohnhausen	Netphen-Frohnhausen
Frömern	Fröndenberg-Frömern
Fröndenberg	Fröndenberg
Frotheim	Espelkamp-Frotheim
Füssenich	Zülpich-Füssenich
Gadderbaum	Bielefeld-Gadderbaum

Gaesdonck	Goch-Gaesdonck
Gahlen (Niederrh.)	Schermbeck-Gahlen (Niederrh.)
Gangelt	Gangelt
Gehlenbeck	Lübbecke-Gehlenbeck
Geilenkirchen	Geilenkirchen
Geisecke	Schwerte-Geisecke
Geistenbeck	Mönchengladbach-Geistenbeck
Geldern	Geldern
Gelsenkirchen	Gelsenkirchen
Gerlingen	Wenden-Gerlingen
Gerresheim	Düsseldorf-Gerresheim
Gescher	Gescher
Geseke	Geseke
Gevelsberg	Gevelsberg
Gevelsdorf	Titz-Gevelsdorf
Gladbach	Vettweiß-Gladbach
Gladbeck	Gladbeck
Glimbach	Linnich-Glimbach
Goch	Goch
Götterswickerhamm (Niederrh.)	Voerde-Götterswickerhamm
Gohfeld	Löhne-Gohfeld
Golzheim	Merzenich-Golzheim
Gräfrath	Solingen-Gräfrath
Grafschaft	Schmallenberg-Grafschaft
Grambusch	Erkelenz-Grambusch
Greffen	Harsewinkel-Greffen
Grefrath	Grefrath
Gressenich	Stolberg-Gressenich
Greven	Greven
Grevenbroich	Grevenbroich
Grevenbrück-Förde	Lennestadt-Förde
Gronau	Gronau
Gruiten	Haan-Gruiten
Grundsteinheim	Lichtenau-Grundsteinheim
Güsten	Jülich-Güsten
Gütersloh	Gütersloh

Gummersbach	Gummersbach
Gustorf	Grevenbroich-Gustorf
Gymnich	Erftstadt-Gymnich
Haan	Haan
Hackenbroich	Dormagen-Hackenbroich
Haffen	Rees-Haffen
Hagen	Hagen
Hagen	Lage-Hagen
Haiger-Offdilln	Haiger-Offdilln
Hainchen	Netphen-Hainchen
Haldem	Herford-Haldem
Halden	Hagen-Halden
Haldern	Rees-Haldern
Halle (Westf.)	Halle (Westf.)
Haltern	Haltern
Halver	Halver
Hamborn	Duisburg-Hamborn
Hästen	Solingen-Hästen
Hamm	Hamm
Hammer	Simmerath-Hammer
Hammerhütte	Siegen-Hammerhütte
Hamminkeln	Hamminkeln
Hansell	Altenberge-Hansell
Hardehausen	Warburg-Hardehausen
Harpen	Bochum-Harpen
Harsewinkel	Harsewinkel
Hartefeld	Geldern-Hartefeld
Hartum	Hille-Hartum
Haspe	Hagen-Haspe
Haspe-Heubing	Hagen-Heubing
Hastenrath	Eschweiler-Hastenrath
Haßlinghausen	Sprockhövel-Haßlinghausen
Hattingen	Hattingen
Hattrop	Soest-Hattrop
Hau	Bedburg-Hau
Hau-Moyland	Bedburg-Hau-Moyland

Havixbeck	Havixbeck
Heckinghausen	Wuppertal-Heckinghausen
Heedfeld	Schalksmühle-Heedfeld
Heepen	Bielefeld-Heepen
Heerdt	Düsseldorf-Heerdt
Heiden	Lage-Heiden
Heil	Bergkamen-Heil
Heiligenhaus	Heiligenhaus
Heimerzheim	Swisttal-Heimerzheim
Heimsen	Petershagen-Heimsen
Heinsberg	Heinsberg
Helberhausen	Hilchenbach-Helberhausen
Helden	Attendorn-Helden
Hellenthal	Hellenthal
Hellinghausen	Lippstadt-Hellinghausen
Hembergen	Emsdetten-Hembergen
Hemer	Hemer
Hemmerde	Unna-Hemmerde
Henglarn	Lichtenau-Henglarn
Henrichenburg	Castrop-Rauxel-Henrichenburg
Herbede	Witten-Herbede
Herbertshausen	Bad Laasphe-Herbertshausen
Herborn	Herborn
Herdecke	Herdecke
Herdorf	Herdorf
Herdringen	Arnsberg-Herdringen
Herford	Herford
Hermülheim	Hürth-Hermülheim
Herne	Herne
Herringen	Hamm-Herringen
Herrntrop	Kirchhundem-Herrntrop
Herscheid	Herscheid
Herscheid	Leichlingen-Herscheid
Hervest	Dorsten-Hervest
Herzebrock	Herzebrock
Herzfeld	Lippetal-Herzfeld

Herzogenrath	Herzogenrath
Hesselbach	Bad Laasphe-Hesselbach
Hestert	Hagen-Hestert
Heßler	Gelsenkirchen-Heßler
Heumar	Köln-Heumar
Hiddenhausen	Herford-Hiddenhausen
Hiesfeld	Dinslaken-Hiesfeld
Hilchenbach	Hilchenbach
Hilden	Hilden
Hilgen	Burscheid-Hilgen
Hille	Hille
Hillegossen	Bielefeld-Hillegossen
Hillentrup	Dörentrup-Hillentrup
Himmighausen	Nieheim-Himmighausen
Hinsbeck	Nettetal-Hinsbeck
Hochemmerich	Duisburg-Hochemmerich
Höfen	Monschau-Höfen
Hoeningen	Rommerskirchen-Hoeningen
Höhscheid	Solingen-Höhscheid
Hörste	Lippstadt-Hörste
Hövelhof	Hövelhof
Höxter	Höxter
Hoffnung	Wermelskirchen-Hoffnung
Hoffnungsthal	Rösrath-Hoffnungsthal
Hohenhausen	Kalletal-Hohenhausen
Hohenhausen	Köln-Hohenhausen
Hohenlimburg	Hagen-Hohenlimburg
Hohenwepel	Warburg-Hohenwepel
Hohkeppel	Hohkeppel
Hohkeppel	Lindlar-Hohkeppel
Hoinkhausen	Rüthen-Hoinkhausen
Hollen	Gütersloh-Hollen
Hollerath	Hellental-Hollerath
Holsen	Bünde-Holsen
Holsterhausen	Dorsten-Holsterhausen
Holthausen	Mülheim-Holthausen

Holtheim	Lichtenau-Holtheim
Holzhausen	Burbach-Holzhausen
Holzhausen	Hagen-Holzhausen
Holzhausen	Hille-Holzhausen
Holzhausen	Porta Westfalica-Holzhausen
Holzwickede	Holzwickede
Homberg	Duisburg-Homberg
Hommersum	Goch-Hommersum
Honsberg	Radevormwald-Honsberg
Horbach	Aachen-Horbach
Horn	Erwitte-Horn
Horneburg	Datteln-Horneburg
Horst	Gelsenkirchen-Horst
Horst	Heinsberg-Horst
Horstmar	Horstmar
Houverath	Erkelenz-Houverath
Huckarde	Dortmund-Huckarde
Hückelhoven	Hückelhoven
Hückeswagen	Hückeswagen
Hülhoven	Heinsberg-Hülhoven
Hüllhorst	Hüllhorst
Hüls	Krefeld-Hüls
Hüls	Marl-Hüls
Hünxe	Hünxe
Hürth	Hürth
Humfeld	Dörentrup-Humfeld
Hunnebrock	Bünde-Hunnebrock
Ickern	Castrop-Rauxel-Ickern
Ilse	Petershagen-Ilse
Ilvese	Petershagen-Ilvese
Imgenbroich	Monschau-Imgenbroich
Inden	Inden
Isenstedt	Espelkamp-Isenstedt
Iserlohn	Iserlohn
Isselburg	Isselburg
Isselhorst	Gütersloh-Isselhorst

Issum	Issum
Jerxen-Orbke	Detmold-Jerxen-Orbke
Jöllenbeck	Bielefeld-Jöllenbeck
Jüchen	Jüchen
Jülich	Jülich
Kaiserswerth	Düsseldorf-Kaiserswerth
Kaldenkirchen	Nettetal-Kaldenkirchen
Kalkar	Kalkar
Kall	Kall
Kallenhardt	Rüthen-Kallenhardt
Kalletal	Kalletal
Kalterherberg	Monschau-Kalterherberg
Kamen	Kamen
Kamp-Lintfort	Kamp-Lintfort
Kapellen	Geldern-Kapellen
Kapellen	Moers-Kapellen
Katernberg	Essen-Katernberg
Katterbach	Bergisch Gladbach-Katterbach
Keldenich	Kall-Keldenich
Kempen	Kempen
Kerken	Kerken
Kerpen	Kerpen
Kesternich	Simmerath-Kesternich
Kettwig	Essen-Kettwig
Ketzberg	Wermelskirchen-Ketzberg
Kevelaer	Kevelaer
Kierspe	Kierspe
Kinzweiler	Eschweiler-Kinzweiler
Kirchberg	Jülich-Kirchberg
Kirchen (Sieg)	Kirchen (Sieg)
Kirchheim	Euskirchen-Kirchheim
Kirchhellen	Bottrop-Kirchhellen
Kirchherten	Bedburg-Kirchherten
Kirchveischede	Lennestadt-Kirchveischede
Klafeld	Siegen-Klafeld
Klein-Reken	Reken-Klein-Reken

Kleinbouslar	Erkelenz-Kleinbouslar
Kleinenbremen	Porta Westfalica-Kleinenbremen
Kleve	Kleve
Klüt	Detmold-Klüt
Köln	Köln
Königsborn	Unna-Königsborn
Königswinter	Königswinter
Kohlhagen	Kirchhundem-Kohlhagen
Kohlscheid	Herzogenrath-Kohlscheid
Körrenzig	Linnich-Körrenzig
Kornelimünster	Aachen-Kornelimünster
Kranenburg	Kranenburg
Kranenburg-Mehr	Kranenburg-Mehr
Kranenburg-Niel	Kranenburg-Niel
Kranenburg-Nütterden	Kranenburg-Nütterden
Krefeld	Krefeld
Kreuzberg	Wipperfürth-Kreuzberg
Kreuztal	Kreuztal
Krombach	Kreuztal-Krombach
Krombach-Eichen	Kreuztal-Eichen
Krudenberg	Hünxe-Krudenberg
Kuchenheim	Euskirchen-Kuchenheim
Kürten	Kürten
Laar	Duisburg-Laar
Laar	Herford-Laar
Laer	Laer
Lage	Lage
Langbroich	Gangelt-Langbroich
Langel	Köln-Langel
Langenberg	Velbert-Langenberg
Langenholdinghausen	Siegen-Langenholdinghausen
Langenhorst	Ochtrup-Langenhorst
Langerfeld	Wuppertal-Langerfeld
Langschede-Ardey	Fröndenberg-Langschede-Ardey
Langweiler	Aldenhoven-Langweiler
Laurensberg	Aachen-Laurensberg

Laurenzberg	Eschweiler-Laurenzberg
Lavesum	Haltern-Lavesum
Leese	Lemgo-Leese
Legden	Legden
Leichlingen	Leichlingen
Lembeck	Dorsten-Lembeck
Lemgo	Lemgo
Lennep	Remscheid-Lennep
Lennestadt	Lennestadt
Leteln	Minden-Leteln
Letmathe	Iserlohn-Letmathe
Leuth	Nettetal-Leuth
Leveringhausen	Waltrop-Leveringhausen
Leverkusen	Leverkusen
Levern	Stemwede-Levern
Lieme	Lemgo-Lieme
Liesborn	Wadersloh-Liesborn
Linde	Lindlar-Linde
Linden	Bochum-Linden
Lindenhorst	Dortmund-Lindenhorst
Lindlar	Lindlar
Linn	Krefeld-Linn
Linnep	Ratingen-Linnep
Linnich	Linnich
Lintorf	Ratingen-Lintorf
Lippe	Burbach-Lippe
Lippinghausen	Hiddenhausen-Lippinghausen
Lippstadt	Lippstadt
Lobberich	Nettetal-Lobberich
Löhdorf	Solingen-Löhdorf
Löhne	Löhne
Löhnen (Niederrh.)	Voerde-Löhnen
Lövenich	Erkelenz-Lövenich
Lohausen	Düsseldorf-Lohausen
Lohdorf-Jammertal	Solingen-Löhdorf
Lohe	Bad Oeynhausen-Lohe

Lohn	Eschweiler-Lohn
Lohne	Bad Sassendorf-Lohne
Loikum	Hamminkeln-Loikum
Lommersum	Weilerswist-Lommersum
Lübbecke	Lübbecke
Lüdenhausen	Kalletal-Lüdenhausen
Lüdenscheid	Lüdenscheid
Lüdenscheid (Amt)	Lüdenscheid (Amt)
Lüdinghausen	Lüdinghausen
Lünen	Lünen
Lütgendortmund	Dortmund-Lütgendortmund
Lüttringhausen	Remscheid-Lüttringhausen
Lützeln	Burbach-Lützeln
Madfeld	Brilon-Madfeld
Marialinden	Overath-Marialinden
Marienfeld	Harsewinkel-Marienfeld
Mark (Grafschaft)	Mark (Grafschaft)
Marl	Marl
Marmecke	Kirchhundem-Marmecke
Massen	Unna-Massen
Mausbach	Freudenberg-Mausbach
Mayen	Mayen
Mechernich	Mechernich
Medebach	Medebach
Meggen	Lennestadt-Meggen
Meiderich	Duisburg-Meiderich
Meigen	Solingen-Meigen
Meinerzhagen	Meinerzhagen
Meise	Hilchenbach-Meise
Meißen	Minden-Meißen
Menden	Mülheim-Menden
Mengede	Dortmund-Mengede
Merheim	Köln-Merheim
Merken	Düren-Merken
Merkstein	Herzogenrath-Merkstein
Merscheid	Solingen-Merscheid

Ortskonkordanz

Ratingen	Ratingen
Recklinghausen	Recklinghausen
Rees	Rees
Refrath	Bergisch Gladbach-Refrath
Rehme	Bad Oeynhausen-Rehme
Remlingrade	Radevormwald-Remlingrade
Remscheid	Remscheid
Rentfort	Gladbeck-Rentfort
Repelen	Moers-Repelen
Rhade	Dorsten-Rhade
Rhede (Krs. Borken)	Rhede (Krs. Borken)
Rheinberg	Rheinberg
Rheindorf	Leverkusen-Rheindorf
Rheine	Rheine
Rheinhausen	Duisburg-Rheinhausen
Rheurdt	Rheurdt
Rheydt	Mönchengladbach-Rheydt
Rhode	Olpe-Rhode
Richrath	Langenfeld-Richrath
Richrath	Velbert-Richrath
Richterich	Aachen-Richterich
Rietberg	Rietberg
Rinsdorf	Wilnsdorf-Rinsdorf
Rinteln	Rinteln
Rischenau	Lügde-Rischenau
Rodenkirchen	Köln-Rodenkirchen
Rödingen	Titz-Rödingen
Rödinghausen	Rödinghausen
Roetgen	Roetgen
Röllinghausen	Recklinghausen-Röllinghausen
Römershagen	Wenden-Römershagen
Rösrath	Rösrath
Rövenich	Zülpich-Rövenich
Rondorf	Köln-Rondorf
Ronsdorf	Wuppertal-Ronsdorf
Rosmart	Altena-Rosmart

Rotthausen	Essen-Rotthausen
Ruckersfeld	Hilchenbach-Ruckersfeld
Rüggeberg	Ennepetal-Rüggeberg
Ründeroth	Engelskirchen-Ründeroth
Rünthe	Bergkamen-Rünthe
Rüthen	Rüthen
Rüttenscheid	Essen-Rüttenscheid
Rumeln	Duisburg-Rumeln
Ruppichteroth	Ruppichteroth
Saalhausen	Lennestadt-Saalhausen
Saarn	Mülheim-Saarn
Salzkotten	Salzkotten
Sand	Bergisch Gladbach-Sand
Sandbochum	Hamm-Sandbochum
Sandebeck	Steinheim-Sandebeck
Sassenberg	Sassenberg
Sassenhausen	Bad Berleburg-Sassenhausen
Sassmannshausen	Bad Laasphe-Sassmannshausen
Schaephuysen	Rheurdt-Schaephuysen
Schalke	Gelsenkirchen-Schalke
Schalksmühle	Schalksmühle
Schameder	Erndtebrück-Schameder
Schermbeck	Schermbeck
Schiefbahn	Willich-Schiefbahn
Schirl	Ostbevern-Schirl
Schlangen	Schlangen
Schleiden	Schleiden
Schloß Neuhaus	Paderborn-Schloß Neuhaus
Schmallenberg	Schmallenberg
Schmidt	Nideggen-Schmidt
Schöppingen	Schöppingen
Schötmar	Bad Salzuflen-Schötmar
Schophoven	Inden-Schophoven
Schrodtberg	Solingen-Schrodtberg
Schwalenberg	Schieder-Schwalenberg
Schwanenberg	Erkelenz-Schwanenberg

Schwaney	Altenbeken-Schwaney
Schwelle	Salzkotten-Schwelle
Schwelm	Schwelm
Schwerfen	Zülpich-Schwerfen
Schwerte	Schwerte
Seelbach	Siegen-Seelbach
Seelscheid	Neunkirchen-Seelscheid
Sendenhorst	Sendenhorst
Senne	Bielefeld-Senne
Sennestadt	Bielefeld-Sennestadt
Seppenrade	Lüdinghausen-Seppenrade
Serkenrode	Finnentrop-Serkenrode
Sevelen	Issum-Sevelen
Sevelen-Vernum	Issum-Sevelen-Vernum
Siegburg	Siegburg
Siegen	Siegen
Siersdorf	Aldenhoven-Siersdorf
Silschede	Gevelsberg-Silschede
Simmerath	Simmerath
Sindorf	Kerpen-Sindorf
Sinzenich	Zülpich-Sinzenich
Sodingen	Herne-Sodingen
Soest	Soest
Solingen	Solingen
Speldorf	Mülheim-Speldorf
Spellen (Niederrh.)	Voerde-Spellen (Niederrh.)
Spexard	Gütersloh-Spexard
Spork	Detmold-Spork
Sprockhövel	Sprockhövel
St. Hubert	Kempen-St. Hubert
St. Jöris	Eschweiler-St. Jöris
St. Tönis	Tönisvorst-St. Tönis
Stadtlohn	Stadtlohn
Stahle	Höxter-Stahle
Stapelage	Lage-Stapelage
Stedefreund	Herford-Stedefreund

Steele	Essen-Steele
Steinfurt	Steinfurt
Steinhagen	Steinhagen
Steinheim	Steinheim
Steinkuhle	Bochum-Steinkuhle
Stennert	Hagen-Stennert
Stetternich	Jülich-Stetternich
Stift Keppel	Hilchenbach-Stift Keppel
Stift Quernheim	Kirchlengern-Stift Quernheim
Stockum	Werne-Stockum
Störmede	Geseke-Störmede
Stolberg	Stolberg
Stotzheim	Hürth-Stotzheim
Straelen	Straelen
Straeten	Heinsberg-Straeten
Stromberg	Oelde-Stromberg
Struck	Remscheid-Struck
Styrum	Mülheim-Styrum
Süchteln	Viersen-Süchteln
Südlohn	Südlohn
Süng	Lindlar-Süng
Süsteren	Heinsberg-Süsteren
Sundern	Gütersloh-Sundern
Sundern	Sundern
Sundwig	Hemer-Sundwig
Sutum	Gelsenkirchen-Sutum
Telgte	Telgte
Tetz	Linnich-Tetz
Theesen	Bielefeld-Theesen
Thöningsen	Soest-Thöningsen
Titz	Titz
Tönisberg	Kempen-Tönisberg
Tönisvorst	Tönisvorst
Tripsrath	Geilenkirchen-Tripsrath
Troisdorf	Troisdorf
Tüddern	Selfkant-Tüddern

Twisteden	Kevelaer-Twisteden
Ückendorf	Gelsenkirchen-Ückendorf
Uedem	Uedem
Uerdingen	Krefeld-Uerdingen
Uffeln	Vlotho-Uffeln
Ummeln	Bielefeld-Ummeln
Unglinghausen	Netphen-Unglinghausen
Unna	Unna
Unterbach	Erkrath-Unterbach
Unterweiden	Kempen-Unterweiden
Utfort	Moers-Utfort
Valbert	Meinerzhagen-Valbert
Valdorf	Vlotho-Valdorf
Velbert	Velbert
Velen	Velen
Vellern	Beckum-Vellern
Venne	Senden-Venne
Verl	Verl
Verne	Salzkotten-Verne
Vernich	Weilerswist-Vernich
Versmold	Versmold
Vettweiß	Vettweiß
Viersen	Viersen
Vlotho	Vlotho
Vluyn	Neukirchen-Vluyn
Voerde	Ennepetal-Voerde
Voerde (Niederrh.)	Voerde (Niederrh.)
Vogelsrath	Schwalmtal-Vogelsrath
Volberg	Rösrath-Volberg
Volmarstein	Wetter-Volmarstein
Volmerswerth	Düsseldorf-Volmerswerth
Vormwald	Hilchenbach-Vormwald
Vossenack	Hürtgenwald-Vossenack
Voßwinkel	Arnsberg-Voßwinkel
Vreden	Vreden
Wachtendonk	Wachtendonk

Wahmbeckerheide	Lemgo-Wahmbeckerheide
Wahn	Köln-Wahn
Wald	Solingen-Wald
Waldbröl	Waldbröl
Waldbruch	Lindlar-Waldbruch
Waldfeucht	Waldfeucht
Waldniel	Schwalmtal-Waldniel
Wallenbrück	Spenge-Wallenbrück
Walpersdorf	Netphen-Walpersdorf
Walsum	Duisburg-Walsum
Waltrop	Waltrop
Wankum	Wachtendonk-Wankum
Warburg	Warburg
Wardt	Xanten-Wardt
Warendorf	Warendorf
Wattenscheid	Bochum-Wattenscheid
Wechte	Lengerich-Wechte
Wedinghausen	Arnsberg-Wedinghausen
Weeze	Weeze
Wegberg	Wegberg
Wegescheid	Gummersbach-Wegescheid
Wehr	Selfkant-Wehr
Wehrendorf	Vlotho-Wehrendorf
Wehringhausen	Hagen-Wehringhausen
Weidenau	Siegen-Weidenau
Weißenberg	Neuss-Weißenberg
Weitefeld	Weitefeld
Weitmar	Bochum-Weitmar
Welldorf	Jülich-Welldorf
Welper	Hattingen-Welper
Welver	Welver
Wenau	Langerwehe-Wenau
Wenden	Wenden
Wengern	Witten-Wengern
Wennigloh	Arnsberg-Wennigloh
Werden	Essen-Werden

Werdohl	Werdohl
Werl	Werl
Wermelskirchen	Wermelskirchen
Wersten	Düsseldorf-Wersten
Werthenbach	Netphen-Werthenbach
Werther	Werther
Weseke	Borken-Weseke
Wesel	Wesel
Weselerwald	Schermbeck-Weselerwald
Westerholt	Herten-Westerholt
Westönnen	Werl-Westönnen
Wetten	Kevelaer-Wetten
Wetter	Wetter
Wetter (Amt)	Wetter (Amt)
Wettringen	Wettringen
Wevelinghoven	Grevenbroich-Wevelinghoven
Wewer	Paderborn-Wewer
Wiblingwerde	Nachrodt-Wiblingwerde
Wickrathberg	Mönchengladbach-Wickrathberg
Widdert	Solingen-Widdert
Wiedenbrück	Rheda-Wiedenbrück
Wiedenbrück-Batenhorst	Rheda-Wiedenbrück-Batenhorst
Wiedenbrück-Lintel	Rheda-Wiedenbrück-Lintel
Wiedenbrück-St. Vit	Rheda-Wiedenbrück-St. Vit
Wiedenhausen	Bad Berleburg-Wiedenhausen
Wiehl	Wiehl
Wiescherhöfen	Hamm-Wiescherhöfen
Wiesdorf	Leverkusen-Wiesdorf
Wildenrath	Wegberg-Wildenrath
Wilgersdorf	Wilnsdorf-Wilgersdorf
Willertshagen	Meinerzhagen-Willertshagen
Wilnsdorf	Wilnsdorf
Windeck	Windeck
Winternam	Kerken-Winternam
Wipperfeld	Wipperfürth-Wipperfeld
Wipperfürth	Wipperfürth

Wissel	Kalkar-Wissel
Witten	Witten
Wittlaer	Düsseldorf-Wittlaer
Witzhelden	Leichlingen-Witzhelden
Wöbbel	Schieder-Schwalenberg-Wöbbel
Wülfrath	Wülfrath
Wüllen	Ahaus-Wüllen
Würselen	Würselen
Wulfen	Dorsten-Wulfen
Wuppertal	Wuppertal
Xanten	Xanten
Zinse	Erndtebrück-Zinse
Zons	Dormagen-Zons
Zülpich	Zülpich
Zündorf	Köln-Zündorf